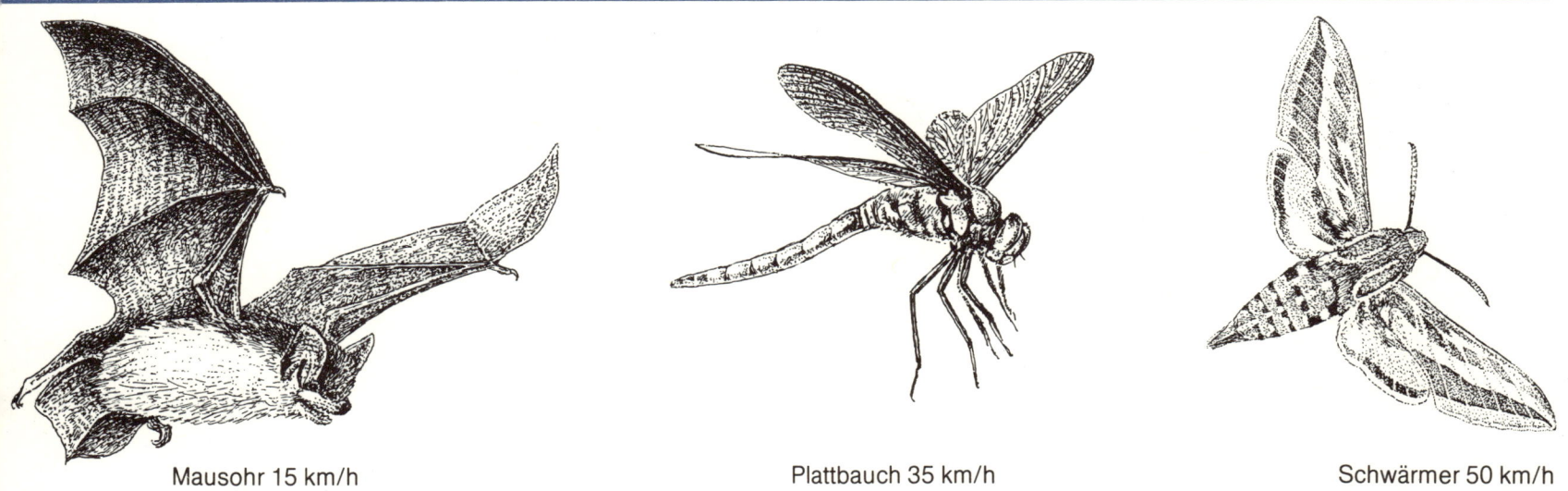

Mausohr 15 km/h

Plattbauch 35 km/h

Schwärmer 50 km/h

Maus 12 km/h

Mamba 32 km/h

Kaninchen 40 km/h

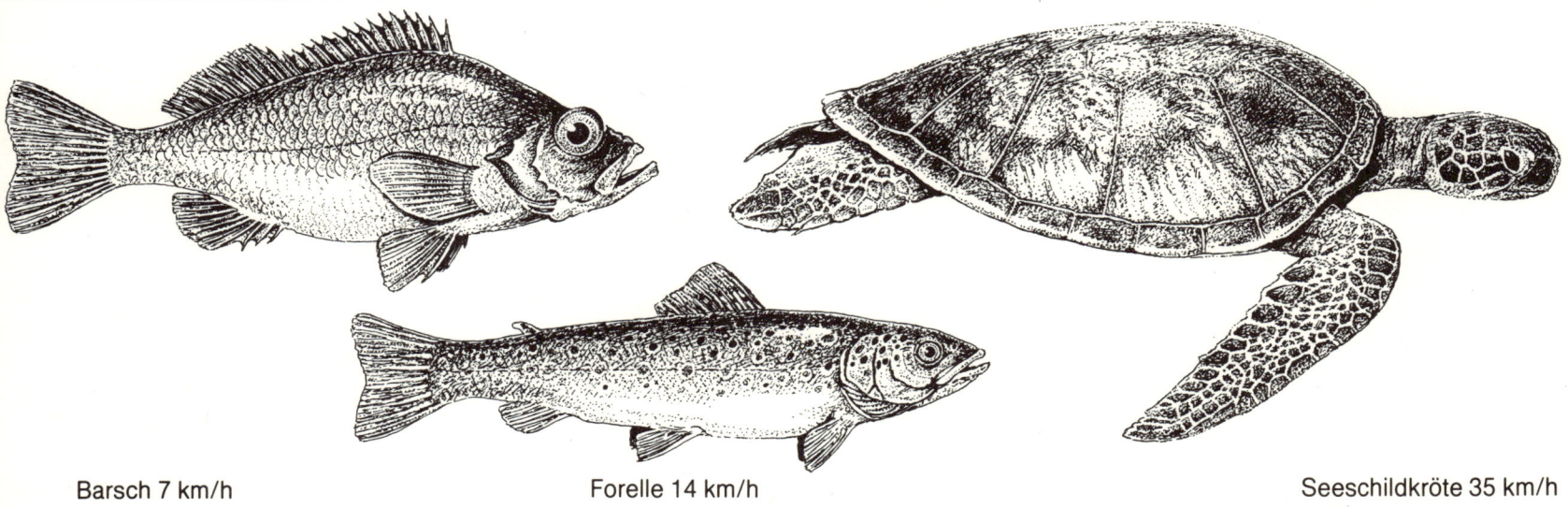

Barsch 7 km/h

Forelle 14 km/h

Seeschildkröte 35 km/h

BERND SCHEIBA

SCHWIMMEN·LAUFEN·FLIEGEN

MIT ZEICHNUNGEN VON M. KLEINWÄCHTER UND M. LISSMANN

 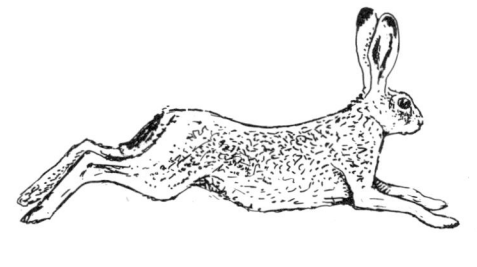 

Schwimmen · Laufen · Fliegen

VERLAG HARRI DEUTSCH

CIP-Titelaufnahme der Deutschen Bibliothek
Scheiba, Bernd:
Schwimmen, Laufen, Fliegen : die Bewegung der Tiere / Bernd
Scheiba. Mit 120 Zeichn. von M. Kleinwächter u. M.
Lissmann. – 1. Aufl. – Frankfurt am Main : Deutsch, 1990
    ISBN 3-8171-1150-9

ISBN 3-8171-1150-9

1. Auflage 1990
Alle Rechte vorbehalten
© Urania-Verlag Leipzig/Jena/Berlin
Verlag für populärwissenschaftliche Literatur, Leipzig 1990
Lizenzausgabe für den Verlag Harri Deutsch, Frankfurt am Main, Thun
Printed in the German Democratic Republic

INHALT

Der Verfasser widmet das Buch
all jenen Wissenschaftlern, auf deren oft
mühselig erworbenen Erkenntnissen es aufbaut,
sowie der großen Schar der Naturfreunde,
die noch staunen können über die längst
nicht aufgeklärten Wunder des Lebens.

LEBEN HEISST BEWEGUNG

Am lichtblauen Himmel kreisen Bussarde. In schwindelnder Höhe, scheinbar schwerelos und ohne einen Flügelschlag ziehen sie ihre Bahnen. Im pfeilschnellen Flug jagen die Schwalben nach Insekten. Am Boden hüpft ein Sperling; rasch erhebt er sich in die Luft und landet millimetergenau auf dem Rand einer Regentonne. Um ihn herum auf der Frühlingswiese herrscht emsiges Treiben. Weich- und Bockkäfer, Fliegen, bunte Wanzen und andere Sechsbeiner krabbeln über die Doldenblüten. Ein Marienkäfer steigt am vergleichsweise riesigen Grashalm empor; an der Spitze angekommen, öffnet er die schwarzgepunkteten Flügeldecken und surrt davon. Zarte Blattkäfer schreiten durchs frische Grün. Am Boden sind die schnellen Laufkäfer unterwegs. Flinke Wolfsspinnen huschen über die Erde. Wir nähern uns dem Ufer des nahen Teiches. Urplötzlich drückt der Frosch sich vom Boden ab, streckt die überlangen Hinterbeine durch und verschwindet mit Kopfsprung im Wasser. Ein Fischschwarm wendet und schießt davon.

Der Schein trügt nicht: Leben heißt Bewegung. Der schnittige Flug des Falken, die Hetzjagd des Wolfes, die Behendigkeit des Eichhörnchens und die rastlos laufende Ameise – es sind Sinnbilder tierischen Lebens. Mit dem Begriff Tier verbindet sich zu Recht die Vorstellung von freier Beweglichkeit und Ortswechsel. Pflanzen leben am Ort, verwachsen mit dem Boden. Lediglich ihre Früchte und Samen werden verfrachtet, von Insekten und Vögeln transportiert, vom Winde verweht. Tiere indes wechseln laufend ihren Standort; sie jagen, flüchten, wandern, suchen neue Brut- und Laichplätze auf, durchstreifen ihre Reviere nach Nahrung.

Der freie Ortswechsel der Tiere, die »Lokomotion«, ist unser Thema. Wir wollen näher hinsehen, wollen untersuchen, wie die Forelle schwimmt, der Käfer läuft und die Schwalbe fliegt.

Während der Lektüre mag der Leser feststellen: In der Art zu schwimmen, zu laufen oder zu fliegen spiegelt sich immer auch ein Stück Entwicklungsgeschichte wider. Die Natur ist auf dem Weg zur scheinbar optimalen Lösung keineswegs immer so vorangegangen wie ein rationeller Techniker. Sie war und ist verschwenderisch – nicht nur in der Fülle von Farben und Formen, sondern auch in ihren Konstruktionen. Tempo, Manövrierfähigkeit und kraftsparendes Schweben oder das Ruhen am Ort werden auf vielfältige Art erzielt – zu Wasser, zu Lande und in der Luft.

Wir wollen uns freilich nicht nur dem Gewohnten zuwenden, auch die Nebenstraßen der Evolution bieten Erstaunliches. Wir hören von Tier-Raketen, von Fischen und Wanzen, die auf dem Rücken schwimmen, von Käfern, die wie Luftkissenboote übers Wasser gleiten. Wir bestaunen Spezialisten im Hochsprung und Akrobaten im Baum, Vögel, die sich aus riesiger Höhe in die Fluten stürzen. Wir denken nach über lebende Fluggeräte von unglaublicher Kleinheit und über sehr einfach gebaute Meerestiere – betörend schön und ortsfest wie Blumen.

Wir danken den Bildautoren für ihre
freundliche Unterstützung.

Fotos

Bartholdt, V.   10, 62, 63, 64
BAVARIA / Hiebeler 87
BAVARIA / Myers 86
BAVARIA / Pölking 3
BAVARIA / Rohdich 40
Deimer / Monachus 42
Dossenbach, H. D.   22, 81, 82, 83, 84, 107,
  115
Eichhorn, B. / Zingel, D. 75
Fiedler, W.   15, 41, 46, 51, 52, 54, 58, 61, 70,
  77, 80, 91, 123, 125, 126, 127
Florian, D. 45
Freude, M. 37
Hausmann, R. 56
Hinze, W. 57, 59
Hosking, E. u. D. 44, 103, 108, 114
Hoyer, E. 96, 97, 109, 113
Klaeber, W. 53, 79
Lange, H. 67
Maywald, A. 117, 118
Nieuwenhuizen, A. van den 30, 32
Nill, D. 116

OKAPIA / Amsler, K. 27
OKAPIA / Ellis, R. 2
OKAPIA / Parks, P. 14, 128
OKAPIA / Root, A. 130, 131
OKAPIA / Sauvanet, J. 13
OKAPIA / Bildarchiv 68
OKAPIA / Bildarchiv 85
Peter, M. 78
Pfletschinger, H. / Angermayer, T. 60
Pooch, G. 4
Rauschert, M. 49, 50
Reinhard, H. 1, 12, 38, 65, 73, 74, 88, 89, 90,
  95, 99, 100, 101, 102, 104, 105, 106, 119,
  132, Titelfoto, Klappe
Richter, H. J. 16, 17, 18, 19, 20, 23, 24, 25,
  26, 129
Rinnhofer, G. 98
Robiller, F. 33, 34, 35, 39, 71, 72
Rödiger, A. 21, 28, 36, 47
Rohdich, W. GDT 5, 6, 7, 8, 9, 11, 43, 66, 92,
  93, 94, 110, 121, 124
Ross, E. S. 76, 120, 122
Scheithauer, W. 111, 112
Schulz, E. 69
Schwalbe, Ch. 29
Thielecke, F. 55
Wägele, H. 48
Wilson, D. P. / Hosking, E. u. D. 31

Zeichnungen

S. 19   nach Haeckel
S. 21   ver. nach Nachtigall
S. 22   nach BW/Bürgle u. a.
S. 24   nach Gutmann u. a.
S. 36 o   nach Schwoerbel
S. 36 u   nach Jordan
S. 41 o   nach Pryor
S. 41 u   nach Schwoerbel
S. 81 m   nach Gaus
S. 84   nach Bonner/Mc Mahon
S. 85   nach Hesse/Doflein
S. 90/91 nach Simpson
S. 99 o   nach Lister/Storch
S. 104   nach Stokes
S. 105   nach Wilson
S. 107   nach Kaestner
S. 139   nach Berndt/Meise
S. 140   nach Bonner/Mc Mahon
S. 141   nach Bergmann
S. 146   nach Hoppe
S. 147   nach Padian u. Reichel
S. 150 o nach Eisentraut
S. 150 u nach v. Helversen
S. 155   nach Nachtigall
S. 158   nach Scholey
S. 160   nach Schedl u. Schneider-Orelli

LEBEN HEISST BEWEGUNG

1 Steinmarder im Sprung

2 Pottwale tauchen mit einer Geschwindigkeit von
2 m/s mehr als 2,5 km tief.

3/4 Eisvogel beim Tauchgang; eine Lufthülle schützt ihn vor dem Durchnässen.

LEBEN HEISST BEWEGUNG

5 – 9 Der Sprung des Wasserfrosches

10 Der gleichmäßige Trab

11 Silbermöwe im sanften Wind

12 Die Zwergfledermaus fliegt aus.

13 Das Dreizehenfaultier – bedächtig und sicher im Geäst

SCHWEBEN · SCHWIMMEN · TAUCHEN

Treibende Welt

Es ist eine erstaunliche und weithin unbemerkte Tatsache: Die meisten aller Einzeltiere, die heute unseren Erdball bewohnen, schweben! Sie leben im Meer, im ältesten und am dichtesten besiedelten Lebensraum. Ein Liter Meerwasser bietet Tausenden und aber Tausenden kleiner, ja winziger Lebewesen Platz.

Der Ozeanograph Sir Alistair Hardy hat einmal gezählt und geschätzt. Nach seinen Berechnungen beträgt allein die Menge der im Golf von Maine (Atlantikküste der USA) lebenden Ruderfußkrebse (Copepoda), Verwandten unserer Wasserflöhe, 4 Millionen Tonnen. Und unter 1 m² Wasserfläche dieser recht flachen Meeresbucht finden nicht weniger als 7 bis 8 Milliarden Kieselalgen Raum. All diese Myriaden von Lebewesen werden zum Spielball von Strömung und Welle.

Plankton – so nannte der Meeresbiologe Viktor Hensen im Jahre 1887 dieses, wie er schrieb, »im Meer treibende Material an Pflanzen und Tieren«. Der Begriff hat sich bis heute erhalten, sein Inhalt freilich erweitert. Er umfaßt die Millionen und aber Millionen schwebender Organismen in Teich, See und Ozean.

Die große Gemeinsamkeit der Planktonten besteht in ihrer verhältnismäßig geringen Eigenbewegung: Sie sind – mit Unterstützung durch die natürlichen Wasserturbulenzen – wohl in der Lage, sich in der Schwebe zu halten, nicht aber gegen die Strömung anzuschwimmen.

Die Zusammensetzung des Planktons hängt von der Art des Gewässers ab. Besonderen Formenreichtum bieten die Meere, vor allem in Küstennähe. Dort tragen fast alle Tierstämme ihren Anteil bei: die Einzeller mit den Strahlen-

und Schalentierchen, Medusen, Kleinkrebse (die Copepoda machen in manchen oberflächennahen Bereichen des Pazifik stellenweise fast 70 % aus), Flügelschnecken, Pfeilwürmer und verschiedene Manteltiere, eine große Anzahl von Larven – der Stachelhäuter, Ringelwürmer, Weichtiere, Krebse und Fische. Mehr als 90 % aller Meeresbewohner gehören dem Plankton an. Unvorstellbar große Mengen planktonischer Eier liefern die Fische. Der Kabeljau beispielsweise gibt mehr als eine Million Eier ab. (Heringe gehören zu den vergleichsweise wenigen Arten, die ihre Eier dem Boden anvertrauen.)

Bei weitem weniger artenreich ist das Tier- (Zoo-)plankton des Süßwassers, unserer Teiche und Seen. Wir finden vor allem Einzeller (Wimpertierchen und Wurzelfüßer), Rädertierchen, Kleinkrebse.

Eines der auffälligsten Merkmale der meisten Planktonorganismen ist ihre geringe Größe. Sie gehört zu den wichtigsten Voraussetzungen für erfolgreiches Schweben. Je kleiner das Tier, um so günstiger gestaltet sich das Oberfläche-Volumen-Verhältnis. Und entscheidend für den Auftrieb im Wasser ist die auf den Boden projizierte Fläche.

Es ist also nur zu natürlich, wenn man das Plankton nach Größenklassen ordnet:

Megaloplankton	> 5 mm
Makroplankton	1–5 mm
Mesoplankton	500–1000 μm
Mikroplankton	60–500 μm
Nanoplankton	5–60 μm
Ultraplankton	2–5 μm
Picophytenplankton	0,2–2 μm

Wie wichtig die Kleinheit für gutes Schweben ist, zeigt die tägliche Erfahrung. Selbst in dem weit dünneren Medium Luft halten sich winzige

Ruß- und Staubteilchen länger, als uns oft lieb ist. Und viele unserer Bäume sind als Windbestäuber nachgerade darauf angewiesen, daß die Pollenkörner weit verfrachtet werden. Auch für sie gilt: Die großen (Lärche) sinken rascher als die kleinen (Erle).

Kehren wir aber zurück ans Meer! Da ist es vor allem eine Gruppe aus der Welt der kleinen Schweber, die den Betrachter seit je in ihren Bann zog, den Biologen entzückte und in Erstaunen versetzte: die Strahlentierchen oder Radiolarien. Ernst Haeckel setzte ihnen in seinem unübertrefflichen Werk »Kunstformen der Natur« ein ewiges Denkmal. Man gerät in der Tat ins Schwärmen, wenn man diese Zauberwelt lebender Figürchen unter dem Mikroskop betrachtet: ein filigraner Schmuck von hoher Feinheit, von Ebenmaß und Symmetrie. Zarte Gebilde, die an bekannte Formen erinnern: Helme, Glocken, Gitter- und Stachelkugeln, Sonnen, Hörner, Laternen . . . Hunderte phantastischer Konstruktionen.

Diese festen Elemente bilden die Innenskelette der Strahlentierchen, während der Zelleib feinste elastische Fäden (Axopodien) nach allen Richtungen aussendet. Die zarten Fortsätze vergrößern den »Formwiderstand« und setzen damit die Sinkgeschwindigkeit erheblich herab. Vereinfacht gilt für die Sinkgeschwindigkeit:

$$\frac{\text{Übergewicht}}{\text{Viskosität} \times \text{Formwiderstand}}$$

Schwebeeinrichtungen müssen vor allem das »Übergewicht« der aus Kieselsäure und Strontiumsulfat bestehenden Skelette kompensieren.

Mit gekammerten äußeren Kalkschalen ausgestattet ist eine andere Gruppe der Wurzelfüßer – die Foraminiferen oder Kammerlinge.

Nur wenige ihrer Arten, aber um so mehr Individuen leben im Plankton. Auch bei *Globigerina*, der wichtigsten Gattung, beobachten wir die typischen Schwebefortsätze.

Selbst beim Pflanzen- (Phyto-)plankton dominieren Formen mit vergleichsweise großen Oberflächen: Scheiben *(Gossleriella)*, Bänder *(Tragillaria)*, lange Fortsätze *(Scenedesmus acuminata)*, Hörner *(Ceratium)* und Fallschirme (Dinophysaceae).

Eine weitere Möglichkeit, das Absinken zu verhindern, besteht im Einbau leichter Substanzen. Es sinkt ja nur, wer schwerer ist als Wasser. So ist es kein Zufall, wenn die Planktonten (auch die obengenannten Radiolarien) häufig Fette, Öle, Gallerthüllen und sogar Gase einschließen.

Als günstig erweist sich offensichtlich der Verzicht auf schwere Substanzen und der Einbau von viel Wasser. Das ist auch der Grund für die Durchsichtigkeit vieler Planktonten. Am eindrucksvollsten demonstrieren das die Rippenquallen, die »Glastiere« des Meeres. Ihre Körper sind hell und klar, manchmal zart farbig getönt wie die häufige Seestachelbeere *(Pleurobrachia pileus)*. Sie bestehen zu 99 % aus Wasser.

Manche Tintenfische (z. B. die Cranchidae) schweben auf Grund großer Hohlräume, die gelöstes Ammoniumchlorid enthalten. Sie gleichen das Gewicht schwerer Körperteile aus. Bei der Tintenfischlarve der Gattung *Doratopsis* ist die Ammoniumchloridlösung im ballonähnlich aufgetriebenen Hals konzentriert. Durch Verlagerung der »schweren« Körperteile kann jede Lage im Wasser eingenommen werden.

Doch das Schweben muß nicht immer nur passiv sein. Eine ganze Reihe von Schwebern vermag auch aus eigener Kraft »oben« zu bleiben. Wir beobachten das bei den bekannten Wasserflöhen (Kleinkrebse der Gattung *Daphnia*). Mit jedem Schlag ihrer großen Ruderantennen gewinnen sie etwas an Höhe. Dieser hüpfenden Bewegung verdanken sie auch ihren Namen. Tote Wasserflöhe sinken rasch zu Boden. Auch unsere Süßwassermilben *(Unionicola)* helfen beim Schweben nach. Ihre acht Beine können als Ruder dienen oder als »Fallschirm« aufgespannt werden.

Bei den frei beweglichen Schwebern ist die Zuordnung – Plankton oder Nekton (aktive

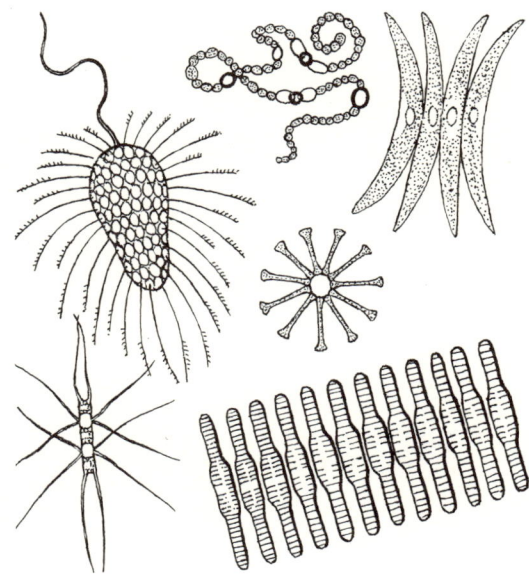

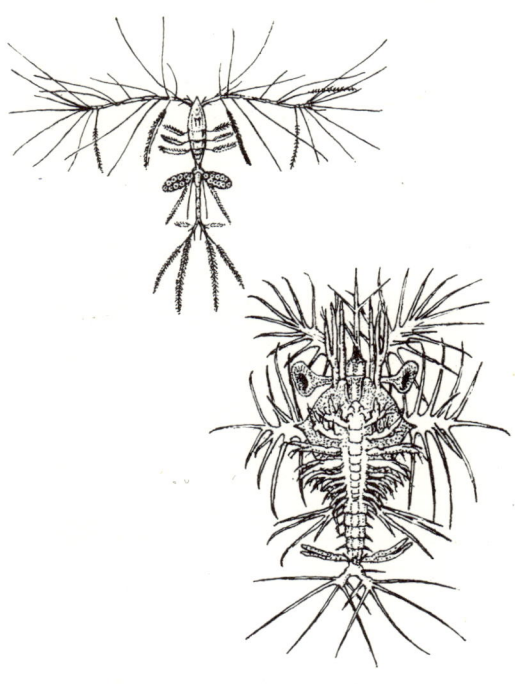

Die Zauberwelt der kleinen Schweber. In den verschiedensten Gruppen findet man die Wahrung des gleichen Prinzips: große Oberflächen bei kleinem Gewicht, um das Sinken zu erschweren. Rechts eine kleine Auswahl der uralten Radiolarien nach Haeckels berühmter Monographie. Ernst Haeckel sprach von einer »mikroskopischen Gemüths- und Augen-Ergötzung«. Oben verschiedene Planktonalgen und unten schwebende Kleinkrebse (Verwandte unserer Hüpferlinge)

Schwimmer gegen die Strömung) – nicht immer leicht. Der Leser wird während der weiteren Lektüre auf Tiere mit auffälligen Bewegungsformen stoßen, die eigentlich zum Plankton zählen. Einen derartigen Grenzfall bildet der »Krill« – wohl der bekannteste und wichtigste Kleinkrebs überhaupt. Vom Krill ernähren sich die riesigen Blauwale und andere Großtiere des Meeres.

Der etwa 5 cm lange Krillkrebs *(Euphausia)* schwimmt mit Hilfe seiner fünf hinteren Ruderbeinpaare und kommt recht flott voran: im Durchschnitt 9 m/min. Schweber oder Schwimmer, Plankton oder Nekton? Die Ansichten bleiben geteilt.

Die Masse der kleinen Tierschweber verblüfft durch ihre tagtäglichen Wanderungen in der Vertikalen. Mit der Morgensonne sinken sie ab und steigen des Nachts wieder an die Oberfläche. Mancher Winzling legt dabei in einer Stunde mehrere hundert Meter zurück. Hauptauslöser dieses Auf und Ab ist das Licht. Man kennt Arten, die bereits durch eine dunkle Wolke veranlaßt werden, emporzusteigen. Mit diesem Wanderverhalten dürften die Planktonten bessere Chancen haben, Räubern auszuweichen, die sich optisch orientieren.

Wie aber kann über Sinken und Steigen »entschieden« werden? Wenn die Kleinen tauchen wollen, nutzen sie die oben erwähnten Prinzipien in umgekehrter Weise. Der Formwiderstand wird verkleinert: Fortsätze werden verkürzt, Hörner eingebogen, Borstenfallschirme zusammengeklappt – oder das Tier nimmt einfach eine für das Schweben ungünstige Lage ein; es stellt sich »auf den Kopf«.

Die toten Schweber wandern nicht mehr. Sie sinken für immer hinab, bilden einen immerwährenden Nährstoffregen und – wenn sie nicht unterwegs verzehrt werden – den Faulschlamm des Bodens.

Große Teile des Meeresbodens im Atlantik und Pazifik südlich des Äquators werden von Globigerinenschlamm bedeckt, und Ablagerungen von Radiolarien bilden riesige Gürtel quer durch den Pazifik.

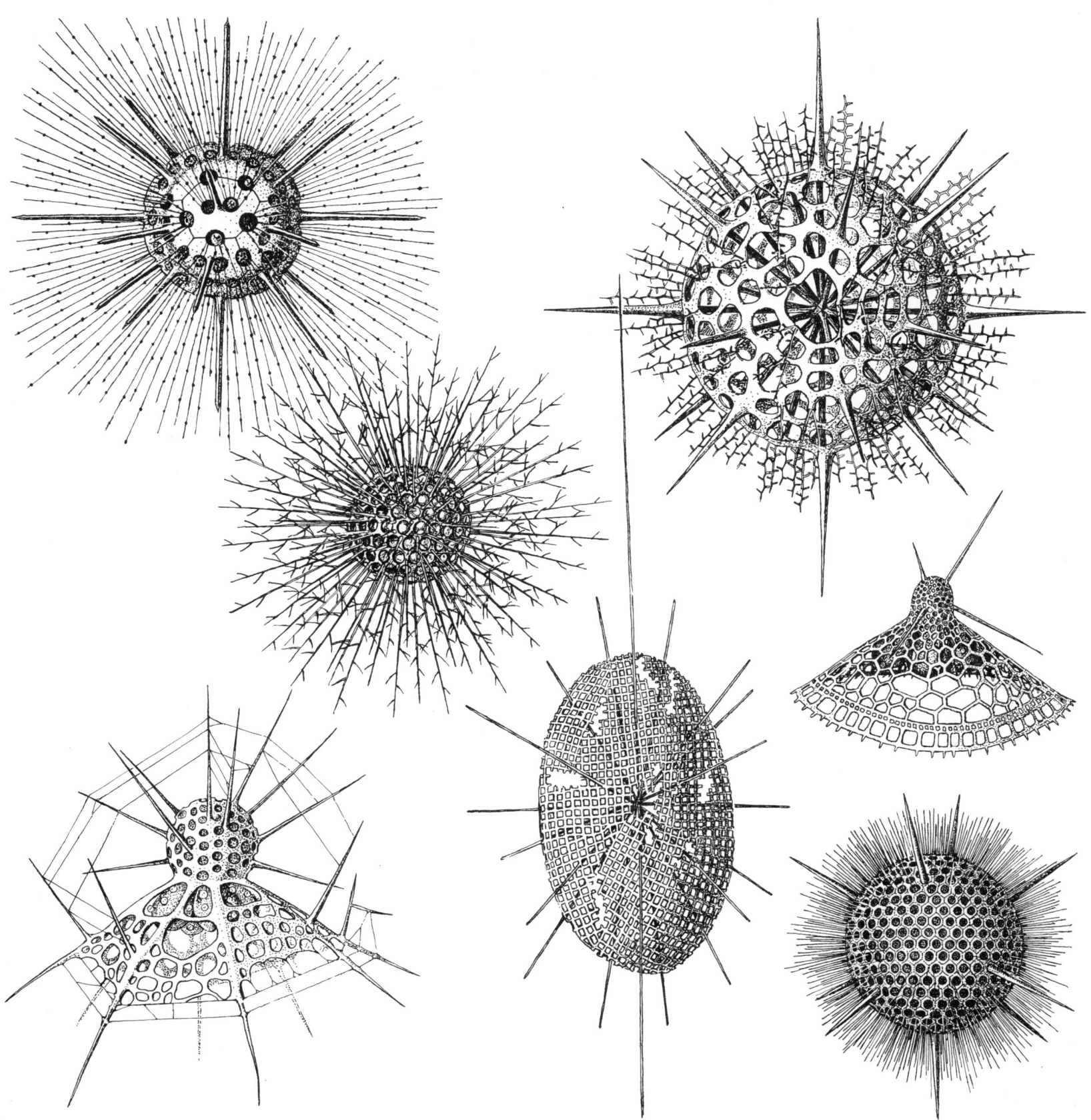

Mit Wimper und Geißel

Einzeller haben, vorausgesetzt, sie sind nicht mit solch schweren Skeletten ausgestattet wie die Radiolarien, meist keine Gewichtsprobleme. Ihr spezifisches Gewicht liegt nur wenig über dem des Wassers, und man sollte annehmen, daß ihnen dank ihrer geringen Größe auch die Fortbewegung, das Schwimmen, keine Schwierigkeiten bereitet. Weit gefehlt! Bei den Kleinsten treten ganz andere Faktoren in den Vordergrund: die Viskosität des Mediums, Reibungs- und Haft-(Adhäsions-)kräfte – und das minimale Trägheitsmoment. Es ist die Bewegung bei kleinen »Reynolds-Zahlen«.

Seit langem weiß man, daß umströmte Körper unterschiedlicher Größe und Geschwindigkeit sich nicht ohne weiteres vergleichen lassen. Es ist unmöglich, ein winziges Boot, das sich im Modellversuch als strömungsgünstig erwiesen hat, einfach proportional zu vergrößern. Man arbeitet deshalb mit einer Art dimensionsloser Geschwindigkeit, der Reynoldszahl *Re* (nach dem englischen Ingenieur O. Reynolds):

$$\frac{\text{Geschwindigkeit} \times \text{Länge des Körpers}}{\text{kinematische Viskosität des Mediums}}$$

So ergaben sich für die Tiere stark differierende Reynoldszahlen; z. B. für das Pantoffeltierchen ca. 0,1, für kleine Mücken 10, für Schwebfliegen 7000, für den Hecht 10 000 und für Delphine 1 000 000. Vereinfacht kann man feststellen: Bei kleinen *Re*-Zahlen werden die Tiere »schleichend« umströmt, und Reibungskräfte stehen im Vordergrund. Bei großen *Re*-Zahlen überwiegen Druck- und Trägheitskräfte.

Die »technischen Probleme«, vor denen die Evolution als Konstrukteur stand, waren also nicht gering. Für die lebenden Mini-U-Boote ist das Wasser so zäh wie Honig, und die als Ruder dienenden haarfeinen Wimpern können beim Rückholen nicht aus dem Wasser herausgehoben werden. Mit Rudern, wie wir sie verwenden, würde das Wimpertier dauernd vor- und zurückfahren – praktisch auf der Stelle stehen. Die Evolution löste die Aufgabe mit der Erfindung des »flexiblen Ruders«. Im Rückschlag wird die Wimper haarnadelförmig umgebogen und somit der Wasserwiderstand stark verringert. Hinzu kommt eine hohe Schlagfre-

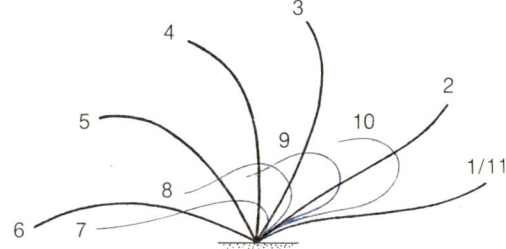

Der Wimperschlag. Beim Rückholen (7–10) wird die Wimper haarnadelförmig eingebogen.

quenz: Wimpern schlagen durchschnittlich 1000mal in der Minute.

Natürlich kann das Wimpertierchen nur zielgerichtet schwimmen, wenn die Bewegung aller »Einzelruder« aufs genaueste abgestimmt ist. Und dies ist in der Tat der Fall. Wellenartig wandert die Bewegung über das Tier, und zwischen den Krümmungen zweier benachbarter Wimpern liegen Bruchteile einer Sekunde. So schraubt sich das Pantoffeltierchen in harmonischer linksgewundener Spiralbahn durch das Wasser. Innerhalb einer Schraubenwindung dreht sich das Wimpertierchen einmal um die Längsachse. Dabei bleibt immer die gleiche Körperseite der Schraubenachse zugekehrt. Stößt es auf ein Hindernis, kann sofort der Rückwärtsgang eingelegt werden. Alle Wimpern schlagen nun in umgekehrter Richtung, und die Schraubenbahn ist rechtsgewunden. Hier erweist sich das fehlende Trägheitsmoment auf Grund minimaler Masse sogar als Vorteil – einen »Bremsweg« gibt es nicht.

Man kennt auch Pantoffeltierchen, die den Rückwärtsgang nicht einlegen können. Die Genetiker nennen sie »Bauern« (die gleichnamigen Figuren im Schach marschieren nur nach vorn). Diese Bauern leiden an einem Defekt des Informations-(Calcium-) Kanals.

Das kaum einen Zehntel Millimeter kleine Pantoffeltierchen *(Paramecium caudatum)* ist also mit einem vergleichsweise hochkomplizierten und energieaufwendigen Bewegungsapparat ausgestattet, um überhaupt voranzukommen. Und unser Pantoffeltierchen, das sich übrigens im faulenden Wasser besonders wohlfühlt, gehört zu den »Sprintern«. Es erreicht Spitzengeschwindigkeiten von 3 mm/s – das entspricht fast 30 Körperlängen!

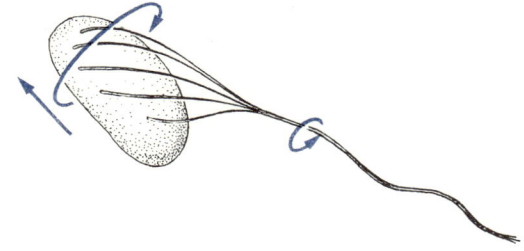

Die komplizierte Schwimmweise eines Bakteriums; Geißelbündel und Zelleib rotieren in entgegengesetzter Richtung.

Mit Wimpern (auch Cilien) ausgestattet ist eine recht hoch entwickelte Klasse der Einzeller – eben die Wimpertierchen (Ciliata): Perlen-, Nasen-, Trompeten-, Pantoffeltierchen . . . Reichlich finden sich manche Arten im Pansen des Wiederkäuermagens. Die Wimpern, die immer recht zahlreich auftreten, können sehr verschieden angeordnet sein – in Bändern, Kränzen und Gürteln oder auf größeren Feldern. Mit Wimperkränzen, die eine sehr charakteristische Bewegung bewirken, versehen ist das einzige im Menschen lebende Wimpertier: *Balantidium coli.*

Aber nicht nur Einzeller nutzen die Kraft des Wimperschlages. Die Rippenquallen (Ctenophora) sind im Regelfall von 8 Wimpermeridianen überzogen. Schlagen all die zu Wimperplättchen verwachsenen kleinen Ruder gleichstark, so schwimmt die Rippenqualle geradeaus; bei schwächerem Schlag der linken Seite fährt sie eine Linkskurve. So ist das Tier recht manövrierfähig, vermag nach oben und unten, rechts und links oder auch im Kreis zu schwimmen.

Eine entscheidende Rolle spielen Wimpern für die Rädertierchen (Rotatoria) – Tierzwerge, die vor allem unsere Süßgewässer besiedeln. An ihrem Vorderende, dem »Kopf«, arbeiten zwei Wimperkränze. Durch die verschiedenen Lagen der Wimpern im Raum und die rasche Folge von Krümmung und Streckung entsteht für den Betrachter der Eindruck eines sich drehenden Rades mit Speichen. Bei den frei lebenden Formen (z. B. *Pedalia*) dient dieses »Räderorgan« der Fortbewegung – das Tier wird in Spiralen durch das Wasser gezogen. Ähnlich wie die Pantoffeltierchen, so sind auch diese »Schrauben-Schwimmer« unsymmetrisch gebaut – man spricht von der Drehwüchsigkeit. (Auf die perfekte radiäre Symmetrie treffen wir bei allen in der Vertikale schwimmenden Medusen). Die guten Schwimmer unter den Rädertierchen verfügen über zusätzliche Ruder in Form von Borsten und »Schwertern«.

Wimpern dienen auch Strudelwürmern und vielen Larven (verschiedener Würmer, Weichtiere, Stachelhäuter) zur Fortbewegung. Wir finden sie aber auch in Körperinnenräumen höherer Tiere und des Menschen (Eileiter, Luftröhre usw.). Dort transportieren sie Schleim und Sekrete.

Um einen mit der Wimper direkt vergleichbaren Antriebsapparat handelt es sich bei der Geißel. Vieles spricht dafür, daß sie sogar früher entstand, die Wimpern sich also aus geißelähnlichen Gebilden ableiten. Typische Geißelträger sind die Geißeltierchen (Flagellata) und die Spermien. Die Länge der Geißeln übertrifft die der Wimpern ganz erheblich. Ein Tier verfügt aber oft nur über 1 oder 2 Geißeln, selten über 8 oder mehr.

Geißeln arbeiten – von Ausnahmen abgesehen – völlig anders als Wimpern. Oft »schlängeln« sie und führen uns damit eine Bewegungsart vor, die sich bis zu den Wirbeltieren erhalten hat. Das hauchfeine Gebilde führt, zwei- oder dreidimensional, wellenartige Bewegungen aus, wobei die Wellenberge das Wasser wegdrücken. Die Schwingebenen der Geißel können verändert werden – ein gerichtetes Schwimmen wird möglich.

Geißeln, die ähnlich den Wimpern spiralig um die Zelle laufen, bilden die Ausnahme. Wir finden diese seltene Anordnung bei einem Riesen unter den Flagellaten, dem 0,12 mm großen Parasiten der Diskusfische: *Protoopalina symphysodonis.* Dieser Geißelgigant schwimmt unter Drehungen um die Längsachse und ist dabei sehr geschickt, vorwärts wie rückwärts.

Im Tempo bleiben die Geißel-Tierchen hinter den mit Wimpern getriebenen kleinen Schwimmern erheblich zurück. Wenn das Grüne Schönauge *(Euglena viridis)* 1 mm weit geschwommen ist, dürfte das Pantoffeltierchen bereits 1 cm davongeeilt und damit außer »Reichweite« sein. Ist das Medium noch dichter als Wasser, dann wird die Geißel meist durch eine sogenannte undulierende Membran verstärkt. Wir beobachten sie zum Beispiel bei den im Blut lebenden Erregern der Schlafkrankheit *(Trypanosoma gambiense).* Blut ist ja etwa 5mal dichter als Wasser. Bringt man diese Trypanosomen in eine wäßrige Kulturflüssigkeit, so bildet sich die undulierende Membran zurück.

Noch etwas langsamer arbeiten sich die Bakterien durchs Wasser – vorausgesetzt, sie sind nicht bewegungsunfähig wie die als Eitererreger bekannten Staphylococcen und fast alle Streptococcen, oder sie begnügen sich mit ständigem Zucken und Zittern (Vibrionen). Die

Die Bewegung bei verschiedenen Reynoldszahlen; rechts überwiegt der Einfluß der Trägheit, links die Zähigkeit.

Milchsäurebakterien *(Lactobacillus)* belassen es bei der Veränderung ihrer Gestalt und bleiben ansonsten unbeweglich. Aber auch die begeißelten Formen zeigen deutliche Unterschiede. Während die *Pseudomonas*-Arten recht geradlinig und flott schwimmen *(Pseudomonas aeruginosa,* der Erreger verschiedener Infektionen im menschlichen Körper, zeigt sich sogar noch bei relativ niedrigen Temperaturen sehr lebendig), bewegt sich zum Beispiel *Escherichia coli,* das »Haustier« der Genetiker und berühmtestes Bakterium überhaupt, taumelnd und träge. Trotzdem vermag es sein aus meist 6 Einzelgeißeln bestehendes Geißelbündel so einzusetzen, daß es zielgerichtet auf eine Nährstoffquelle zuschwimmen kann.

Die Bakteriengeißel kann im Aufbau nicht mit denen der oben genannten Ein- und Vielzeller verglichen werden. Man ist geneigt zu sagen: Bei Bakterien ist alles ganz anders. Ihre Geißel ist nicht nur sehr einfach gebaut, sondern auch hauchdünn. Man müßte schon 50 000 Geißeln zusammenfügen, um die Stärke eines Menschenhaares zu erreichen. Was ein solch zarter Antrieb leistet, erstaunt um so mehr.

Bakteriengeißeln sind häufig zu einem Bündel vereinigt, das um seine Längsachse rotiert. Nicht selten werden 3000 Umdrehungen pro Minute erreicht. Die Drehbewegung wird aber kurioserweise nicht gleichsinnig auf das Bakterium übertragen; es schraubt sich in entgegengesetzter Richtung durch das Wasser.

Von diesem Schwimmstil weichen freilich manche Bakterien ab. Auf jeden Fall sind viele sehr manövrierfähig, können den Drehsinn der Geißeln und damit die Fahrtrichtung plötzlich ändern. So sind auch viele Bakterien in der Lage, durch zielgerichtete Eigenbewegung einen günstigen Platz in ihrem Lebensraum aufzusuchen.

Man kennt räuberisch lebende Kugelkolonien der Art *Myxococcus xanthus* (aus der sonderbaren Gruppe der Schleimbakterien oder Myxobacteriales), die erwiesenermaßen in der Lage sind, auf kleine Beutebakterien zielgerichtet zuzuschwimmen. M. Dworkin von der Universität Minnesota beobachtete, wie die Kugel in Schlangenlinien auf winzige Blaualgen *(Phormidium luridum)* zusteuerte. Die Beute wird in kleine Taschen aufgenommen und dann mit Verdauungsenzymen »behandelt«.

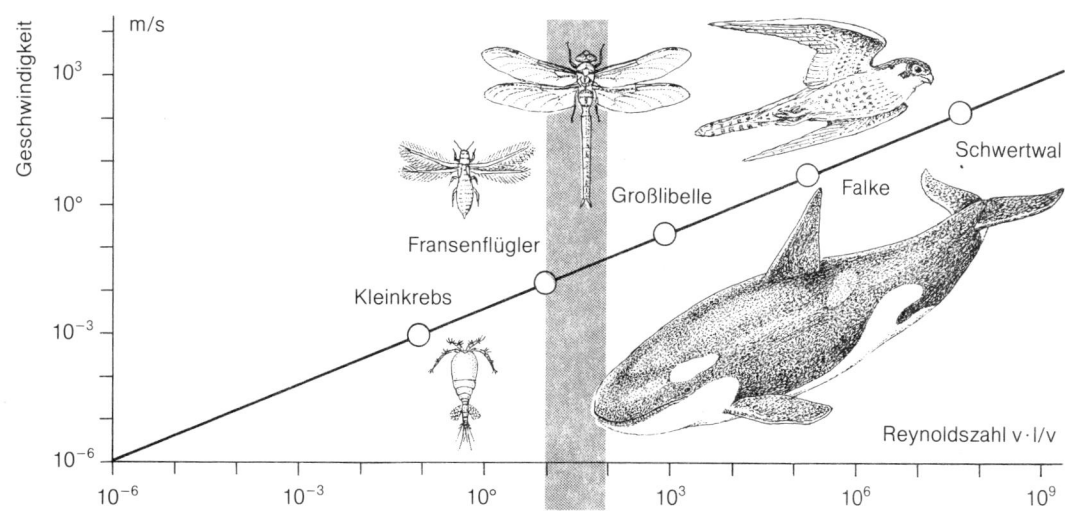

Der Ur-Motor

Auf welche Weise aber werden sie überhaupt bewegt, die Geißeln und Wimpern?

Durchschneidet man die Geißel eines Einzellers, die eines Spermiums vom Pferd und eine Wimper aus den Flimmerepithelien unserer Atemwege, so stellt man erstaunt fest, daß der Aufbau sich absolut gleicht. Um zwei zentrale Röhren ordnen sich im Kreis neun Doppelröhren, die zum Zentrum hin mit radialen »Speichen« verbunden sind. An jedem der äußeren Röhrenpaare stehen Eiweiß-(Dynein-)Arme. Dieses 9+2-Muster war offensichtlich eine perfekte Konstruktion – sie ist auf den verschlungenen Wegen der Evolution nur ganz selten aufgegeben worden (bei manchen Insekten findet man z. B. das 360+0-Muster).

Das erste gründliche Denkmodell über die Funktionsweise dieses »Urmotors« schuf der schwedische Zoologe Björn Afzelius: die Gleitfaden-Hypothese. Sie hat bis heute an Gültigkeit nicht verloren. Die entscheidenden Hebelwerkzeuge bilden die Dynein-Arme*; sie bewirken, daß die einzelnen Doppelröhren aneinander vorbeigleiten. Der Doppelröhrenring hat immer einen Durchmesser von 0,2 μm, die Röhren selbst sind 20 nm (= 10^{-6} mm) dick.

Die Genauigkeiten liegen im Bereich von Millionstelmillimetern! Präzisionsinstrumente des Lebendigen, über die selbst ein Techniker unserer Zeit noch ins Staunen kommt.

Die Kraft liefert eine Substanz, an der ebenfalls die gesamte Organismenwelt festgehalten hat: das Adenosintriphosphat (ATP). Durch ATP verlängern sich die Dynein-Arme, die nun die benachbarte Doppelröhre erreichen. Sie

* *Die gar nicht so seltene angeborene männliche Unfruchtbarkeit durch Unbeweglichkeit der Spermien liegt meist am Fehlen dieser Dynein-Arme. Die Mediziner sprechen vom »Immotile-Cilia-Syndrom« (Wimpernunbeweglichkeit).*

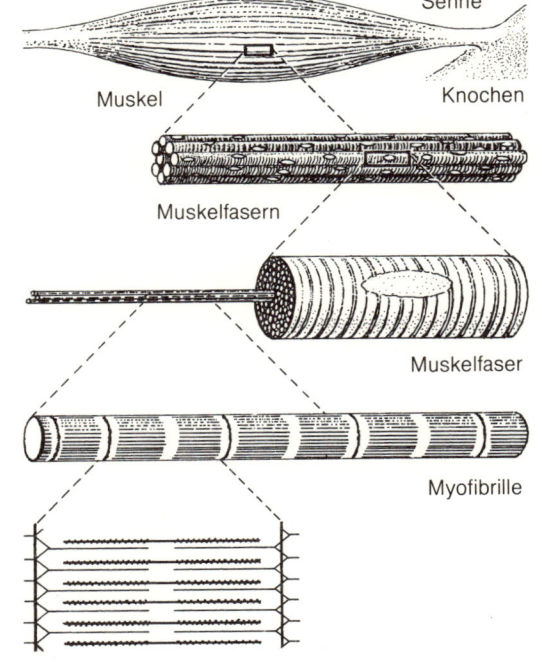

Muskel · Sehne · Knochen · Muskelfasern · Muskelfaser · Myofibrille

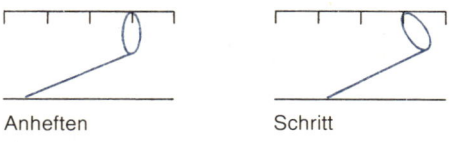 

Anheften · Schritt · Abheben · Vorführen · Aktin · Myosin

Der Aufbau eines Muskels und seine Arbeitsweise; der sogenannte molekulare Schreitmechanismus; eine derartige Verkürzung beträgt 11 nm.

So funktioniert der Urmotor. Die Anlagerung des energiereichen Adenosintriphosphats führt zur Verlängerung des Dynein-Arms und damit zur Anheftung am Nachbarröhrchen. Unter Abspaltung von Phosphat wird das Dynein später wieder verkürzt – und die Röhrchen werden dadurch gegeneinander verschoben.

verkürzen sich dann (aus ATP wird ADP) und ziehen die Röhre hoch.

Diese stark vereinfachte Darstellung läßt erahnen, welch außerordentlich komplizierte Mechanismen nötig sind, um unser Pantoffeltierchen zielgerichtet und schnell zu bewegen.

Die Bakteriengeißeln verfügen »noch« nicht über diesen Urmotor; sie werden von der Ansatzstelle im Zelleib, also indirekt, bewegt. Deshalb hören sie – im Gegensatz zu den anderen Geißeln und Wimpern – sofort auf zu schlagen, wenn sie vom Bakterium getrennt werden. Auch die Kraft für diese passive Rotation wird nicht von dem obengenannten ATP geliefert; einem anderen energiereichen Zwischenprodukt fällt diese Aufgabe zu. Im einzelnen kennen wir aber gerade diese Vorgänge bei den Lebewesen ohne echten Zellkern (Prokaryoten) noch kaum.

Der Urmotor der kleinen Wimper ist sicher eine erstaunliche Konstruktion, aber er hat Leistungsgrenzen. Die entstehenden Kräfte können nur eine geringe Geschwindigkeit gewährleisten. Bei den Vielzellern hat die Evolution einen stärkeren Motor entwickelt: den Muskel. Das Prinzip des Gleitmechanismus wurde freilich beibehalten. Unter Verwendung des energetischen Kleingeldes, des ATP, laufen im Actin-Myosin-Komplex ähnliche Vorgänge ab wie im Ur-Motor. Die Leistungen aber sind unvergleichlich höher; sie ermöglichen das Tempo des Haifisches, den Blitzstart des Geparden und den rasanten Flug der Schwalbe.

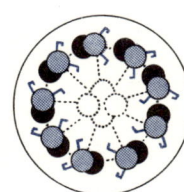

Dynein-Arm
Bindungsstelle
Phosphat
ADP (Adenosindiphosphat)
ATP (Adenonsintriphosphat)

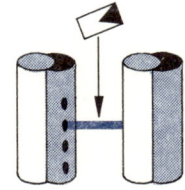 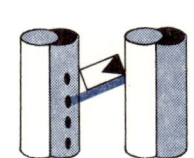 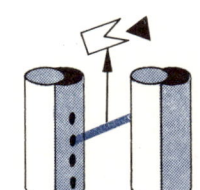 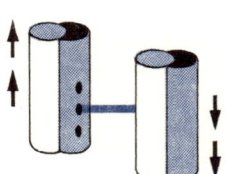

Staatsquallen und andere Ballonfahrer

Die Medusen oder Quallen gehören zu den typischen Planktontieren. Bei bestimmten Strömungen werden sie manchmal zu Tausenden
und aber Tausenden auf den Strand getrieben,
und viele Badende haben recht unangenehme
Erinnerungen an manche dieser Nessel-Tiere.

Einige Medusen ragen im wahrsten Sinne
heraus. Sie haben den Auftrieb durch Gas derart perfektioniert, daß sie sich nicht nur eine
beachtliche Größe leisten konnten, sondern
auch zum Schwimmen an der Oberfläche übergegangen sind. An einem oder mehreren Gas-
ballons aufgehängt, so fahren sie über die
Meere. Der berühmteste Ballonfahrer ist wohl
die Portugiesische Galeere *(Physalia physalis)*.

Ernst Haeckel hatte die meist in schönem
Blau schimmernde Art der Staatsquallen (Si-
phonophora) auf seiner Reise nach den Kanari-
schen Inseln eingehend studiert und schrieb
1867 von Lanzarote: »Alle übrigen Tierformen
des hiesigen Meeres werden aber an Schönheit und Zierlichkeit, wie an hohem wissenschaftlichen Interesse von den herrlichen Si-
phonophoren übertroffen, die ich selbst mir
zum speziellen Gegenstand meiner Untersuchung gewählt habe. Es sind das schwimmende Medusenkolonien, Blumenstöcken sehr
ähnlich, deren staatlicher Verband die interes-
santesten Verhältnisse weit fortgeschrittener
Arbeitsteilung zeigt. Denkt euch einen zierlichen, schlanken Blumenstock, dessen Blätter
und bunte Blüten durchsichtig wie Glas sind
und der sich in den zierlichsten und lebhafte-
sten Bewegungen durch das Wasser schlängelt, und Ihr habt eine Vorstellung von diesen
wunderbaren, schönen und zierlichen Tierstaa-
ten. Am oberen Ende des Stockes sitzt ge-
wöhnlich eine große Luftblase, dann folgt eine
Doppelreihe von schwimmenden Individuen
. . . Endlich sitzen in zierlichen Gruppen am
Stamm verstreut die Fortpflanzungsindividuen,
welche sich bloß mit der Produktion von Eiern
beschäftigen.«

Das wunderbare Geschöpf hat freilich auch
unangenehme Seiten. Im Gegensatz zu vielen
anderen Staatsquallen verfügt es über ein sehr
stark nesselndes Gift. Ein Massenauftreten der
Tiere im Jahre 1957 hat die britische Presse
lange Zeit beschäftigt.

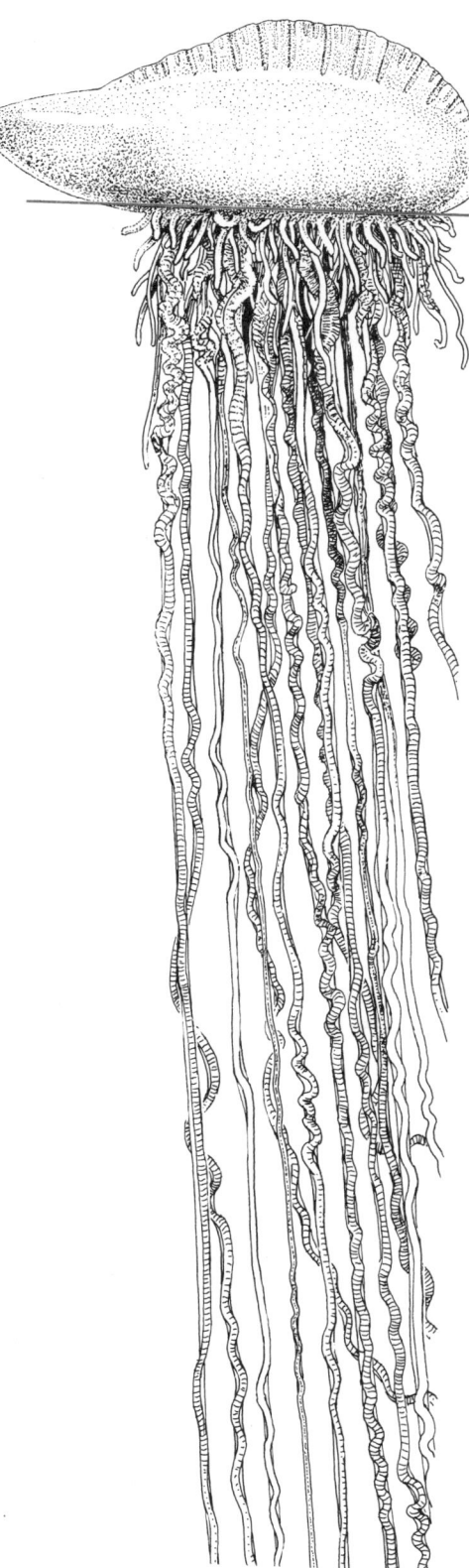

Die Staatsqualle – ein großer Schweber am Gasballon

In warmen Meeren treibt die Segelqualle
(Velella velella) dahin. Ihr steifes Segel ist von
dreieckiger Form. Bei manchen Tieren ist es
links, bei anderen rechts gesetzt. Die kleinen
Velellen segeln wesentlich rascher als die Phy-
salien, bei denen die viele Meter langen Fang-
fäden die Fahrt doch erheblich bremsen.

Auch einige Seerosen (z. B. *Minyas*) treiben
auf hoher See; sie schweben nahe der Oberfläche dahin. Ihr Gasbehälter wird von der Fuß-
scheibe gebildet. Wie man erst vor wenigen
Jahren herausfand, läßt sich auch die Braune
Hydra von einer Gasblase an die Oberfläche
tragen, um sich dann Wind und Wellen zu
überlassen. Vor allem für das Besiedeln neuer
Lebensräume dürfte das Driften und Segeln
von unschätzbarem Vorteil sein.

Ein schwimmendes Schaumfloß baut sich die
Veilchenschnecke *(Janthina janthina)*. In geschickter Fußarbeit stellt sie ein Spiralband aus
luftgefüllten Schleimbläschen her, die bald er-
härten. Der Bau des Floßes ist recht zeitauf-
wendig: Innerhalb von einer Minute können
kaum zwei Bläschen konstruiert werden. Am
fertigen Schaumfloß, das auch die Eikokons
aufnimmt, treibt die Schnecke dann kopfunter
über das Meer. Trifft sie während ihrer Fahrt
auf ein Beutetier, beispielsweise auf eine Segelqualle, so schneidet sie sich ein Stück heraus.

Ein Seitenblick auf die Meerespflanzen zeigt,
daß auch sie die gute Auftriebswirkung von
Gasen erfolgreich nutzen. Für die Riesentange
(Lessionaceae) sind gasgefüllte Blasen zum
bedeutenden ökologischen Vorteil geworden.
Algen, die sich auf mehr oder minder steife
Stiele verlassen müssen, können sich nur
Thalli (die blattartigen Wedel) von wenigen Metern leisten – zum Beispiel die Arten der Familie Alariaceae. Die mit Gas schwebenden Thalli
der Riesentange werden bis zu 50 m lang.
Am felsigen Grund sind sie meist mit sogenannten Haftkrallen befestigt. Die gasgefüllten
Schwimmbojen bewirken eine stabile Lage in
den oberen, gut durchlichteten Zonen und garantieren damit eine günstige Entwicklung.
Ganz zufällig ist es sicher nicht, daß die am
schnellsten wachsende Pflanze überhaupt aus
dieser Gruppe kommt. Der tägliche Zuwachs
bei der Art *Macrocystis pyrifera* beträgt bis zu
70 cm!

Zu den bekanntesten Arten zählt *Pelagophy-cus porra*, der oft an einer großen Blase über das Meer treibt. Schiffern vergangener Jahrhunderte diente die »Ballonalge« als Wegweiser, und die Indianer verwendeten die Blase als Trinkgefäß.

Aber auch manch andere Alge nutzt die Leichtigkeit der Gase. Auf solche Weise haben sich manche Thalli weit verwehen lassen und einen neuen Lebensraum erobert. Ein kurioser Fall wird von der Braunalge *Colpomenia peregrina* berichtet, die Anfang unseres Jahrhunderts an der französischen Küste anlandete und sich dort als »Austerndieb« betätigte. Die Alge setzte sich auf den für uns so köstlichen Weichtieren fest und ließ sich dann mit ihrer Last verwehen.

Vom »Wurm« zum Fisch – der lange Weg zu den perfekten Schwimmern

Seit Jahrzehnten schon ist die Tiergruppe Würmer (Vermes) aus den Lehrbüchern der Zoologie verschwunden. Es hatte sich erwiesen, daß sich die Platt-, Schnur-, Schlauch- oder Ringelwürmer durchaus nicht so nahestehen wie der Name und ein flüchtiger, oberflächlicher Blick auf die äußere Gestalt dies vermuten lassen. Die verwandtschaftlichen Beziehungen zwischen Spatz und Karpfen sind enger als die zwischen Band- und Regenwurm. Ein humorvoller Biologe hat einmal treffend bemerkt: Es gibt nur ein gemeinsames Merkmal aller Würmer – sie sind länger als hoch. Und nun taucht der Begriff »Wurm« in modernster evolutionsbiologischer Literatur wieder auf! Freilich wird nicht der Versuch unternommen, längst vergangene Zeiten klassischer Zoologie heraufzubeschwören. Man spricht vom »Prinzip Wurm« und meint einen im Laufe der Entwicklung entstandenen Konstruktionstyp.

Diese biomechanische Sicht der Evolution geht vor allem auf Wissenschaftler der Senckenbergischen Arbeitsgruppe für Phylogenetik zurück. Danach war der urtümliche Antrieb der schwimmenden Meerestiere mit Muskeln das horizontale Schlängeln. Die gestreckte – die »Wurm«-Form – erwies sich dabei als notwendig. Das Tier wird als hydraulische Konstruktion

Vom Wurm zum Fisch und Vierfüßer – die Änderung der Konstruktion. Von oben nach unten: a die hydraulische Wurmkonstruktion (D-Darm) mit dem Hautmuskelschlauch (M), b mit der elastischen Chorda (C), c urtümlicher Chordat mit Kiemenkorb, die Längsmuskeln (Lm) dominieren, d ein Schuppenpanzer (S) sorgt für äußere Formstabilität, e urtümlicher Fisch mit inneren Skelettversteifungen und innen versteiften Flossen, f beim Übergang zum Landleben bilden sich aus den paarigen Flossen die Beine der Vierfüßer.

aufgefaßt, wobei der gesamte Körper gleichermaßen an der Bewegung beteiligt ist.

Dieses horizontale Schlängeln sehen wir in typischer Ausprägung bei manchen Vielborstern (Polychaeta) aus der Gruppe der Ringelwürmer (Annelida). Es kann auch durch Ruderbewegungen der spezifischen Extremitäten (Parapodien) unterstützt werden.

Wie bringt der Schlängelantrieb das Tier voran? Der flexible, langgestreckte Körper verbiegt sich – Wellen laufen von vorn nach hinten am Körper entlang. Sie drängen das Wasser, das sich im Gegensatz zu Luft nicht zusammendrücken läßt, zurück und lösen so eine Art Rückstoß aus.

Die Schlängelbewegungen werden meist in einer Ebene ausgeführt. Manche Vielborster – so der 4 cm lange *Paraonis fulgens* – schlängeln dreidimensional (helikoidal).

Eine besondere Form, das Stemmschlängeln, zeigen die Bewohner des sogenannten Sandlückensystems (z. B. manche Fadenwürmer und Wenigborster). Sie nutzen beim Abdrücken feste Materialien, die den Körper berühren.

Mit etwas Glück kann man einen der elegantesten Schlängler des Süßwassers selbst beobachten: den Blutegel *(Hirudo medicinalis)*. Er aber schlängelt vertikal! Der Körper wird bauchwärts (dorso-ventral) stark abgeflacht, und die Kontraktionen der Rückenmuskeln sorgen für die notwendigen Vertikalwellen.

Wir beobachten das Schlängeln also, mehrfach abgewandelt, bei den verschiedensten wirbellosen Tieren – und beim Lanzettfischchen *(Branchiostoma)*. Dieses unscheinbare Tierchen ist gewiß kein direkter Vorläufer der Wirbeltiere, verkörpert aber eine Art »Durchgangsstadium« auf dem Wege dorthin. Das »kopflose« Meerestier schlängelt als Larve (die Erwachsenen wühlen sich in den Boden ein und verlassen ihn selten) zwar noch mit dem ganzen Körper, verfügt aber über eine entscheidende Neuerung: eine elastische Rückensaite, die Chorda. Der feste, elastische Rückenstab gewährleistet die Längenkonstanz des Tieres und dient als Widerlager für die Muskeln. Später wird die Chorda durch die Wirbelsäule verdrängt.

Im Zusammenhang mit der Chordaentwicklung konnten »formbildende« Ringmuskeln und letztlich die von vorn nach hinten recht einheitliche Wurm-Konstruktion aufgegeben werden. Eine stärkere Differenzierung des gesamten Tieres wurde möglich: vor allem die Kopfbildung und die Verlagerung des Antriebes auf die Schwanzregion.

Die Vorgeschichte der Wirbeltiere – der Fische, Lurche, Kriech- und Säugetiere –, die die Rückensaite durch die Wirbelsäule ersetzten, liegt nach wie vor weitgehend im Dunkel. Möglicherweise waren die Ahnen Verwandte der Seesterne: Man fand Reste von sogenannten Calcichordaten, Tieren mit einem äußeren Kalkskelett und fast eine halbe Milliarde Jahre alt. Auf jeden Fall aber war ihr Körper von jenem elastischen Rückenstab durchzogen. Und daß diese Konstruktion dem prallgefüllten »Wurm« zumindest in der gerichteten Fortbewegung überlegen war, kann man nicht bezweifeln.

Ob die obengenannte Forschergruppe mit ihren Gedanken den Darwinismus revolutionieren wird, steht heute keineswegs fest, ergänzen und bereichern wird sie die Evolutionstheorien mit Sicherheit. Fragen der Bewegung im Sinne kinetischer Ökonomik bei gegebenen biomechanischen Konstruktionsmöglichkeiten wird man künftig stärker beachten als bisher.

Der wohl berühmteste Evolutionsforscher der Gegenwart, Ernst Mayr, urteilt: »Der Grundgedanke, von dem die Wissenschaftler vom Senckenberg-Institut ausgehen, ist meiner Meinung nach vollkommen richtig.«

Silberne Torpedos

Mit den Fischen war die erste Tiergruppe entstanden, in der es zu einer Spezialisierung auf eine gerichtete und schnelle Bewegung im Wasser kam. Welch außerordentliche Leistungen die »Sprinter« unter ihnen vollbringen, macht ein Vergleich mit dem Menschen deutlich. Ein jahrelang speziell trainierter Spitzenkrauler quält sich mit ca. 7 km/h durchs Wasser. Ein Thunfisch erreicht scheinbar mühelos die zehnfache Geschwindigkeit. Er schlüge also bei 100 m bereits an, wenn der Weltmeister gerade 10 m hinter sich gebracht hätte.

Für den Fisch bildet der kräftige Schwanzschlag das wichtigste Antriebsmittel. Rücken- und Afterflosse wirken als Kiele, dienen also

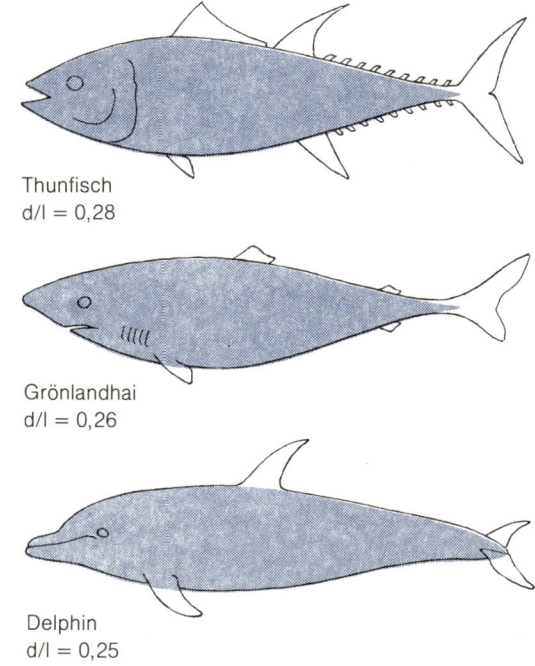

Thunfisch
d/l = 0,28

Grönlandhai
d/l = 0,26

Delphin
d/l = 0,25

Schnelle Schwimmer entstanden in verschiedenen Wirbeltiergruppen; ihre Form, ausgedrückt durch das Verhältnis von Durchmesser zu Länge (d/l), ähnelt sich stark.

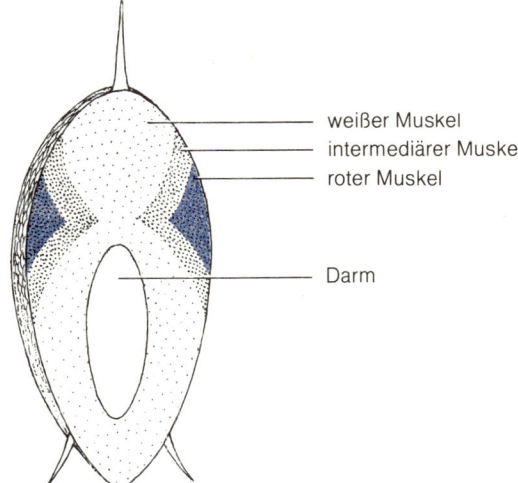

Die besondere Muskelausstattung eines Fisches im Querschnitt (schematisch). Nur im Spurt werden die rasch ermüdenden weißen Muskeln zugeschaltet.

weißer Muskel
intermediärer Muskel
roter Muskel

Darm

der Stabilisierung. Die paarigen Brustflossen werden vor allem zum Steuern eingesetzt, während die Bauchflossen den Bremsvorgang unterstützen.

Erste Voraussetzung für schnelles Schwimmen ist demzufolge der gut ausgebildete, mit starken Muskeln versehene Fischschwanz.

Die Forelle *Salmo trutta* zeigt, was Kraft und hohe Schlagfrequenz (15/s) bedeuten. Sie gehört zu den Blitzstartern und erreicht, gleichsam aus dem Stand, eine Geschwindigkeit von 14 km/h. Ihre Beschleunigung entspricht dabei 50 m/s². Neben der Kraft und Frequenz des Schwanzschlages, mit dem sich das Tier vom Wasser abdrückt, spielt die Körperlänge eine Rolle. Die langen Fische sind in der Regel schneller als die kurzen. Größere Schlängelwellen wirken wie breitere Ruderflächen. Der Fischschwanz wird dabei nicht einfach hin- und herbewegt. Er führt vielmehr fein gekoppelte Dreh- und Biegeschwingungen aus, wie Hertel schon vor mehr als 20 Jahren feststellte. Bestätigt wurde diese Theorie 1985 von einem Arbeitsteam um Nachtigall, Mees und Hofer. Sie ermittelten, daß die Biegung der Drehung um 90° vorauseilt und belegten: Die Geschwindigkeit des Fisches hängt linear ab von der Frequenz des Schwanzschlages. Welchen Einfluß der Bau bzw. die Form der Flosse hat, das wird gegenwärtig untersucht.

Fische verfügen aber nicht nur über eine kräftige, sondern über eine geradezu einmalige Muskelausstattung. Bereits vor Jahrzehnten war bei Geschwindigkeitsmessungen aufgefallen, daß ein Barsch seine normale Leistung – zum Beispiel auf der Flucht – urplötzlich vervierfachen kann. Er erreicht dann das doppelte Tempo.

H. Hertel unterschied Anfang der 60er Jahre zwischen dem »Schnellschwimmen« und dem »Vorschießen«. Johnston und Goldspink bestätigten dann 1973 die 2-Gang-Schaltung der Fische. Beim gleichmäßigen Dauerschwimmen werden die »normalen« roten Muskeln (mit Myoglobin) eingesetzt; beim plötzlichen Sprint schaltet der Fisch die weißen Muskeln zu (eine Zwischenstellung nehmen die sogenannten intermediären Muskeln ein). Es läßt sich denken, daß der Hecht, der plötzlich auf seine Beute zustößt, oder der Lachs, der vor dem Sprung über ein meterhohes Wehr seine Geschwindigkeit kurzfristig erhöhen muß, auf derart günstige Kraftreserven zurückgreifen.

Kraft allein ist freilich nicht alles, um in diesem dichten Medium Wasser rasch und energiesparend voranzukommen. Wer einmal einen Fisch in der Hand gehabt hat, weiß um die Schwierigkeit, ihn festzuhalten. Der Fischkörper ist von einer Schleimschicht (aus langkettigen Eiweißen und stärkeähnlichen Verbindungen*) umgeben, die ihn förmlich durch das Wasser schlüpfen läßt. Die Reibungskräfte werden auf ein Minimum reduziert.

Wichtig ist das gute Gleiten des Fischkörpers. Und die Form sollte die günstigste sein, die dem Wasser möglichst wenig Widerstand bietet. Welches ist diese optimale »Stromlinienform«? Wir beobachten sie interessanterweise in den verschiedensten Tiergruppen – also nicht nur bei den Fischen: beim Hai, beim Thun, beim Delphin. Selbst die zur großen Zeit der Saurier lebende Reptiliengruppe der Fischechsen (Ichthyosauria) besaß die gleiche Grundform (s. Abb.). Die Art *Eurhinosaurus longirostris* dürfte einem Schwertfisch zum Verwechseln ähnlich gewesen sein. Diese offenbar optimale Form der schnellen Dauerschwimmer zeichnet sich durch ein Verhältnis von Durchmesser zu Länge (»Profildicke«) von ca. 0,25 aus, wobei die größte Körperdicke etwa in der Mitte liegt.

Stoßräuber wie der Hecht zeigen niedrigere Werte (ca. 0,17), und manch Gemächlicher, wie der Kofferfisch, weicht stark nach oben ab (ca. 0,44).

Der gute Dauerschwimmer aber wird möglichst günstig, aber auch gleichmäßig – »laminar« – umströmt. Dabei ist die Grenzschicht zwischen Fisch und Wasser von entscheidender Bedeutung. Dort darf die laminare Strömung nicht abreißen, sollen keine Turbulenzen auftreten – also ein regelloses Durcheinanderwirbeln mit entsprechender Versplitterung der Kräfte.

Der oben erwähnte Schleim im Verein mit der flexiblen Fischschuppe gleichen die Druckunterschiede und Grenzschichtwellen aus. Ferner ist auch an eine gewisse Führung des Wassers durch die Schuppe zu denken. Jüng-

* Im Sport ist die Verwendung solcher Substanzen verboten.

ste Forschungen an Haien ergaben auffällige Beziehungen zwischen Schuppenform und Schwimmgeschwindigkeit. Die schnellen Arten zeigen eben Schuppen mit gleichmäßig verlaufenden Längsrillen.

Wer sind die Schnellsten? Der Beweis für eine Spitzenleistung liegt im Kensington-Museum in London: eine 30 cm dicke, mit Kupfer beschlagene Eichenplanke. Der Schwertfisch *(Xiphias gladius)* hatte sie durchstoßen, und das abgebrochene Schwert blieb im Schiffsrumpf stecken. Nach Berechnungen von A. N. Krylow muß der Fisch mit 90 km/h auf das Schiff zugerast sein. Der Schwertfisch gehört zur Unterordnung der Makrelenähnlichen (Scombroidea). Sie sind auf hohe Geschwindigkeiten bestens vorbereitet: starke Wirbelsäule, kräftige Muskulatur und Flossen, die bei flotter Fahrt in Körperrinnen eingelegt werden können.

Die schnellen Thunfische zählen zu den echten Makrelen (Scombridae). Typisch für sie sind zusätzliche kleine Flößchen hinter Rükken- und Afterflosse. Sie könnten stabilisieren und durch »Weitertransport« des Wassers einen Druckanstieg hinter dem Fischkörper vermeiden.

Der Gemeine Thunfisch *(Thunnus thynnus)* erreicht Spitzengeschwindigkeiten von 80 km/h; sein Durchschnittstempo liegt bei 40 km/h. Er gehört zu den großen Wanderern, legt Strecken von 5000 km zurück.

Im Zusammenhang mit ihren schwimmerischen Höchstleistungen steht ein anderes außergewöhnliches Phänomen: Thune sind gleichwarme Tiere! Ansonsten gehören Fische zu den »Wechselwarmen« (von »Kaltblütern« spricht die Wissenschaft längst nicht mehr). Thune sind in der Lage, ihre Körpertemperatur konstant zu halten, und zwar auf 31 °C – ganz gleich, ob sie in warmem oder kaltem Wasser jagen. Parallel im Gegenstrom laufende Arterien und Venen arbeiten wie eine Wärmeaustauschpumpe. Durch die gleichbleibend hohe Temperatur erhöht sich die Kraft der Muskelkontraktion – bei Steigerung von 10 °C um das 3fache. »Kältere« Fische zu überholen ist dann ein leichtes.

Ähnlich pfeilschnelle Wanderer der Meere sind die Marline *(Makeira)*, Verwandte der Makrelen aus der Familie der Fächerfische. In

riesigen Sprüngen schwingen sich die meterlangen Fische ab und an hoch aus dem Wasser. Auch sie erreichen Geschwindigkeiten von 80 km/h. Dabei saust der ausgezogene Oberkiefer wie ein Speer durch das Wasser.

Die bekanntesten der schnellen Jäger sind wohl die Haie – eine schon etwa 350 Millionen Jahre alte Fischgruppe. Die meisten dieser strömungsgünstigen und kraftvollen Torpedos zählen zu den flotten Dauerschwimmern. Schnell sind natürlich nur die Großen – zu den Größten später! Der Zwerghai *(Euprotomicrus bispinatus)*, er mißt 25 cm, schwimmt entsprechend langsamer. Für fast alle Arten ist die ständige Bewegung geradezu lebensnotwendig, weil sie nicht über spezielle Atemmuskeln verfügen. Bewegungslosigkeit führt zum Erstikkungstod. Eine Ausnahme bildet der ruhig am Boden lebende Leopardenhai *(Triakis semifasciatus)*.

Die These von den ununterbrochen schwimmenden Haien bekam 1975 einen kleinen Schlag, als E. Clarke in Unterwasserhöhlen vor der Küste Yucatans »schlafende« Riffhaie *(Carcharhinus springeri)* beobachtete; sie öffneten und schlossen nur regelmäßig das Maul, um Atemwasser über die Kiemen zu drücken. Gleichwohl, bei der Jagd auf hoher See, wenn Haie ihre Beute verfolgen, entwickeln sie ein hohes Tempo. I. Eibl-Eibesfeldt berichtet, daß Schnellboote mit 40 Knoten (74 km/h) mühelos überholt wurden.

Die Schwanzflosse der Haie ist recht verschieden geformt (s. Abb.) und wird etwas anders eingesetzt als die der Knochenfische (Haie sind Knorpelfische). Die Drescherhaie (Alopiidae) verwenden sie sogar beim Beutefang; sie sollen mit ihr die Wasseroberfläche peitschen und dadurch kleinere Fische zusammentreiben.

Die hammerförmigen Verbreiterungen am Kopf der Hammerhaie *(Sphyrna)* mögen der Stabilisierung dienen.

Die größten Haie sind interessanterweise auch die langsamsten und ungefährlichsten. Der bis 14 m lange Riesenhai *(Cetorhinus maximus)*, der größte Fisch unserer Breiten, filtert Kleinlebewesen, Plankton, aus dem Wasser. Der englische Name »basking shark« – der sich sonnende Hai – drückt seine Trägheit aus. Oft treibt er direkt unter der Wasseroberfläche dahin, die Rückenflosse ragt aus dem Wasser.* Auch der allergrößte, der bis 18 m lange Walhai *(Rhincodon typus)* ernährt sich ausschließlich von Plankton. Ähnlich dem Riesenhai »liegt« er meist träge unter der Wasseroberfläche. Bei solch wartender Beute sind Gewandtheit und Schnelligkeit verständlicherweise nicht vonnöten.

Die große Mehrheit der heute lebenden 350 Haiarten zählt zu den Dauerschwimmern. Wie Perry W. Gilbert, einer der besten Haikenner überhaupt, durch Markierungsversuche herausfand, wandern manche auch über riesige Strecken. Ein Blauhai, den man 1982 an der Nordküste Afrikas markiert hatte, wurde zwei Monate später in Australien gefangen. Pro Tag legte der Hai nicht weniger als 300 km zurück.

Genauere Geschwindigkeitsmessungen liegen auch für einige mitteleuropäische Arten vor: Zander 110 cm/s, Brasse 80 cm/s. Dazwischen liegen Rotfeder und Flußbarsch. Forelle – im Querschnitt die rundeste Form von allen! – 2,6 m/s. Sie alle sind keine Dauerschwimmer, ermüden rasch. Selbst die Forellen halten sich, erfahrene Angler nutzen das, gern hinter einem Hindernis auf. Dort fließt das Wasser ruhiger.

Der Grund für das rasche Ermüden vieler Fische liegt in ihrem speziellen Stoffwechsel. Die Milchsäure im Muskelgewebe nimmt bei Anstrengung rasch zu – achtmal schneller als beim Menschen. Gerade die schnellsten Muskeln – die weißen – ermüden und übersäuern schon nach kurzer Zeit.

Seltsame Schwimmer

Die Evolution hat die Fische nicht nur auf Schnelligkeit getrimmt. Mit der vielfältigen Lebensweise der gegenwärtig etwa 20 000 Arten stehen auch unterschiedliche Anforderungen an die Fortbewegung im Zusammenhang. Ein langsamer Tigerhai würde ebenso verhungern wie ein durch die Meere jagender Harnischwels, dessen kleine Zähnchen lediglich Bewuchs abschaben können.

* *Dieses regungslose Schweben, das manche Autoren veranlaßt hat, Wal- und Riesenhai dem Plankton zuzuordnen, ermöglicht ein außerordentlich hoher Fettanteil. Haie besitzen ja keine Schwimmblasen!*

Die Lauerer unter den räuberisch lebenden Formen warten bewegungslos auf ihre Beute. Die »abstoßendsten Fische des Meeres«, die Seeteufel (Lophiidae), liegen in Tiefen bis zu etwa 300 m auf dem Boden. Eine aus dem ersten Rückenflossenstrahl gebildete »Angel« täuscht etwas Freßbares vor und lockt die Beute an. Der Seeteufel braucht dann nur im richtigen Moment das Maul aufzureißen und die Nahrung einzusaugen. Es genügt eine ruhige Fortbewegung am Boden; die zu Schreitorganen umgebildeten Brustflossen gewährleisten sie.

Auch Vertreter anderer Familien verlassen sich aufs Angeln: z. B. die Himmelsgucker *(Uranoscopus)*, Krötenfische *(Antennarius)*, Laternenangler *(Linophryne)*.

Auf rasche Fortbewegung können auch Tiere verzichten, die gleichsam mitten in der Nahrung schwimmen. Viele Planktonfresser – wir stellten es schon beim Riesenhai fest – zeigen sich denn auch sehr träge.

Drei Beispiele sonderbarer Fischgestalten: der Rasierklingenfisch (links), der Kofferfisch (Mitte), der Mondfisch (rechts)

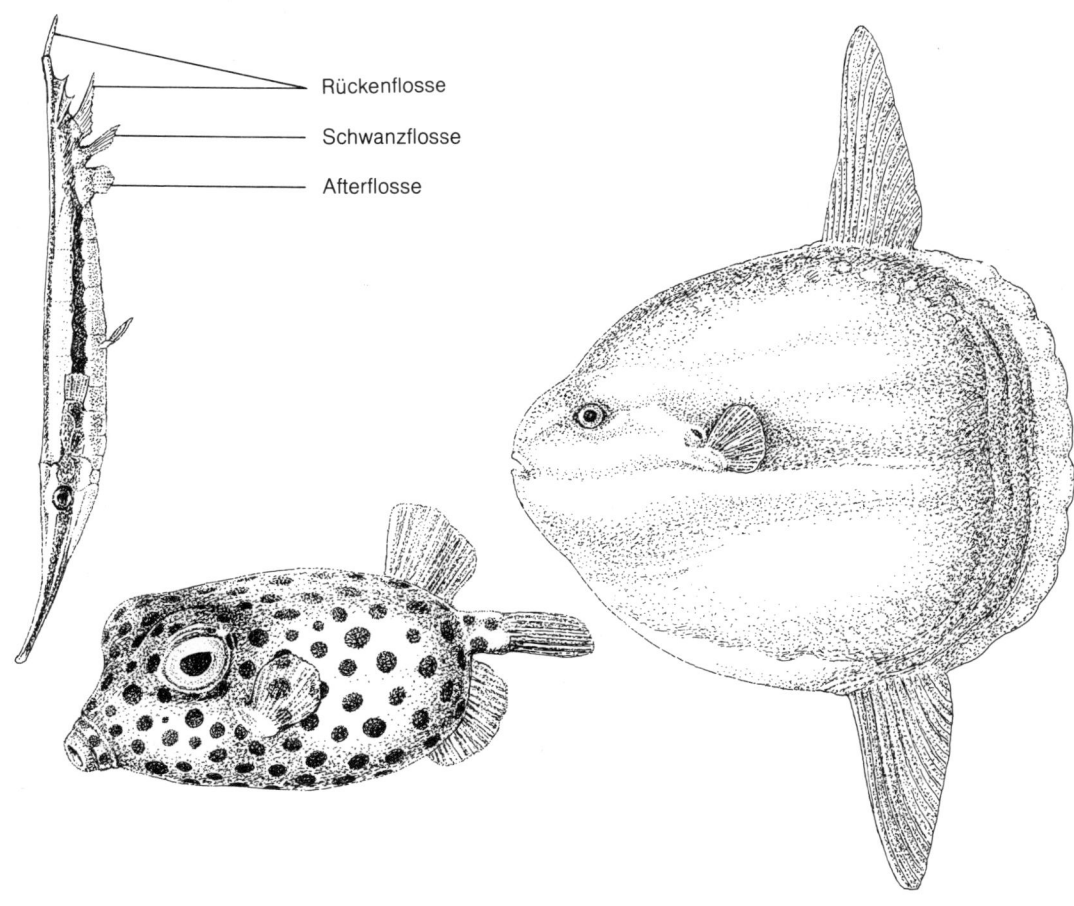

Rückenflosse

Schwanzflosse

Afterflosse

Zu ihnen gehört eine der seltsamsten Fischgestalten: der Mondfisch *(Mola mola)*. Das Tier ähnelt mehr einem Riesenkopf als einem Fisch. Steil ragen Rücken- und Afterflosse aus der großen »Mondscheibe« heraus. Die Schwanzflosse, ansonsten ja zum Hauptantrieb der Fische gehörig, besteht lediglich aus einem schmalen, welligen Saum. So erreicht der Mondfisch – vorausgesetzt, er schwimmt überhaupt – Geschwindigkeiten, die es sogar dem Sonntagsruderer gestatten, mitzuhalten. Feinde können dem tonnenschweren Tier nichts anhaben. An seinem Unterhautpanzer sollen selbst Gewehrkugeln abprallen.

Richard Gerlach hat dem kuriosen Tier ein Gedicht gewidmet:

Die runde Scheibe
des Mondfisches
wandelt gelassen
durch das Meer.

. . .

Ich sah den großen
Mondfisch
im Lichte treiben
nach kurzer Frist
sank er in schwarze Tiefen.

Auch die Afterflosse allein kann die Fortbewegung übernehmen. In typischer Ausprägung finden wir diese Variante bei den Messer- oder Nacktaalen (Gymnotidae). Ihnen fehlen meist Rücken- und Schwanzflosse. Dafür ist die Afterflosse stark verlängert; sie bildet auf der Bauchseite ein fast körperlanges Band. Ähnliche Verhältnisse finden wir bei den Messerfischen (Notopteridae), bei denen allerdings die Schwanzflosse an der Bildung des Flossenbandes beteiligt ist.

Während die Fischkörper selbst ruhig bleiben, laufen rasche Wellenbewegungen über das Flossenband – es ist das »Schlängeln« einer Flosse. Schwimmt der Fisch vorwärts, so laufen die Wellen von vorn nach hinten, beim Rückwärtsschwimmen in umgekehrter Richtung. Die Tiere vermögen aber auch am Ort zu »stehen«. Dann arbeiten der vordere und der hintere Flossenteil gegeneinander.

Das hübsche Spiel des Flossenbandes macht die Meeresaale nicht schnell, aber sehr manövrierfähig. Und dies sollte in ihrem Lebensraum – im Gewässer mit dichtem Pflanzenwuchs – wichtiger sein als hohes Tempo.

Bei den Plattfischen (Pleuronectiformes) – Flunder, Scholle, Butt – bilden Rücken- und Afterflosse lange Flossensäume. Im Gegensatz zu den Meeresaalen führt aber der ganze Körper Schlängelbewegungen aus. Da die Plattfische auf der Seite liegen, schlängeln sie also in der Vertikalen.

Die Plattfische haben die Anpassung an das Bodenleben auf ihre Weise gelöst. Während andere bauchwärts abgeflacht sind (z. B. die Rochen), legten sie sich auf eine Körperseite und ließen das Auge wandern. Die Jugendstadien der Plattfische schwimmen noch aufrecht und zeigen die gewohnte symmetrische Fischgestalt.

Ganz auf den Aufenthalt in Korallenriffen ist die Bewegung der Drückerfische (Balistidae) abgestimmt. Der bekannteste ist der Picassofisch (Rhinecanthus aculeatus), eine etwa 30 cm lange Art von prächtiger Zeichnung. Die Hawaiianer gaben ihm dennoch einen weniger anspruchsvollen Namen; er heißt dort »Humu humu nuku nukua – puaa« (Humu humu mit der Schweineschnauze).

Der hübsche Picassofisch zeigt die vielfältigen Bewegungsmöglichkeiten der Drücker-

fische. Er verfügt über eine Art 3-Gang-Schaltung. Im 1. Gang arbeiten nur die Bänder der Rücken- und Afterflossen. Sie funktionieren ähnlich wie die Flossensäume der Meeresaale und vermögen den Fisch nach vorn, nach hinten, aber auch nach oben oder unten zu steuern. Diese Beweglichkeit muß sich im nischenreichen Korallenfelsen, wo die Drückerfische zu Hause sind, als vorteilhaft erweisen. Im 2. Gang werden Rückendorn und Bauchwulst eingezogen und der Schwanzfächer zusammengeklappt. Der 3., der Schnellgang, ermöglicht eine rasche Fahrt; heftige Schläge des Schwanzes unterstützen die Bewegungen der Flossenbänder.

Dem Schutz vor Feinden dient eine Klemmvorrichtung, bestehend aus dem aufstellbaren Rückendorn und der ausfahrbaren Bauchkufe. Die Drückerfische ziehen sich bei Gefahr in geeignete Felsspalten und klemmen sich dort derart fest, daß man sie auch mit Gewalt nicht herausziehen kann.

Manövrierfähigkeit auf engstem Raum zeigen auch andere Bewohner der Korallenriffe: die Kofferfische (Ostraciontidae). Jegliche Art von Schlängelbewegung verhindert der feste, knochige Körperpanzer. Lediglich Flossen und Schwanz bleiben flexibel. So arbeiten sich die wahrlich nicht strömungsgünstig gebauten Kofferfische mit flirrenden Bewegungen von Rücken-, After- und Brustflossen durch das Labyrinth des Korallenstockes, wenn sie nach Kleintieren suchen. Der Schwanz dient meist nur als Steuer.

Ähnlich »umgekehrte Verhältnisse« finden wir bei den Doktorfischen (Acanthuridae): Die Fortbewegung erfolgt hauptsächlich durch die Brustflossen, während die Schwanzflosse als Steuer dient. Dabei zeigen sie sich ausgesprochen wendig, manövrierfähig und sogar recht schnell. Bei Gefahr können sie sich freilich nicht auf ihr Tempo verlassen. Sie klappen ein beiderseits am Schwanzstiel gelegenes scharfes Schuppenmesser aus.

Die Brustflossen bilden auch das Hauptantriebsorgan der Kugelfische (Tetraodontidae). Sie werden durch Rücken- und Afterflosse unterstützt. Der Schwanz übernimmt das Steuern. Auch die plump wirkenden Kugelfische sind durchaus wendige Fische, die nicht selten den Rückwärtsgang benutzen oder auch auf dem

Rücken schwimmen. Ihre Fähigkeit, sich in Gefahr zu einer Kugel aufzublähen, hat sie bekannt gemacht. Darüber hinaus dürfte ihr giftiges Fleisch viele Feinde abhalten.

Manche Fische »stehen« auf dem Schwanz und schwimmen senkrecht daher. Jedermann bekannt sind die Seepferdchen (Hippocampus). Die mit hoher Frequenz schlagenden Brustflossen und die Rückenflosse treiben die absonderlichen Fischgestalten durch die Algenwälder. So nähern sie sich zwar nicht schnell, aber sicher unauffällig ihrer Beute, die sie mit dem kräftigen Röhrenmaul einsaugen.

Ebenfalls senkrecht, aber auf dem Kopf, steht der Rasierklingenfisch (Aeoliscus). Das nach oben weisende spitze Körperende wird vom ersten Hartstrahl der Rückenflosse gebildet. Brustflossen und Rückenflossen bilden auch die Antriebsorgane. Normalerweise schwimmen die Rasierklingenfische mit dem Rücken voran, können aber auch auf- und absteigen und sich um die Längsachse drehen – langsame Kreisel im Wasser. Gern suchen sie Schutz zwischen den Stacheln der Seeigel.

»Kopfsteher« gibt es auch in anderen Fischfamilien. Den Aquarianern bestens bekannt sind die südamerikanischen Prachtkopfsteher (Anostomus anostomus). Sie suchen »im Kopfstand« den Gewässerboden nach Nahrung ab: vor allem weiche Pflanzenteile. Ihr oberständiges Maul paßt zu dieser Körperhaltung. Auf der Flucht allerdings besinnen sie sich auf die Vorteile waagerechter Schwimmweise – und können dann recht schnell sein.

Aus dem Rahmen fallen auch die Hundsfische (Umbridae). Das wellenförmige Schlagen der Rückenflosse ermöglicht die eigenartigsten Haltungen im Wasser. Und wenn die Hundsfische »normal« schwimmen, dann greifen die Brust- und Bauchflossen so aus, daß man ihre Bewegungen mit dem Galopp der Pferde verglichen hat. An das Huschen von Mäusen dagegen erinnert die ruckartige Fortbewegung vieler Nannostomus-Arten. Dabei arbeiten ihre Flossen, besonders die Brustflossen, auch beim Stehen unaufhörlich.

Man kennt auch Fische, die sich weitgehend auf das gute Schwimmvermögen anderer verlassen. Die Schiffshalter (Echeneidae) heften sich gern an große Schwimmer an – Haie, Marline, aber auch Schiffe und Schildkröten –

und lassen sich energiesparend in neue Jagdgründe transportieren. Als Saugorgan funktioniert der umgebildete vordere Teil der Rückenflosse. Durch Aufstellen der Querblätter schafft der Fisch einen Unterdruck. Das Haftvermögen ist derart gut, daß die Bewohner verschiedener Pazifikinseln die Schiffshalter zum Fang von Seeschildkröten benutzen. Sie werfen den lebenden Saugnapf an der Leine los und ziehen ein, sobald er sich festgeheftet hat. Natürlich kennen die Schildkröten-»Angler« die einzige Möglichkeit, den Fisch wieder zu lösen: Sie schieben ihn nach vorn.

Wenn es denn wahr ist, daß, wie Konrad Lorenz sagt, »die Flossen- und Bewegungsform der Fische . . . die hydrodynamischen Eigenschaften des Wassers abbilden«, so entstehen aber erstaunlich viele Bilder. Offenbar hält die Evolution unterschiedliche Spiegel bereit.

Seeschlangen mit Heckantrieb

Viele verbinden auch heute noch den Begriff »Seeschlangen« mit unvorstellbar großen, geheimnisumwitterten Fabelwesen – und erinnern sich düster an Berichte über das sagenhafte »Ungeheuer von Loch Ness«. Die über 50 Jahre währende Diskussion ist aber kaum vorangekommen. Weder »Loch-Ness-Gesellschaften« noch seriöse wissenschaftliche Expeditionen konnten letzte Klarheiten in die Tiefe des schottischen Sees bringen. Und die inzwischen vorliegenden »Foto-Belege« (helle Flecken) bedurften nach Meinung des Autors übermäßiger Phantasie, um daraus das Aussehen der Art »*Nessiteras rhombopteryx*« zu rekonstruieren. Dieses Unwesen, das sich übrigens von Fischen ernähren soll, ähnelt aber eher einer Paddelechse vergangener Jahrmillionen. Aber Seeschlangen gibt es! 50 Arten der gleichnamigen Familie (Hydrophiidae) besiedeln die Küstenregionen tropischer Meere. Lediglich eine Art bewegt sich im Süßwasser: *Hydrophis semperi* lebt auf der Philippineninsel Luzon.

Die hervorragend an das Wasserleben angepaßten Seeschlangen – die riesigen Lungen reichen bis zum After – sind hinterlastig gebaut. Ihr Schwanzteil ist seitlich zusammengedrückt und fördert die Schlängelbewegung. Ein Vergleich mit dem Heckantrieb der schnellschwimmenden Fische drängt sich auf.

Die Schwimmgeschwindigkeiten genügen, um die Hauptnahrung, kleine Fische, aus der Lauerposition heraus zu überwältigen. Oft aber zeigen die Seeschlangen nicht viel von ihrer Beweglichkeit; sie liegen ruhig am Meeresboden oder treiben gemächlich an der Oberfläche dahin. Taucher berichten, daß die giftigen Tiere oft einen zutraulichen oder gar neugierigen Eindruck machen.

Zum Landgang machen sich nur Arten der Plattschwänze (Unterfamilie Laticaudinae) auf. Sie holen sich dort gelegentlich auch Nahrung und legen ihre Eier im Sand ab. Die Ruderschwänze (Hydrophiinae) verlassen das Meer nicht; sie bringen dort auch ihre vollentwickelten Jungtiere zur Welt.

Einen hohen Grad der Anpassung an das Leben und die Fortbewegung im nassen Element haben auch die Wasserschlangen (Acrochordidae) und die Wassertrugnattern (Homalopsinae) erreicht. Der Wasserschuppenkopf (*Bitia hydroides*) aus der letztgenannten Unterfamilie zeigt sogar einen seeschlangenähnlichen Ruderschwanz.

Aber auch alle anderen Schlangen sind in der Lage, sich recht geschickt im Wasser zu bewegen. Selbst die riesige Anakonda (*Eunectes murinus*) Südamerikas jagt gern im Fluß; sie gilt als ausgezeichneter Schwimmer.

Der Naturfreund gemäßigter Breiten braucht auf das Erlebnis, schwimmende Schlangen zu beobachten, nicht zu verzichten. Unsere allbekannte Ringelnatter (*Natrix natrix*) ernährt sich hauptsächlich von Lurchen und Fischen; sie ist ein häufiger Gast in unseren Teichen.

Auch die Ringelnatter schwimmt mit den schon bekannten seitlichen Schlängelbewegungen des Körpers, wobei der Ausschlag (die Amplitude) nach hinten zunimmt. Der Kopf der Schlange fährt gleichmäßig und in seichter Kurvenbahn über das Wasser. Er erzeugt kleine Bugwellen, ähnlich einem Schiffchen.

Ringelnattern schwimmen ja häufig nicht wie die Seeschlangen untergetaucht, sondern heben den Vorderkörper über die Oberfläche. Auch der mittlere Körperabschnitt wird an der Oberfläche gehalten. So ist die Schlange also dem Wellenwiderstand ausgesetzt. Unter solchen Voraussetzungen ist ihr Durchschnittstempo von etwa 0,5 m/s doch recht beachtlich.

Flieger im Wasser

Eine große Gruppe imposanter Meeresfische blieb bisher unerwähnt: die Rochen (Rajiformes). Es sind Verwandte der Haie, die sich aber durch eine recht absonderliche Schwimmweise auszeichnen.

Ruhig und elegant, mit hohem »Flügelschlag«, bewegen sich die Flügelrochen (Adlerrochen – Myliobatidae und Teufelsrochen – Mobulidae) durch das Wasser. Ihre Brustflossen, die »Flügel«, sind geradezu übermäßig verbreitert. Sie wirken nicht mehr als Tragflächen wie bei den Haien, sondern erzeugen selbst Auf- und Vortrieb. Interessanterweise beschreibt die Flosse bei Auf- und Abschlag die Bahn einer Ellipse. Nicht zu unrecht also ist das Schwimmen der Rochen mit dem Fliegen der Vögel verglichen worden. Adler- und Teufelsrochen erreichen im Wasserflug beachtliche Geschwindigkeiten.

Der Schwanz bzw. die Schwanzflossen haben auf Grund dieser vertikal orientierten Bewegungsweise an Bedeutung verloren. Selbst das Steuern wird weitgehend von den aktiven Brustflossen übernommen. Will der Rochen eine Rechtskurve schwimmen, so hält er die rechte Flosse einfach an.

Bei vielen Rochen hat der Schwanz deshalb einen Funktionswandel erfahren und dient der Verteidigung. Mit Widerhaken und giftigen Stacheln versehen, wird er zu einer gefährlichen Waffe. Und diese ist überaus beweglich: Sie kann seitlich ausgelenkt, gestreckt, gespreizt, ja sogar gedreht werden.

Zu den bekanntesten Arten gehört der eigentliche Teufelsrochen (*Manta birostris*). Die »Flügelspannweite« dieses friedlichen Planktonfressers beträgt 7 m. Wie viele Flügelrochen ist auch die *Manta* in der Lage, ihren tonnenschweren Körper hoch über die Wasserfläche hinauszuschnellen, und unter lautem Klatschen landet dann das mächtige Tier. Manche Zoologen behaupten, daß in diesem riesigen Luftsprung auch das Junge geboren wird.

Die bodenlebenden Formen, zum Beispiel die Nagelrochen der Gattung *Raja*, zeigen nicht den typischen »Flügelschlag« der Mantas. Bei ihnen läuft eine ganz normale Bewegungswelle durch die Flossen, ähnlich wie wir das von den Plattfischen her kennen.

Pinguine schwimmen an der Wasseroberfläche im sogenannten Entenstil, untergetaucht im strömungsgünstigeren Delphinstil (unten).

Die perfektesten Flieger im Wasser kommen – wie könnte es auch anders sein – aus der Klasse der Vögel. Die Pinguine haben sich dem nassen Element in jeder Hinsicht ausgezeichnet angepaßt. Dafür gaben sie das eigentliche Reich der Vögel, den Luftraum, auf. Ihr Körper zeigt die hydrodynamisch (beim Unterwasserschwimmen) günstige Spindelform, und selbst die hübsche Schwarzweiß-Zeichnung ist eine Anpassung an das Wasserleben. Auch die Fische lassen ja diese »Gegenschattierung« erkennen: oben dunkel, unten hell. Der Rückenschwimmende Kongowels (Synodontis nigriventris) hat entsprechend einen dunklen Bauch.

Die kurzen, mit Schwimmhäuten versehenen Füße der Pinguine sitzen, für das Schwimmen günstig, sehr weit hinten am Körper an. Die glatten, schuppenähnlichen Federn vermeiden störende Turbulenzen in der Grenzschicht. Sie zeigen einen einfachen Bau und stehen dicht, Schwungfedern fehlen.

Das entscheidende Antriebsmittel der Pinguine bilden die flossenförmigen Flügel. Sie werden aber nicht, wie hin und wieder zu lesen ist, als Ruder oder Paddel gebraucht – also nicht senkrecht gestellt durch das Wasser gezogen. Auch der Pinguin-»Flügel« zeigt den für Vögel charakteristischen Auf- und Abschlag – ähnlich den Fliegern in der Luft. Da im Wasser aber

ohnehin ein passiver Auftrieb wirkt, beschränkt sich der »Vogel im Frack« weitgehend darauf, durch den schräg abwärts gerichteten Schlag Vortrieb zu erzeugen. Die Kurven allerdings werden geschwommen – nicht »geflogen«. Banasch stellte fest, daß Pinguine nicht wie die Luftflieger die Flügelunterseite auswärts drehen. Wahrscheinlich praktizieren sie eine Art Körpersteuerung bei aktivem Flügelschlag.

Wie gut Pinguine auf die Bewegung im Wasser eingerichtet sind, das erweisen Energiebilanzen (nach Untersuchungen von R. V. Baudinette und P. Gill). Wenn sie sich mit einer Geschwindigkeit von 1,5 km/h fortbewegen, benötigen sie beim Watschelgang an Land doppelt so viel Sauerstoff wie beim Schwimmen im gleichen Tempo.

Pinguine zeigen zwei verschiedene Schwimmarten (s. Abb.): Im »Entenstil« liegen sie tief im Wasser, Kopf und Rücken schauen heraus. In dieser Lage schwimmen die Pinguine nicht schneller als 2,5 km/h. Ein höheres Tempo wäre auch zu kraftaufwendig, da an der Oberfläche zusätzlich der Wellenwiderstand überwunden werden muß.

Die häufigere Schwimmart, insbesondere

beim Langstreckenschwimmen, ist der »Delphinstil«. Die Tiere liegen unter Wasser und zeigen die strömungsgünstige Spindelform. Um Luft zu schöpfen, schnellen sie sich in ziemlich regelmäßigen Abständen von etwa einer Minute heraus.

In diesem Delphinstil schwimmen die Pinguine nicht nur wesentlich schneller (Spitzengeschwindigkeiten liegen über 50 km/h, der Königspinguin schwamm in Gefangenschaft 12 km/h), sondern auch rationeller. Sie verbrauchen etwa 30 % weniger Sauerstoff – ein Beweis für kraftsparende Bewegung. Von allen bislang untersuchten Säugetieren und Vögeln benötigen Pinguine pro Wegeinheit die geringste Energiemenge.

Die »Pinguine des Nordens« sind die Alken (Alcidae). Sie besetzen dort eine ähnliche ökologische Nische. Auch im äußeren Erscheinungsbild erinnern die Lummen und Tordalken an die perfekten Schwimmer der antarktischen Region. Ihre Anpassung an das Wasserleben indes ist nicht so weit gegangen. Freilich benutzen auch sie die Flügel zum Vortrieb im Wasser. Das Flugvermögen in der Luft aber haben sie nicht verloren. Lediglich der seit 1844 ausgestorbene, legendäre Riesenalk (Pinguinus impennis) war trotz vorhandener kurzer Schwungfedern flugunfähig.

Auch die Tauchsturmvögel der Südhalbkugel setzen ihre Flügel im Wasser zum Vortrieb ein (Banasch stellt sie in dieser Beziehung auf eine Stufe mit den Papageitauchern). Bei den übrigen Vögeln – auch bei solchen Arten, die regelmäßig tauchend schwimmen – wird der Vortrieb, wie wir sehen werden (S. 33), anders erzeugt. Wenn der Rothalstaucher (Podiceps griseigena) unter Wasser schwimmt, setzt er nur ausnahmsweise die Flügel ein.

Schwimmflieger auch unter den Reptilien? Vor etwa 200 Millionen Jahren bevölkerten die zu den eigenartig anmutenden Paddelechsen gehörenden Plesiosaurier das Liasmeer, das damals weite Teile Mitteleuropas bedeckte. Die bis zu 13 m langen, strömungsgünstig gebauten Wasserjäger stammten von Landreptilien ab. Man fand Fossilien von Arten mit langem Hals und kleinem Kopf neben großköpfigen Formen mit recht kurzem Hals.

Entgegen früheren Annahmen, neigt man heute zu der Ansicht, daß die Plesiosaurier ihre perfekten Wasserpaddel nach Art von Flügeln einsetzten – eben nicht wie Ruder und Paddel gebrauchten. Die »Flossen« sollen nach Robinson die Bahn einer 8 beschrieben haben. Der Schwanz, wahrscheinlich nicht flossenartig verbreitert, diente möglicherweise als Stabilisator. Für eine Fortbewegung an Land waren solche spezialisierte Extremitäten kaum noch geeignet. Ein Landgang (zur Eiablage?) geriet wohl zu einer kraftraubenden Rutschpartie.

Auch unsere Seeschildkröten (Cheloniidae) setzen ihre »Flossen« ähnlich ein. Sie zeigen im Wasser eine Schnelligkeit und Wendigkeit (Geschwindigkeiten von maximal 10 m/s), die man diesen an Land so schwerfälligen Tieren nicht zutraut. Heini Hediger meint gar, die Karette flöge wie ein Schmetterling durchs Wasser.

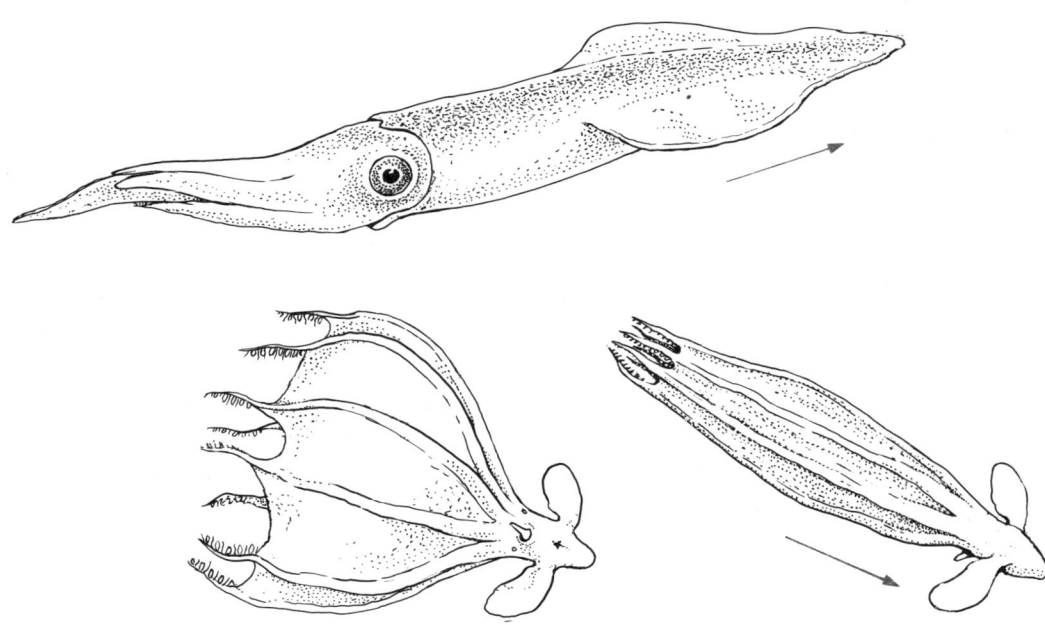

Tier-Raketen

Die meisten Menschen kennen das Prinzip des Rückstoßantriebes aus unserer modernen technischen Welt des 20. Jahrhunderts: das Luftstrahltriebwerk des Düsenjets. Dabei hängt der Schub ab von der ausströmenden Masse bzw. deren Geschwindigkeit pro Sekunde:

$$F = \frac{dp}{dt} .$$

Der Rückstoß ist also der Impuls, den ein Körper beim Stoß auf einen anderen erfährt.

Das »Wasserstrahltriebwerk« als Motor für Meerestiere hat die Evolution schon vor langer Zeit entwickelt, und zwar vorrangig bei den Tintenfischen (Verwandten unserer Schnecken und Muscheln). Jüngste Forschungen an Fossilien 400 Millionen Jahre alter Kalmare belegen eine verblüffende Ähnlichkeit mit heutigen Formen (z. B. mit der Art *Allotheuris africana*). Offensichtlich haben manche Tintenfische schon vor dem Devon (also vor mehr als 400 Millionen Jahren) die schweren Kalkgehäuse »abgelegt« und sind schneller und wendiger geworden. Diese Arten lösten gleichsam die Ammoniten oder Ammonshörner ab. Sie waren wohl die schwersten Kopffüßer (Cephalopoda) aller Zeiten. Das größte bislang gefundene Exemplar hat einen Umfang von fast 7 m. Solchen Riesen war verständlicherweise ein schnelles Schwimmen unmöglich; sie schwebten langsam dahin.

Die meisten Tintenfische nutzen für den Rückstoß den Trichter (z. B. die Kalmare, oben), einige Arten verfügen über einen zusammenlegbaren Armtrichter (z. B. *Cirrothauma*, unten).

Für unsere heute lebenden Tintenfische ist die Bewegung durch Rückstoß fast natürlich. Sie ergibt sich aus der Atemtechnik. Durch Dehnung des sogenannten Mantels wird das Wasser an der Kopfbasis angesaugt und fließt über die Kiemen, die zwischen Körper und Mantel liegen. Durch den Trichter gelangt es dann wieder nach außen. Beim langsamen Auspressen wird der Rückstoß allerdings kaum wirksam. Will das Tier aber – zum Beispiel auf der Flucht – rascher vorankommen, so kontrahiert der Mantel kurz und kräftig. Der entstehende Düsenschub ist dann stark genug, um dem Tintenfisch Geschwindigkeiten von 30 km/h und mehr zu verleihen.

Es sind besonders die schnellen, torpedoförmigen Kalmare, die den Rückstoß zu nutzen verstehen. Viele schwimmen im engen Kontakt zum Artgenossen. Ihre »Schulen« bewegen sich dabei so synchron und harmonisch, daß sich der Vergleich zu den großen Schwärmen der Stare und anderer Vögel aufdrängt. Normalerweise schwimmen Kalmare ruhig und langsam mit Hilfe ihrer Flossen. Brauchen die »Sea arrows« (Seepfeile – wie die Engländer

sie nennen) aber Tempo, dann schalten sie blitzartig auf Rückstoß um. Sie schießen so schnell davon, daß selbst große Fische Mühe haben, ihnen zu folgen. Manche dieser Schnellschwimmer durchbrechen in voller Fahrt die Wasseroberfläche und segeln bis zu 50 m dahin.

Über die Bewegungen eines kleinen »kopfstehenden« Tintenfisches, des Posthörnchens *(Spirula spirula)*, das während der Dana-Expedition studiert wurde, berichtet S. H. Jaeckel: »In der Ruhe schwebt *Spirula* im Behälter an der Oberfläche des Wassers in vertikaler Stellung kopfabwärts mit eingezogenen Armen. Plötzliche Bewegungen abwärts, aufwärts und seitlich erfolgen durch Ausstoßen von Wasser durch den verschieden gerichteten Trichter, am häufigsten mit dem Hinterende voran und mit abgeflachter Endflosse. Langsame Bewegungen abwärts in vertikaler Lage mit dem Kopf voran werden ausgeführt mit den Flossen und durch Ausstoßen von Wasser aus dem nach oben gerichteten Trichter.«

Über einen »noch« sehr unvollkommenen Trichter verfügt das Schiffsboot *(Nautilus)*. Es ist ja auch die einzige noch heute lebende Gattung mit äußerer, gekammerter Schale – ein Überbleibsel aus der großen Zeit der schon erwähnten Ammonshörner. *Nautilus* begnügt sich meist damit, auf- und abzusteigen. Er unternimmt regelrechte Vertikalwanderungen. Dabei kommt ihm zustatten, daß er seinen »Formwiderstand« und damit den Auftrieb recht einfach regulieren kann. Zieht er sich in seine Wohnkammer zurück, so beginnt er zu sinken (über die Probleme des Druckausgleiches beim Tauchvorgang s. S. 45).

Manche Tintenfische haben eine vom Trichter unabhängige Rückstoßtechnik entwickelt. Beim Blinden Tiefseetintenfisch (Cirrothauma murrayi) sind die acht Fangarme bis fast zum Ende hin durch die Spannhäute (Vela) verbunden und bilden eine Art Schirm (s. Abb. 31). Durch Zusammenlegen der Arme wird das Wasser aus dem Schirm gepreßt – der Tintenfisch schwimmt in entgegengesetzter Richtung davon.

Der Rückstoß ist die normale Antriebsform einer großen Tiergruppe: der Schirmquallen (Scyphozoa). In gleichmäßigem, schier endlosem Rhythmus wird die Schirmglocke durch die ringförmig angeordneten Muskeln an ihrer Unterseite zusammengezogen und das Wasser herausgedrückt. Mit dem Scheitel voran pulsiert die Qualle los. Die Elastizität des gallertartigen Schirms gewährleistet, daß in der Erschlaffungsphase die ursprüngliche Form eingenommen wird.

In aller Regel genügen die erreichten Geschwindigkeiten nicht, um gegen die Wasserströmungen anzuschwimmen. Quallen gehören deshalb dem Plankton an (s. auch S. 23). Zu den schnellsten Arten überhaupt zählen die Vertreter der gefährlichen Würfelquallen (Cubomedusae), Bewohner der warmen Meere mit auffallend hohen, viereckigen Schirmen. Einige Arten pulsieren mit recht großer Frequenz und kommen so zu beachtlichen Schwimmgeschwindigkeiten. Das Steuern wird begünstigt durch Verbreiterungen an der Tentakelbasis (z. B. bei der im Mittelmeer vorkommenden Art Carybdea marsupialis).

Eine interessante Rückstoßtechnik hat der Seehase (Aplysia) entwickelt. Diese Meeresschnecke bildet aus seitlichen, lappenartigen Körperanhängen einen Trichter, der von vorn nach hinten zusammengedrückt wird. Der ausgepreßte Wasserstrahl bewirkt den Rückstoß. Auf ähnliche Weise arbeiten die Kugelschnekken der Gattung Acera (A. bullata lebt an europäischen Küsten). Die Tiere schlagen die seitlichen Körperlappen über dem zarten Gehäuse zusammen und pulsieren mit dem so entstehenden Trichter.

Solche frei schwimmenden Schnecken haben ihre Schalen zugunsten einer besseren Beweglichkeit rückgebildet. Sie alle sind in jedem Falle gewandter und schneller als ihre Vettern vom Lande.

Die Pilgermuschel (Pecten jacobaeus) aus dem Atlantik zeigt, daß sich auch Schalen zur Fortbewegung eignen. Die Muschel schlägt ihre zwei Klappen zusammen und drückt dadurch das Wasser heraus.

Die kleinsten Rückstoßtechniker der Meere kommen aus der Gruppe der Salpen, frei schwimmende Formen der Manteltiere (Tunicata). Die zarten, weißlichen Tonnensalpen (Doliolum denticulatum mißt knapp 1 cm) sind von ringförmigen Muskelbändern umgeben, bei deren Kontraktion das Wasser aus der hinteren Körperöffnung herausgepreßt wird. Im Generationswechsel bilden die Salpen neben den sogenannten solitären Ammen Tierketten, und diese stimmen ihre Bewegungen so harmonisch ab, daß sie manövrierfähiger werden als das Einzeltier.

Auch unter den heimischen Tieren finden wir Rückstoßschwimmer. Die Larven der Großlibellen (Anisoptera) wenden dieses Prinzip an. Im allgemeinen zeigen sich die Libellenlarven ja nicht sehr bewegungsfreudig. Sie lauern ihrer Beute aus gut getarnter Position auf und packen im richtigen Moment blitzschnell zu. Mit etwas Glück aber gelingt es, das ruckartige Rückstoßschwimmen zu beobachten. Die Larven nutzen ihren Darm als Düse und drücken das Wasser in dünnem Strahl aus dem After.

Eine besondere Art des Rückstoßes praktizieren manche Krebse. Sie schlagen den Hinterleib samt gespreiztem Schwanzfächer ein. Große Krebse können auf diese Weise beachtliche Geschwindigkeiten erreichen, der Hummer beispielsweise 1,5 m/s.

Ruder-Füßer

Mit den großen Flächen der Teiche, Seen und Meere steht Tieren, die »von Natur aus« leichter als Wasser sind, ein riesiger Lebensraum zur Verfügung. Die schwimmenden Vögel nutzen ihn in unterschiedlichem Grad der Anpassung. Während Möwen und Seeschwalben die Wasserfläche mehr als Ruheplatz verwenden, nutzen Schwäne, Gänse, Enten, Taucher u. a. sie als Wasserstraße. Der kahn- bis wannenförmige Querschnitt des Schwimmvogelkörpers bietet die notwendige Stabilität. Eine Ente kentert nicht!

Im Wasser brauchen die Beine den Vogelkörper nicht mehr zu tragen, sie können sich ausschließlich der Fortbewegung widmen. Günstig für die Schwimmbewegung wirkt sich der kurze Oberschenkel, der »Lastarm«, der guten Schwimmer aus. Das Knie bleibt angewinkelt. Am stärksten beansprucht wird das spezifische Laufgelenk (Intertarsalgelenk) des Vogelbeins. Es liegt, entwicklungsgeschichtlich gesehen, zwischen den Fußwurzelknochen. Der auf das Laufgelenk folgende Laufknochen (der Tarsometatarsus) bildet den eigentlichen Hebelarm. Sein Streckmuskel bewirkt den kräftigen Rückschlag des Fußes, der – mit Schwimmhäuten oder -lappen ausgestattet – wie ein Ruderblatt funktioniert. Wenn der Vogel den Fuß wieder nach vorn bringt, verringert er den Wasserwiderstand, indem die Zehenlappen angelegt und die Schwimmhäute eingefaltet werden. Beim ruhigen Schwimmen an der Oberfläche arbeiten die Ruderfüße im Wechsel. Arten, die abtauchen, setzen unter Wasser beide Füße gleichzeitig ein.

Die hinteren Extremitäten sind also die Antriebsmittel der Schwimmvögel; bei den zur gleichen Tierklasse gehörenden Pinguinen waren es die flossenförmigen Flügel. Die Beine helfen nur beim Steuern.

Genaugenommen ist der Name »Ruderfüßer« nur für eine Ordnung der Vögel vergeben worden: die Pelecaniformes. Sie alle zeichnen sich durch den einzigartigen Bau ihrer Füße aus: Alle vier Zehen werden durch Schwimmhäute miteinander verbunden.

Wie der wissenschaftliche Name andeutet, gehören die Pelikane dazu. Die großen, aber superleichten Vögel liegen sehr hoch auf dem Wasser, wo sie sich bedeutend beweglicher als auf dem Land erweisen. Wesentlich tiefer sinken die Kormorane ein, es sind gewandte und ausdauernde Schwimmer. Unter Wasser stoßen sie sich so kräftig mit den dann synchron arbeitenden Beinen ab, daß einige Vogelkundler vom »Wassergalopp« sprechen.

Von den imposanten Schlangenhalsvögeln sieht der Betrachter oft nur den Kopf und den sehr langen, beweglichen Hals. Über die Tölpel, die sich weder im Wasser noch in der Luft »tölpelhaft« benehmen, wollen wir im Kapitel »Taucher« berichten.

Zwei Familien der Ruderfüßer verdienen sich diesen Namen eigentlich kaum. Sie bewegen sich fast nie schwimmend fort: die Tropik- und die Fregattvögel. Die Tropikvögel, die entfernt an unsere Seeschwalben erinnern, sind im Luftraum zu Hause. Linné nannte sie »Söhne der Sonne«. Nur selten werden sie auf dem Wasser beobachtet. Die Fregattvögel kommen normalerweise überhaupt nicht auf die Wasserfläche herunter. Ihre Füße zeigen auch nur noch spärliche Reste von Schwimmhäuten. Der Zoologe Reichenow bemerkte einmal treffend: »Schwimmvögel, ohne die Fähigkeit zu schwimmen.«

Schwäne, Gänse und Enten, die wir auf unseren Parkteichen bewundern, bilden eine große Familie: die Anatidae (Entenvögel). Bei ihnen sind lediglich die vorderen drei Zehen durch Schwimmhäute verbunden. Sie alle schwimmen recht flott und geschickt, wobei Schwäne und Enten die Gänse übertreffen. Die Langhälse erweisen sich als kräftige, ausdauernde Schwimmer. Ihre Prahl- oder Drohhaltung mit den segelartig aufgestellten Flügeln und dem stark S-förmig gekrümmten Hals ist ja in unzähligen Bildern dargestellt worden. In dieser Pose rudern die Schwäne meist stoßweise mit beiden Beinen zugleich.

Und für die Enten ist es – zumindest im Wasser! – günstig, daß die Beine recht weit hinten am Körper einlenken. Enten liegen auch etwas tiefer im Wasser, und zwar Tauchenten weit mehr als die Schwimm- oder Gründelenten. Der Schwanz, der bei den Gründelenten über dem Wasser bleibt, schleppt bei den Tauchenten auf der Oberfläche. Die tiefste Lage kann die zu den eigenartigen Ruderenten gehörende amerikanische Schwarzkopfruderente (*Oxyura jamaicensis*) einnehmen. Bei Gefahr läßt sie nur noch den Schnabel sehen.

Schwimmvögel und die unterschiedliche Ausbildung ihrer Ruderfüße
1 Rothalstaucher, 2 Kormoran, 3 Tauchente, 4 Bleßralle, 5 Wassertreter, 6 Möwe, 7 Alk

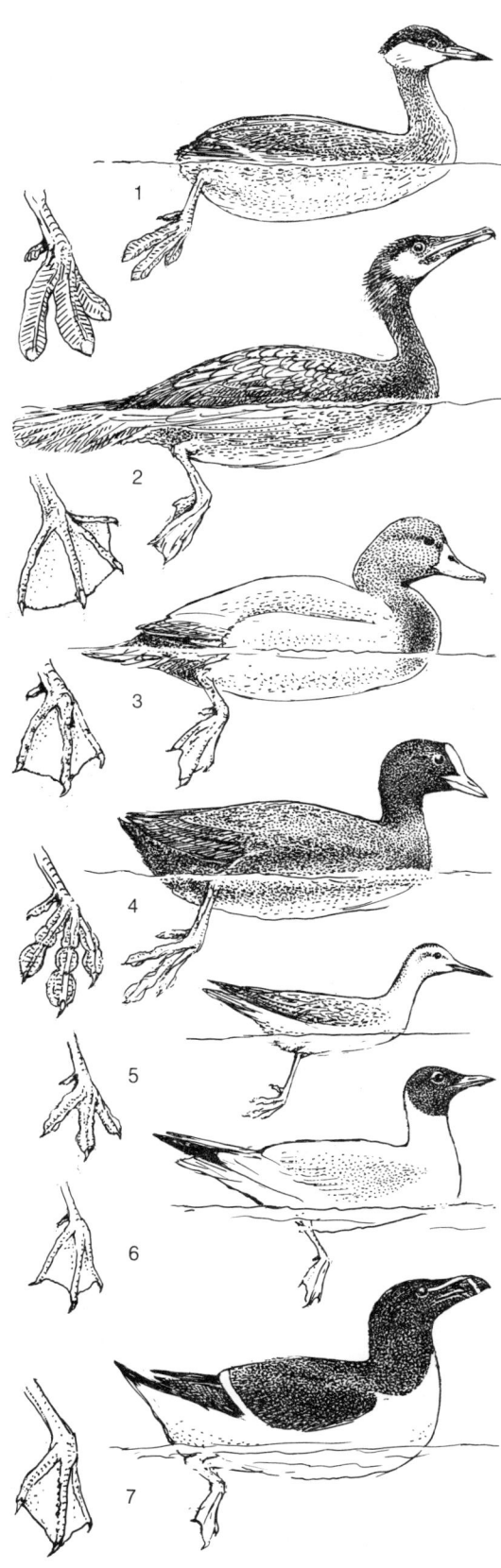

Für die Schwimmvögel auf ruhigem See genügt wohl ein Mittelmaß an Kraft und Geschicklichkeit. Anders im reißenden Fluß. Die Bäche, die von den südamerikanischen Anden herabstürzen, können nur von Spezialisten durchschwommen werden. Für die Sturzbachenten (*Merganetta armata*) stellt der Aufenthalt in solchen Gewässern kein Problem dar. Sie bewohnen die Gebirgsbäche in Höhen von 1200 bis 4000 m das gesamte Jahr hindurch. Selbst Stromschnellen und Wasserfälle überwinden sie fast mühelos. Kurioserweise lassen sich die verschiedenen Unterarten der Sturzbachente den einzelnen Küstenstaaten Südamerikas zuordnen. Mit der Landesgrenze wechselt die Farbe. Politisch orientierte Enten?

Einer der häufigsten Wasservögel im mitteleuropäischen Flachland ist der »Taucher mit dem Schopfe«, wie er früher genannt wurde – der Haubentaucher (*Podiceps cristatus*). Er ist nicht näher mit unseren Gänsevögeln verwandt, sondern gehört zur Familie der Lappentaucher (Podicipedidae). Die Vögel dieser Gruppe tragen statt Schwimmhäuten faltbare Hautlappen an den Zehen. Ihr Lebenselement ist das Wasser, und sie sind diesem Lebensraum bestens angepaßt. Tief liegt der vergleichsweise schwere Körper im Wasser (das spezifische Gewicht des Haubentauchers beträgt 0,91!). Sehr weit hinten am Körper setzen die Beine an. Aus diesem Grunde wurden sie früher zusammen mit den Seetauchern (Gaviidae) in der Gruppe der Steißfüße vereinigt. Die Zehen der Seetaucher sind aber mit Schwimmhäuten versehen.

Auf dem Wasser schwimmen die Taucher meist recht gemächlich dahin. Ohne übermäßigen Krafteinsatz erreicht der Haubentaucher aber eine Geschwindigkeit von 4 bis 7 km/h. Der Rothalstaucher (*Podiceps griseigena*), der zur Zugzeit am Tage größere Strecken schwimmt, behält ein Tempo von 2 km/h bei. Ebenso schnell vermag unser »Taucherle«, der 25 cm lange Zwergtaucher (*Tachybaptus ruficollis*) zu rudern, wenn er zum Nachtschlafplatz zieht. Eine beachtliche Leistung!

Unter Wasser rudern auch die Beine der Lappentaucher synchron. Sie bilden aber zunächst einen Winkel von fast 90° – »Grätschtaucher« – und werden erst nach Vollendung des Ruderschlages hinten zusammengeführt.

Die Füße des Kormorans – »Paralleltaucher« – behalten den gleichen Abstand bei.

Mit gegliederten Hautlappen an den Zehen 2 bis 4 rudern die Bleßhühner (Fulica atra). Sie gehören in die Verwandtschaft der Rallen. Bleßhühner zeigen die große Palette der Bewegungsformen von Wasservögeln. Sie lassen sich im Winde treiben, schwimmen ruhig einher, wobei sie mit dem Kopf nicken. Bei Revierkämpfen schwimmen sie auch rückwärts. Typisch für sie ist das Flatter-Laufen auf dem Wasser.

Man kann nicht über die Vögel des Wassers sprechen, ohne die hübschen, kleinen Wassertreter (Phalaropodidae) zu erwähnen – Verwandte der Alken und Möwen. Ihr Leben spielt sich fast ausschließlich auf dem Wasser ab. Die Läufe sind seitlich komprimiert und die Zehen mit Hautlappen versehen. Papierschiffchen gleich, tanzen und kreiseln die grazilen Vögel auf den Wellen. Die Füße nutzen sie mehr zum »Treten« als zum Rudern. Dadurch wirbeln sie dauernd kleine Tiere hoch, die sie eifrig aufpikken.

Während unsere bekannten Molche zur Fortbewegung im Teich den Schwanz gebrauchen, bleibt den schwanzlosen Lurchen, den Fröschen, nur der Einsatz der Füße. Sind auch sie Ruderfüßer? Zu Recht stellt man sich unter einem Ruder eine senkrecht ins Wasser gestellte Fläche vor, die, mit Kraft nach hinten geführt, den Körper nach vorn schiebt. Frösche setzen ihre Beine zwar ganz anders ein als die rudernden Vögel, sie wenden das obengenannte Prinzip aber auch an.

Hauptantriebsmittel sind die langen, muskulösen Hinterbeine. Sie erreichen beim Sprungfrosch (Rana dalmatina) die doppelte Körperlänge.

Am besten vergleicht man die Schwimmweise der Frösche mit dem Brustschwimmen des Menschen. Die angewinkelten Hinterbeine, deren fünf Zehen durch Schwimmhäute verbunden sind, werden plötzlich bis zur Geraden durchgestreckt. Die relativ kurzen Arme setzt der Frosch allerdings nicht ein. Er legt sie nach hinten an den Körper und bietet dem Wasser dadurch wenig Widerstand. Es entsteht ein ruckartiges Schwimmen, das man treffend als »Schwimmspringen« bezeichnet hat. Von diesem Schwimmstil können die Frösche natürlich auch abweichen. Wenn nötig, beispielsweise im dichten Wasserpflanzenwald, setzen sie die Füße abwechselnd ein oder nehmen auch einmal die kurzen Arme zu Hilfe.

Die Anpassung an den Lebensraum Wasser ist gerade bei den Fröschen sehr verschieden. Echte Wasserbewohner sind die afrikanischen Krallenfrösche (Xenopus), deren Lebendigkeit man in Zoos und Schauaquarien bewundern kann. Ihre Hinterfüße weisen riesige, schirmartige Schwimmhäute auf. Aber auch die Krallenfrösche bleiben Kurzstreckenschwimmer – wie fast alle aus der Verwandtschaft der Amphibien. Die rühmliche Ausnahme bildet der südostasiatische Inselfrosch (Rana cancrivora), ein Krabbenfresser, der sogar aufs offene Meer hinausschwimmt.

Zu den Nichtschwimmern zählt der in Südafrika beheimatete Gesprenkelte Kurzkopffrosch (Breviceps adspersus). Er bevorzugt das Leben in der Savanne mit periodisch auftretender Feuchtigkeit und kriecht, rückwärts natürlich, in selbst gegrabene Höhlen. Auch den Laich vertraut er einer Erdhöhle an. Und die Ruderfrösche (Rhacophoridae) – sie machen ihrem Namen keine Ehre – tummeln sich meist in luftiger Höhe auf Bäumen.

Mit Ruder- und Paddelfüßchen

Insekten im Wasser? Eine merkwürdige Vorstellung, wenn man sich vergegenwärtigt, welch trauriges Bild unsere pfeilschnellen Fliegen bieten, sobald sie ins Wasser fallen oder auch nur dessen Oberfläche berühren. Schon die Kraft der Oberflächenspannung scheint eine unüberwindliche Barriere zu bilden. Die Fliege kämpft mit dem Wasser wie mit zähem Brei; gelingt es ihr nicht, eine kleine Insel zu erreichen, so ist sie verloren.

Gleichwohl: Die artenreichste Tierklasse überhaupt, die Insekten, hat auch Vertreter im Unterwasserreich. Sie kommen vor allem aus zwei Ordnungen: den Wanzen und den Käfern. Nicht alle Wasserinsekten freilich kann man als elegante, schnelle Schwimmer bezeichnen. Die halmähnliche Stabwanze (Ranatra linearis), mit 4 cm Länge die größte Wanze Europas überhaupt, liebt die ruhigen Stellen der Gewässer. Sie verläßt sich weitgehend auf die Tarnwirkung ihrer dünnen Gestalt, verhält sich ruhig, fast bewegungslos. Erst wenn ein geeignetes Beutetier vorbeitreibt, schlagen die klappmesserartigen Fangbeine blitzschnell zu, danach stechen die Borsten des Rüssels.

Auch der Wasserskorpion (Nepa rubra), eine Wasserwanze der gleichen Familie (Nepidae), ist ein ausgesprochen träger Geselle. Am Grunde ruhiger Gewässer wartet er geduldig auf Beute. Seine Kraft liegt in den Vorderbeinen, mit denen er sogar kleine Fische ergreift.

Zu den schlechtesten Schwimmern unter den Wasserwanzen zählen die Grundwanzen (Aphelocheiridae), die ansonsten aber in geradezu idealer Weise dem Wasserleben angepaßt sind. Die Tiere müssen nicht einmal mehr zum Atmen an die Oberfläche kommen. Meist halten sie sich, mehr laufend als schwimmend, am Grunde von Flüssen auf, wühlen sich in lockeren Sandboden ein. Dort saugen sie Tiere aus, die auch nicht auf Bewegung bauen: winzige Muscheln (Pisidium, Sphaerium). Wozu also sollten sie schnell sein?

Wesentlich bessere Schwimmer kommen aus der Familie der Schwimmwanzen (Naucoridae). Mittel- und Hinterbeine sind mit Schwimmhaaren versehen (bei den obengenannten Arten nur die Schienen). Ihr Ruderschlag ist kräftig und bringt die räuberisch lebenden Wanzen, die im übrigen auch den Menschen schmerzhaft stechen können, rasch vorwärts. Die Schwimmwanzen kommen als einzige ihrer Ordnung auch an Land gut voran.

Verkehrte Welt herrscht bei den Vertretern der Familie Rückenschwimmer (Notonectidae). Weltweit kennt man 170 Arten dieser Wasserwanzengruppe – und alle schwimmen bauchoben. Samt und sonders ausgesprochen gewandte und schnelle Schwimmer, die sich blitzschnell auf ihre Beute, allerlei Kleingetier und selbst Artgenossen, stürzen. Für den guten Vortrieb sorgen die übergroßen Hinterbeine; sie bilden ein ideales Ruderpaar. Auf Beinschiene und Fußgliedern stehen lange, steife Borstenhaare, die sich im Kraftschlag spreizen und damit die Ruderfläche vergrößern.

Für die Überbrückung großer Entfernungen taugt der Antrieb aber nicht. Der Rückenschwimmer kommt an die Oberfläche, trocknet sich und fliegt davon.

Nicht so kräftig, aber dennoch gewandter zeigen sich die Ruderwanzen (Corixidae). Die meisten der insgesamt 200 Arten (in Mitteleuropa allein über 30) lassen unter Wasser zirpende und wetzende Töne hören, was ihnen den Beinamen »Wasserzikaden« einbrachte. Die kleinen, friedlichen Gesellen leben meist in seichten, stehenden Gewässern und ernähren sich von Algen und Detritus (Sink- bzw. Schwebstoffe). Ihre Schwimmfertigkeiten nutzen sie vor allem bei der Flucht – zum Beispiel vor den Rückenschwimmern.

Auch die Ruder der Ruderwanzen liegen hinten. Auf ihren abgeflachten Hinterbeinen – Schenkel, Schiene und Fuß – stehen Schwimmhaare.

Die Ruderwanzen sind die einzigen, die scheinbar mühelos den Lebensraum wechseln können. Die Leichtgewichte starten unter Wasser, durchbrechen die Oberfläche und gehen zum aktiven Flug über.

Vergleichsweise viele Wasserbewohner* finden wir unter den Käfern. Nicht weniger als 8000 Arten (in Mitteleuropa 300) besiedeln die Süßgewässer; das sind allerdings nur 2,3 % aller heute lebenden Käfer.

Nicht alle freilich erweisen sich als flotte Schwimmer. Der Schlammschwimmer (Hygrobia tarda) verläßt sich oft mehr aufs langsame Kriechen. Wenn er sich überhaupt zum Schwimmen entschließt, dann rudert er abwechselnd (alternierend) mit den Hinterbeinen. Auf die gleiche, recht gemächliche Weise paddeln die Wassertreter durch die pflanzenreichen Uferzonen. Im Wechsel rudern auch die Hinterbeine der eigentlichen Wasserkäfer (Hydrophilidae); zu diesen Pflanzen- und Detritusfressern gehört unser fast 5 cm großer Kolbenwasserkäfer (Hydrous piceus).

Interessanterweise stößt man auch auf Arten, die, obgleich im Wasser lebend, keine speziellen Anpassungen zeigen. Die hochgewölbten Formen aus der Familie Spercheidae haben völlig normal gestaltete Beine ohne Schwimmhaare. Der Körper ist geradezu strömungsungünstig gebaut. Entsprechend dürftig sind die Schwimmleistungen.

Die perfekten Schwimmer unter den Käfern

* Gemeint ist das Süßwasser; im Meer leben keine Insekten. Erfolgreicher waren dort die Krebse mit ihrer riesigen Individuen- und Formenfülle – eine zu große Konkurrenz.

rudern mit gleichzeitigem, kräftigem Schlag der Hinterbeine. Die Gruppe wird am besten repräsentiert durch die Familie der Schwimmkäfer (Dytiscidae). Man unterscheidet mehr als 2000 Arten, in Mitteleuropa weit über 100. Wir finden sie in Bächen und Flüssen, in Seen und Teichen. Einige Formen haben sogar das Brackwasser besiedelt.

In mancherlei Hinsicht ähneln diese guten Schwimmer vielen anderen schnellen Wassertieren. Ihr Körper bietet dem Wasser wenig Widerstand, ist strömungsgünstig geformt. Der gesamte Käfer bildet eine geschlossene Paßform mit der größten Dicke in der Mitte. Kopf, Brust und Hinterleib gehen fließend ineinander über. Die Vorderbeine, weniger das mittlere Beinpaar, können in paßgerechte Körpergruben eingeklinkt werden. Die Gleitfähigkeit des ohnehin wie poliert aussehenden Käfers wird durch Öle und Fette erhöht. Sie machen die Oberfläche unbenetzbar und wirken damit den Adhäsionskräften entgegen. Der bekannte Gelbrand (Dytiscus marginalis) beispielsweise verfügt pro Quadratmillimeter über ca. 3000 fettabsondernde Einzeldrüsen.

Genauere Messungen der Widerstandsbeiwerte schwimmender Körper im Reynoldszahl-Bereich des Gelbrandes haben übrigens gezeigt, daß der Käfer über eine sehr strömungsgünstige, nicht aber über die optimale Form verfügt. Auch hier erweist sich, daß die Evolution nie einen Faktor extrem verbessert. Im komplizierten und komplexen Organismus gilt es eben, viele Aspekte gleichzeitig zu berücksichtigen. Beim Gelbrand ist es vor allem die Stabilität. Entfernt man zum Beispiel die Vorderbrust- und die Flügeldeckenkanten, könnte der Käfer schneller schwimmen, verlöre aber an Längsstabilität.

Die Schwimmkäfer arbeiten mit einer 2-Gang-Schaltung. Im 1. Gang rudern im Wechsel die Mittel- und Hinterbeine, im 2., dem Schnellgang, setzt der Käfer nur die Hinterbeine ein. In der Ruderstellung werden die Beinflächen optimal gegen die Schlagrichtung gedreht und die Schwimmborsten an Schienen und Fußgliedern gespreizt. Wenn der Schwimmkäfer die »Ruder« rückholt, führt er sie abgewinkelt am Bauch nach vorn, die Schwimmhaare legt er an.

Die Schlagfrequenz der Ruderbeine ist unterschiedlich; die kleinen Arten arbeiten schneller als die großen (ein Prinzip, das wir bei Land- und Lufttieren wiederfinden). Der oben erwähnte, 3,5 cm große Gelbrand rudert zweimal je Sekunde, die Füßchen des knapp 3 mm langen Zwergschwimmers (Hydroporus) sind achtmal so schnell.

Leben auf der Wasserhaut

Wer die schnellsten Wasserkäfer beobachten will, muß an einem warmen Sonnentag ein ruhiges Gewässer aufsuchen. Vielleicht wird er auf der Wasseroberfläche glitzernde Punkte bemerken, die in rasender Fahrt dahineilen. Sie ziehen Kreise und unregelmäßige Spiralen, schwimmen elegante Kurven. Unser Auge ist kaum in der Lage, ihnen zu folgen – den Kreisel- oder Taumelkäfern (Gyrinidae).

Laie wie Fachmann stehen gleichermaßen erstaunt vor diesem Schwimmwunder. Der Taumelkäfer drückt nur eine wannenförmige Vertiefung in die Oberflächenhaut des Wassers. Sein Körper ist unbenetzbar. Am ehesten läßt sich die Schwimmweise wohl mit der von Luftkissenbooten vergleichen. (Sie erreichen ja die höchsten Geschwindigkeiten aller Wasserfahrzeuge.) Nur der Antriebsmotor des Käfers liegt im Wasser. Die zu flossenförmigen Rudern umgebildeten Mittel- und Hinterbeine sind die einzigen durch das Wasser benetzbaren Körperteile. Die Ruderbeine bewegen sich mit hoher Frequenz: 50- bis 60mal in der Sekunde. Dabei schlägt das hintere Beinpaar doppelt so schnell wie die Mittelbeine. Die Ruder sind im Kraftschlag ausgebreitet, die gelenkig verbundenen Borsten vergrößern die Wirkfläche. Beim Rückholen faltet der Käfer das Bein extrem zusammen. Es bietet dem Wasser dann nur noch 10 % der Angriffsfläche.

Der Taumelkäfer gleitet auf dem eingedellten Wasserhäutchen mit außerordentlicher Geschwindigkeit dahin. Die ideale Konstruktion ermöglicht es, daß 84 % der Antriebskräfte tatsächlich in Vortrieb umgesetzt werden. So erreicht der 7 mm lange Taumelkäfer Spitzengeschwindigkeiten von 1 m/s – das sind 140 Körperlängen! Und bei diesem Höllentempo schwimmt der Käfer millimetergenau. Der oft verwendete Name Taumelkäfer wird diesem Präzisionsschwimmer wahrlich nicht gerecht.

Die Taumelkäfer leben an der Grenze zwischen Luft und Wasser, begeben sich auch kurzzeitig unter die Oberfläche. Sie vermitteln somit den Übergang zu Lebensformen, die sich nur noch auf der Wasserhaut aufhalten. Die bekanntesten und größten unter ihnen haben uns schon als Kinder fasziniert: Tiere auf langen Beinen, die selbst bei hoher Geschwindigkeit nicht einsinken können. Gemeint sind die Arten der zu den Wanzen zählenden Familie Wasserläufer (Gerridae). Man kennt sie auch als Wasserschneider, Schlittschuhläufer, Wasserreiter; in Frankreich heißen sie gar »Wasserspinnen« (areignées d'eau), mit denen sie ja gar nicht verwandt sind.

Die Wasserläufer nutzen spezielle physikalische Eigenschaften des Wassers: die Kohäsionskräfte zwischen den Molekülen. Diese Kräfte, die gleichmäßig nach allen Richtungen des Raumes wirken, können an der Oberfläche nicht allseitig abgesättigt werden. Es bleiben zusätzliche »Kraftarme« in der Horizontalen – die Oberflächenspannung entsteht. Eine Art Häutchen bildet sich aus, das für ausgesprochene Leichtgewichte dennoch ein sicherer Boden sein kann. Voraussetzung ist freilich, daß die Tiere nicht vom Wasser benetzt werden. Die Adhäsionskräfte würden sie sonst nicht mehr loslassen. Die Wasserläufer sorgen selbst dafür; sie fetten sich ein. Alte und erschöpfte Tiere, die keine Kraft mehr für die lebenswichtige Kosmetik aufbringen können, sinken bald ein und ersticken.

Für den gesunden Wasserläufer bildet die Wasserfläche eine feste Unterlage. Er steht sicher, drückt lediglich sechs Dellen in die Wasserhaut. Plötzlich aber schießt er davon, und es gelingt uns nicht, die ruckartigen blitzschnellen Bewegungen seiner Beine genau zu verfolgen.

Wenn wir den ruhenden Wasserläufer betrachten, fallen die überlangen Mittelbeine auf. Sie bilden das Hauptantriebsorgan – also kein Heckantrieb wie bei den rudernden Wasserinsekten. Vor der Bewegung hebt der Wasserläufer die Vorderfüße etwas hoch und verlagert

So gleiten die Wasserläufer; den Hauptschub leisten die Mittelbeine.

sein Gewicht auf die Mittelbeine. Sie lassen sich natürlich am leichtesten unter den Körperschwerpunkt bringen. Die Hinterbeine liegen mit den Schienen auf. Aus den Eindellungen der Mittelfüße, die als Widerlager dienen, drückt sich der Wasserläufer durch kräftigen Muskelzug rasch ab. Dann gleitet er über die spiegelglatte Wasserfläche. Ein einziger Schlag der Mittelbeine kann das Tier bis zu 1 m nach vorn katapultieren. In der Gleitphase dienen die Hinterbeine als Steuer und als Stabilisatoren. Sie machen das »Boot« kippsicher. Der speziellen Art der Fortbewegung wird der Name

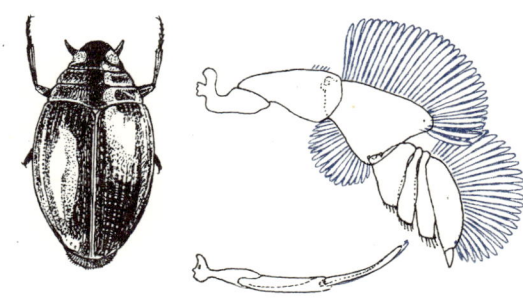

Der Taumelkäfer; das Bild rechts oben zeigt ein Bein im Ruderschlag, unten ist das gleiche Bein beim Rückholen dargestellt.

Auch die Füße der Wasserwanzen sind der Körperbewegung hervorragend angepaßt. Bei den Gleitern (Bach- und Wasserläufer – rechts) sitzen die Krallen hoch, anders als beim schreitenden Teichläufer (links).

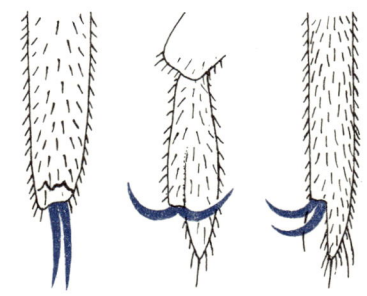

Schlittschuhläufer also noch am ehesten gerecht, weil damit die Gleitphase berücksichtigt wird. Genaugenommen aber erinnert der Bewegungsablauf mehr an einen Skiläufer, der den Doppelstockschub bevorzugt. Prinzipiell vergleichbar ist die Bewegungsweise der Jagdspinnen Dolomedes, die häufig auf dem Wasser jagen. Sie schlagen erst das zweite und dann das dritte Beinpaar nach hinten.

Eine noch stabilere Lage – zwischen langen Beinauslegern ruht der verhältnismäßig kleine Körper – zeichnet die Arten der Gattung Halobates aus. Es sind die einzigen Insekten, die sich auf hohe See wagen. Sie verbringen ihr ganzes Leben auf dem Meer. Regen, Wind und Wellen, die unsere Wasserläufer veranlassen, das schützende Ufer aufzusuchen, fürchten sie nicht.

Sehr zeitig im Jahr, schon an milden Wintertagen, kann man die Bachläufer (Veliidae) beobachten. Der Bachläufer bevorzugt schattige Plätze auf bewegtem Wasser: schnellfließende Bäche und Quelltümpel. Im Unterschied zum Wasserläufer bewegt er seine Mittelbeine, die auch bei ihm den Vortrieb besorgen, nicht absolut synchron. So entsteht eine gleichmäßigere, aber recht flotte Fahrt.

Manche tropische Arten der Familie (z. B. die Arten der Gattung Rhagovelia) bewohnen sogar reißende Bäche und Stromschnellen. Ihre Mittelfüße sind mit federförmigen Haarfächern ausgestattet. Sie bilden eine große Trittfläche und gewährleisten so einen sicheren Stand auf dem schwankenden Untergrund.

Durch ihre sehr langsamen Bewegungen fallen die Arten einer weiteren Wanzenfamilie auf: die Teichläufer (Hydrometridae). Im Gegensatz zu den Wasserläufern, diesen flinken Gleitjägern, scheuen sie die großen, freien Wasserflächen, halten sich lieber in Ufernähe zwischen Pflanzenwuchs auf. Sie benötigen auch keine Gleitstrecken; die nadeldünnen Gesellen schreiten im hohen Stelzengang einher. An ihren Füßen erkennt man, daß sie gar nicht gleiten könnten. Ihre Fußkrallen stehen mit der Spitze nach unten (s. Abb.).

Mit jedem Schritt haken sie in die Wasserhaut ein und ziehen bzw. schieben das Tier nach vorn. Offensichtlich eine anstrengende Art zu laufen, denn häufig sieht man die Teichläufer in Ruhestellung: Sie liegen auf dem Wasser – alle Sechse von sich gestreckt. Zum Überleben hat der langsame Gang aber immer noch ausgereicht. Auf der Wasserfläche finden sich ja viele völlig erschöpfte und tote Kleintiere ein – genügend Nahrung.

Taumelkäfer, Wasser-, Bach-, und Teichläufer sind zwar die auffälligsten, keineswegs aber die einzigen Bewohner der Wasserhaut. Die Biologen sprechen gar von einer eigenen Lebensgemeinschaft – dem Neuston. Viele Kleinstlebewesen, Pilze, Einzeller gehören dazu.

Die Wasserhaut kann aber auch von unten besiedelt werden. Winzige Wasserkäfer kriechen an ihr entlang. Egel (z. B. *Glossiphonia* und *Helobdella*) heften sich ebenso an wie kleine Polypen. Wasserinsekten steigen zur Wasserhaut empor, um ihren Luftschnorchel anzubringen. Die Mückenlarven und -puppen hängen dort. Selbst Lungenschnecken fahren mit ihrem Fuß an der Unterseite dieses feinen Häutchens entlang.

All diese Lebewesen sind von der Oberflächenspannung des Wassers direkt abhängig. Wird sie herabgesetzt (z. B. durch Waschmittel und andere Detergentien), sind sie akut bedroht. Ein Käfer aber lebt von der Zerstörung der Wasserhaut: der an Gewässern vorkommende Kurzflügler *Stenus biguttatus*. Normalerweise dient auch ihm das Wasser als »feste« Laufläche. Seine breiten, behaarten Füßchen sind unbenetzbar, und auf ihnen läuft er sicher, aber recht gemächlich daher. Seine Beutetiere, vor allem die Blattläuse auf Wasserpflanzen, sind ja noch langsamer. Gerät er aber in Gefahr, zum Beispiel durch einen Wasserläufer, dann schaltet er auf »Expansionsschwimmen« um. Aus Drüsen am Hinterleibsende sondert er ein Sekret ab, das die Oberflächenspannung senkt, das Wasserhäutchen lokal aufbricht. Das entstehende Oberflächenloch wird aber schnell wieder geschlossen und der Käfer nach vorn geschoben. So saust der Kleine 10 bis 15 m weit übers Wasser und vielleicht schon ans rettende Ufer.

Säuger als Schwimmer

Fast alle unsere etwa 4500 heute lebenden Säugetierarten sind in der Lage, zu schwimmen. Für einige Gruppen überrascht die Tatsache kaum: Katzen, Hunde, Marder, Bären. Die Pferde und andere Huftiere werden in ihren Schwimmleistungen oft sogar überschätzt; zu den wenigen wirklich guten Schwimmern unter ihnen zählen die afrikanische Sumpfantilope (*Tragelaphus spekii*), das Ren (*Rangifer tarandus*) und der Elch (*Alces alces*). Man hört aber mit Erstaunen, daß Igel, Eichhörnchen, Hamster (oft mit aufgeblasenen Backen) oder gar Känguruhs keine Mühe haben, sich über Wasser zu halten. Selbst Hasen und Kaninchen finden sich im nassen Element gut zurecht. Creutz beobachtete, wie ein Wildkaninchen regelmäßig eine Strecke von 40 m durchschwamm – ein »Wasser-Wechsel«?

All diese Nichtspezialisten machen von ihren Schwimmfähigkeiten im Regelfall aber nur Gebrauch, wenn es die Lebenssituation unbedingt erfordert: bei Überschwemmungen, beim Durchqueren von Flüssen auf der Suche nach neuen Äsungsplätzen. Oft bringt ein Sprung ins Wasser auch Vorteile gegenüber dem Jäger. Manche Raubtiere (z. B. afrikanische Wildhunde) schwimmen durchaus nicht gern und bieten der Beute dadurch Fluchtmöglichkeiten. Andere freilich – der südamerikanische Jaguar, Coyoten und Hyänen – lieben das Wasser und nutzen den Fluß sogar als Jagdrevier.

Mehr noch verblüfften die Schwimmfertigkeiten der Fledermäuse. Allein 15 unserer 30 europäischen Arten wurden bislang beim Schwimmen beobachtet.

Sie sinken unterschiedlich tief ins Wasser ein und führen Bewegungen aus, die an den Flug erinnern. Die erreichten Geschwindigkeiten sind nicht einmal unbeträchtlich: Kolb ermittelte für das Große Mausohr (*Myotis myotis*) 0,5 m/s und für die Bechsteinfledermaus (*Myotis bechsteini*) 0,3 m/s. Alle Fledermäuse suchen das Gewässer nur zum Trinken oder für den Beuteerwerb auf, nicht aber zum Baden.

Auf der Suche nach Nichtschwimmern unter den Säugetieren müssen wir uns ausschließlich in unserem Verwandtenkreis umsehen – unter den Affen. (Bei Giraffen fehlen die Beobachtungen.) Die Menschenaffen und die extrem wasserscheuen Gibbons sind nach Carpenter die einzigen, die ohne festen Boden oder einen sicheren Ast nicht auskommen. Nur wenige Affen lieben das Wasser und schwimmen geschickt. Zu diesen Ausnahmen gehören der südostasiatische Nasenaffe (*Nasalis*) und der Javaneraffe (*Macaca fascicularis*) – ein Muschelfresser. Vielleicht ist es doch kein Zufall, daß auch der Mensch das Schwimmen lernen muß.

Die einfachste und wohl auch ursprünglichste Art, sich im Wasser fortzubewegen, besteht im Laufschwimmen. Das Tier bewegt seine Beine ähnlich wie auf dem Lande. Wir treffen diese Schwimmart sowohl bei Gelegenheitsschwimmern an – Elefanten legen so manchmal große Strecken im Wasser zurück (durchqueren den Victoriasee) –, aber auch bei typischen Wassersäugern.

Die Wasserspitzmaus (*Neomys fodiens*) ist eines unserer kleinsten Wassersäugetiere. Der Kleintierjäger unter den Wellen zeigt »schon« spezielle Anpassungen an die Fortbewegung im nassen Element. Borstenreihen stehen an den Zehen und am Schwanz, der das Laufschwimmen unterstützt. Das gut eingefettete, dichte Fell hüllt den kleinen Körper mit einem Luftmantel ein und hält das Wasser fern.

Noch besser an das Leben in stark bewegtem Wasser angepaßt ist die Tibetanische Gebirgsbachspitzmaus (*Nectogale elegans*). Sie trägt Schwimmlappen mit Borstensäumen an den Füßen. Eine große Wendigkeit und Schnelligkeit gestatten ihr die Jagd nach Fischen in den südöstlichen Himalajaflüssen. Bei ihr wird auch schon die Tendenz zum Heckantrieb sichtbar: Man kann von einem Bein-Schwanz-Schwimmen sprechen. Ähnlich schwimmt auch das einzige Wasser-Beuteltier, der Schwimmbeutler (*Chironectes minimus*). Er trägt Schwimmhäute an den Füßen, ebenso wie die australische Biberratte (*Hydromys chrysogaster*).

Ein typischer Schwanzruderer ist die bekannte Bisamratte (*Ondatra zibethica*). Sie legt die Vorderbeine in die Halsgrube (wir beobachteten ähnliches bei den Wasserkäfern). Lediglich die mit Borstensäumen versehenen Hinterfüße arbeiten – und im Gegenrhythmus der Schwanz. Sein Mittelteil ragt über die Oberfläche und verrät den schnellen Schwimmer.

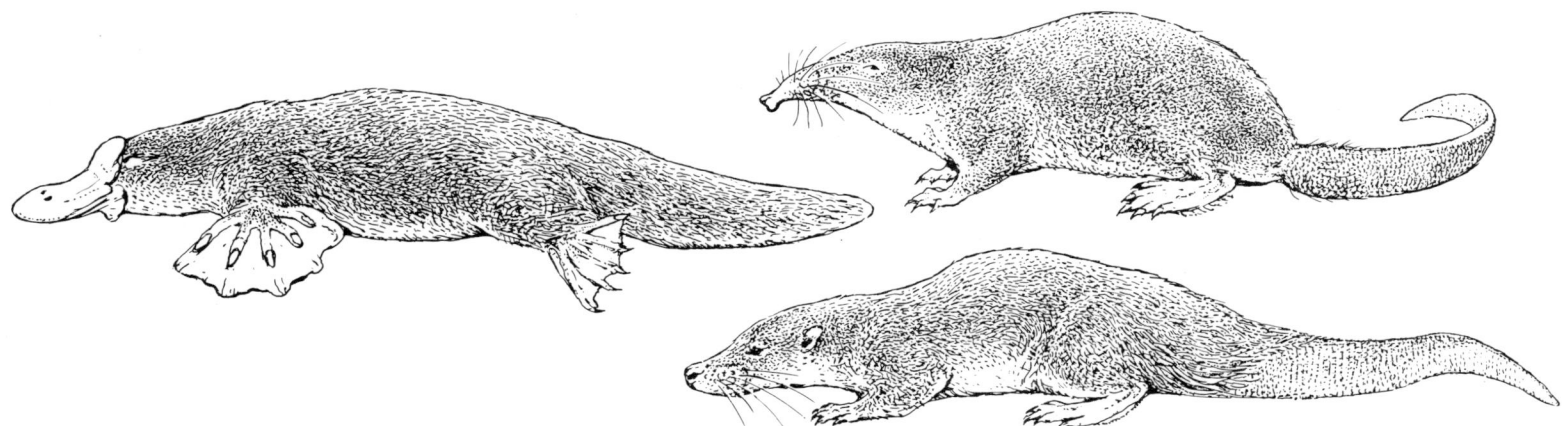

Die Funktion des Schwanzes (Kelle) für das Schwimmen des Bibers *(Castor fiber)* ist noch nicht völlig geklärt. Auf jeden Fall arbeitet er als Höhenruder, wenn der Biber auf- oder abwärtstaucht. Möglicherweise wird er aber auch verdreht und als Wrickruder eingesetzt, das Beinschwimmen unterstützend.

Das Schwanzschwimmen, verbunden mit einem Rumpfschlängeln, praktizieren die »Wassermaulwürfe« und die Otterspitzmäuse. Ein typischer Vertreter der wasserlebenden Maulwurfverwandten ist der Russische Desman *(Desmana moschata),* ein spitzmausähnliches Tier mit großen Schwimmhäuten an den Hinterfüßen. Die Otterspitzmäuse (Gattung *Potamogale)* leben ausschließlich in Afrika; sie sind schlanke, flinke Wasserjäger. Im Hinblick auf die außergewöhnliche Biegsamkeit und Gewandtheit des Körpers erinnern sie an die Familie der Marder. Sie bewegen sich im Wasser geschickt und schnell. Die bewegungsfreudigsten unter ihnen sind die Ottern, in Mitteleuropa vertreten durch den Fischotter *(Lutra lutra).* Leider ist der »Wassermann«, dieses hochinteressante Wassersäugetier, durch einen gnadenlosen Vernichtungsfeldzug in der Vergangenheit an den Rand des Artentodes gebracht worden. In Deutschland brachte man noch Ende des 19. Jahrhunderts alljährlich 10 000 Fischotterbälge auf den Markt.

Der mit Schwanz bis maximal anderthalb Meter messende, hübsche Wasserjäger (nur die Hälfte der Nahrung besteht übrigens aus Fischen) ist bestens an die Bewegung im nassen Element angepaßt. Sein außerordentlich dichtes Fell – pro Quadratzentimeter etwa 50 000 Haare (beim Menschen 120/cm^2) –

Schnabeltier (links), Desman (oben rechts) und Otterspitzmaus

schließt die wärmeisolierende Luft ein und bietet dem Wasser dennoch wenig Reibungswiderstand. Den Vortrieb besorgen kräftige Schlängelbewegungen des gesamten Körpers. Die Beine nutzt der Otter mehr zum Steuern als zum Rudern, die Arme legt er an.

Weit stärker setzt der Seeotter *(Enhydra lutris)* die Hinterbeine ein. Bekannt wurde der Seeotter oder Kalan durch den Gebrauch von »Werkzeugen«. Um eine große Muschel zu öffnen, schwimmt er in Rückenlage und plaziert einen Stein auf seinem Bauch. Mit den Vorderpfoten schlägt er dann die Muschel so lange gegen das Werkzeug, bis sie bricht.

Ein anderes eigentümliches Tier setzt neben dem Rumpfschlängeln in starkem Maße die Arme ein: das Schnabeltier *(Ornithorhynchus anatinus).* Das eierlegende (!) Säugetier bewohnt Flüsse Australiens und Tasmaniens. Neben dem zahnlosen Hornschnabel fallen vor allem die großen Schwimmfüße auf. Am Vorderfuß reichen die Schwimmhäute sogar über die Zehenkrallen hinaus. Das Schnabeltier muß die überstehenden Lappen unterschlagen, wenn es an Land die Nestkammer gräbt. Der Hauptantrieb wird durch die Vorderfüße besorgt. Den Schwanz setzt das Schnabeltier ähnlich wie der Biber ein; er dient vor allem als Stabilisator und als Höhenruder.

Ein ausgesprochener Armschwimmer ist auch der Eisbär *(Ursus maritimus).* Der weiße Jäger der Arktis fühlt sich im Wasser ebenso wohl wie auf festem Boden. Beim Schwimmen

zeigt er nicht nur große Ausdauer, sondern auch Tempo. Mit einer Spitzengeschwindigkeit von fast 10 km/h könnte er jeden Weltklasseschwimmer überholen. Dabei arbeitet der Weiße fast nur mit den Armen; die Hinterbeine schleppen mehr oder minder nach. Abweichungen von diesem Schwimmstil sind aber keineswegs selten, wie Hediger-Zurbuchen nachwies. Er beobachtete sogar eine Art Delphinschwimmen.

Wie alle vier Beine im Wasser eingesetzt werden können, ohne in das anfangs erwähnte einfache Laufschwimmen zu verfallen, das zeigt ausgerechnet ein Nagetier: das südamerikanische Wasserschwein oder Capybara *(Hydrochoerus capybara).* Die friedlichen, geselligen Pflanzenfresser sind übrigens mit den Schweinen ebenso wenig verwandt wie ihre bekannteren »Vettern«, die Meerschweinchen. Capybaras, ausgestattet mit kleinen Schwimmhäuten an den Zehen, zeichnen sich durch eine unter Säugern fast einmalige Schwimmweise aus. Sie rudern mit beiden Beinpaaren zugleich. So erreicht der mit 120 cm Länge und 30 kg Masse größte gegenwärtig lebende Nager im Wasser eine höhere Geschwindigkeit als auf dem Lande.

Den Nachnamen »Schwein« verdiente ein ganz anderes wasserlebendes Säugetier. Der riesige Fleischberg namens Nilpferd ist heute im Nil kaum noch anzutreffen und gehört nicht in die Verwandtschaft der Einhufer. Trotz der Schwimmhäute zwischen den Zehen sind die Flußpferde schlechte Schwimmer. In die Flußmitte, wo die Strömung am stärksten ist, wagen sie sich nicht, bleiben lieber in Ufernähe und in geringer Tiefe.

Flossen-Füßer

Die Robben, so sagt Gerald L. Kooyman, stellen »eines der großen Naturwunder dieser Welt dar, ästhetisch vergleichbar mit den Werken von Bach, Beethoven und Mozart.« Ein gewagter Vergleich?

Glücklicherweise sind die Populationen vieler Arten noch sehr stabil. Insgesamt leben heute 35 Millionen dieser amphibischen Raubsäuger. Ihr bevorzugter Lebensraum ist das Meer; dort jagen sie auch ihre Beute. An Land verbringen sie nur wenig Zeit: zur Paarung, beim Haarwechsel und für ein gelegentliches Sonnenbad.

Schon die äußere Gestalt der Robben läßt den guten Schwimmer ahnen: Der Kopf geht absatzlos in den Rumpf über. Ein glatter Körper, ohne »Ecken und Kanten«, der dem Wasser wenig Widerstand entgegensetzt. Das kurze Haarkleid liegt dicht an. Im Gegensatz zu den oben erwähnten Säugetieren – Wasserspitzmaus, Otter usw. – werden die Haare völlig durchnäßt. Die Wärmeisolierung übernimmt hier nicht die Luft, sondern eine Unterhautfettschicht, der »Blubber«. Eine Ausnahme bildet die Pelzrobbe *(Arctocephalus),* deren luxuriöses Fell von kompliziertem Aufbau keinen Wassertropfen durchläßt. Die kurzen Gliedmaßen enden nicht in freien Zehen, sondern in einem »Flossenfuß«.

Alle Robben verfügen über einen muskulösen, äußerst beweglichen Körper. Der See-Ele-

fant *(Mirounga leonina)* demonstriert es in einzigartiger Vollendung: Der Dicke biegt den Rücken so weit durch, daß der Kopf auf den Flossenfüßen aufliegt. Natürlich gibt es entsprechende anatomische Voraussetzungen.

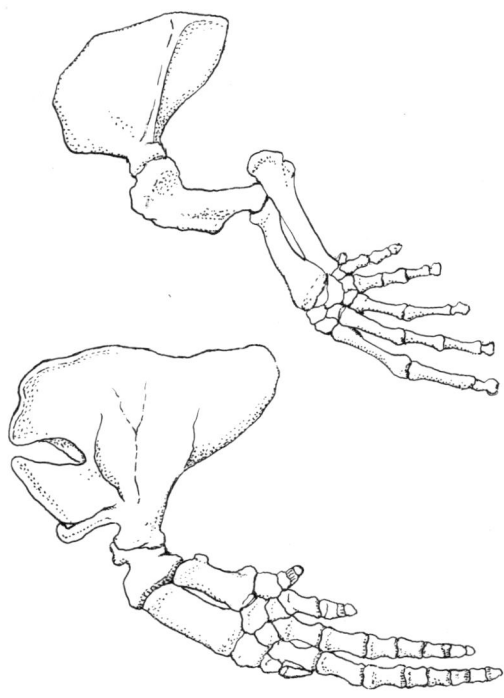

Vordergliedmaßen von Wassersäugern; oben Robbe, unten Wal

Skelette von Ohrenrobbe (links) und Hundsrobbe

Die Wirbelsäule der Robben zeichnet sich durch extrem kurze Dornfortsätze aus, und die Rippenansätze gestatten größere seitliche Auslenkungen.

Spricht man über die Fortbewegung der Robben, so muß man zwei Familien unterscheiden, deren Entwicklungswege sich bereits vor 65 Millionen Jahren (im Alttertiär) trennten: die Ohrenrobben (Otariidae) und die Seehunde (Phocidae).*

Die Ohrenrobben fallen durch die kleinen äußeren Ohren (die den Hundsrobben fehlen) und die verhältnismäßig langen Flossenfüße auf. Diese können noch unter den Körper gestellt werden und der Robbe an Land zu einem recht flotten Humpelgang verhelfen. Im Wasser legen die Ohrenrobben die Hinterflossen zu einem Plattschwanz zusammen, während die »Arme« kräftig rudern. Die Arbeit der Vorderflossen wird unterstützt durch Schlängelbewegungen des Rumpfes, und zwar in der Vertikalen wie in der Horizontalen.

Die Seehunde zeigen noch weitgehendere Anpassungen an das Leben im Meer. An Land kommen sie dagegen nur mühsam vorwärts; sie können die Hinterbeine nicht mehr unter den Körper bringen. Was bleibt? Ein kraftauf-

* Nach Auffassung mancher Wissenschaftler leiten sich die Ohrenrobben und Walrosse von bärenähnlichen Vorfahren ab, während die Seehunde mit den Ottern verwandt sind.

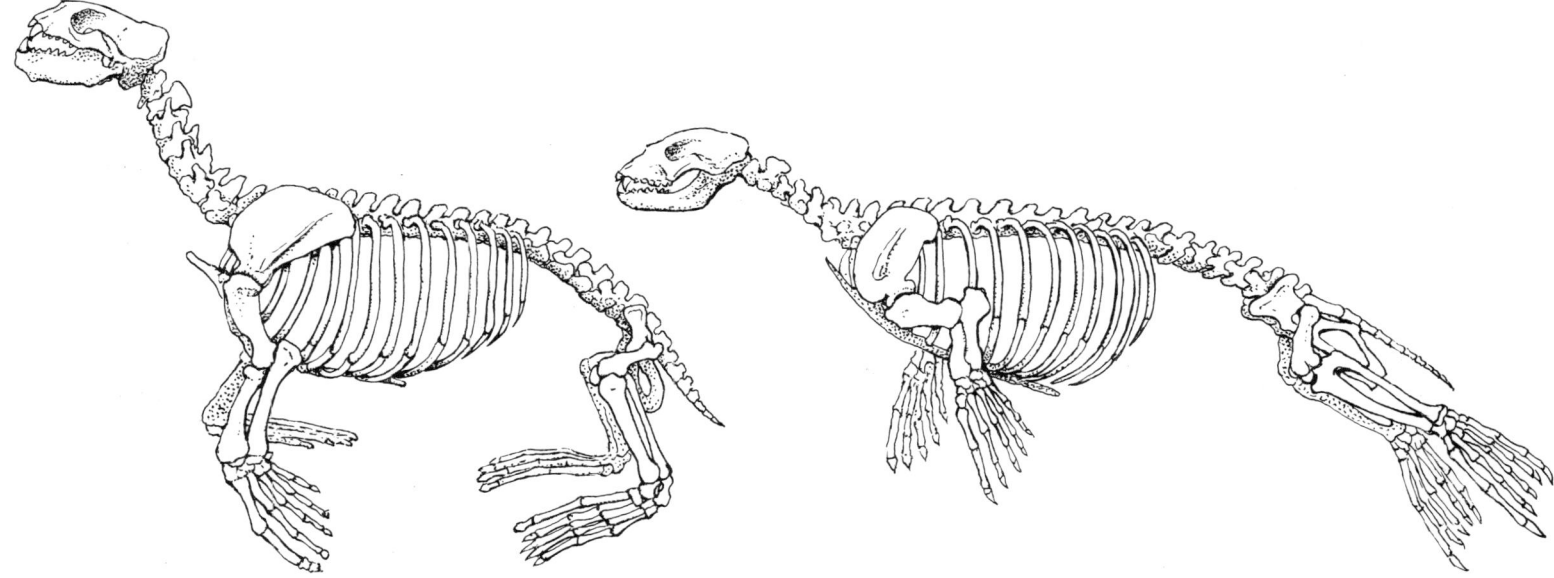

wendiges Rutschen, wobei der Körper im Wechsel spannerartig aufgewölbt und gestreckt werden muß — eben das »Robben«. Im Wasser freilich sind sie die Schnelleren; als Spitzengeschwindigkeit wurden 37 km/h gemessen. Ihr Antrieb liegt im »Heck«.

Die Hinterflossen, 90° um die Längsachse gedreht, berühren sich und bilden eine funktionelle Einheit, eine Art Fischschwanz. Wie die Stellung dieser Hinterflossen vermuten läßt, sind die seitlichen Schlängelbewegungen — auch des Rumpfes — bei Seehunden weit stärker ausgeprägt als bei den Ohrenrobben. Die Vorderflossen werden vorrangig zum Steuern eingesetzt; sie ermöglichen die scharfen Wendungen.

Die dritte Gruppe der Robben, die Walrosse (Odobaenidae), könnte auch ein Karikaturist entworfen haben. Auf den Menschen machen die geselligen Kolosse mit den riesigen Eckzähnen und dem steifen Besenbart einen geradezu lustigen Eindruck. Wer den Schnauzbärtigen ob ihrer massigen Körper nur wenig Tempo und Wendigkeit zutraut, geht nicht ganz fehl. Auf dem Lande — meist auf dem Eise — bewegen sie sich recht schwerfällig fort, können allerdings die Beine ähnlich den Ohrenrobben unter den Körper bringen. Die Jungtiere stemmen sich sogar noch völlig ab.

Im Wasser zeigen sich die Walrosse weit beweglicher, setzen beim Schwimmen ihre Beine ein (»Beinschwimmer«). Natürlich erreichen sie nicht die Geschwindigkeiten ihrer Verwandten, der Ohrenrobben und Seehunde. Aber dafür besteht auch keine Notwendigkeit, denn ihre Nahrungstiere bewegen sich langsam oder gar nicht. Die Hauptspeise bilden Bodenmuscheln. Deshalb meiden sie auch Gewässertiefen über 100 m.

Walrosse gelten als Wanderer der Arktis. Doch ihre großen Reisen sind keineswegs zu vergleichen mit den Wanderungen anderer Robben, etwa den Zügen des See-Elefanten oder des Südafrikanischen Seebären *(Arctocephalus pusillus),* der in wenigen Wochen 1200 km auf dem offenen Meer zurücklegt. Die Schnauzbärte fahren zum Nulltarif auf Eisschollen. Dort verbringen sie, nach der Morgenmahlzeit am Meeresgrund, den größten Teil des Tages. Sie lassen sich treiben. Die Meeresströmungen bestimmen Geschwindigkeit

und Richtung ihrer Fahrt. So können wir die Robben als die ewigen Pendler zwischen Meer und festem Land betrachten.

Den Übergang zu den Walen, für die der Landgang tödlich wäre, bilden die Seekühe (Sirenia). Die sagenumwobenen Tiere — plumpe, ruhige Pflanzenfresser — weiden gern Tang und Seegras an der Flutkante der Gewässer. Als sehr günstig für eine stabile Lage in der Brandungszone dürfte sich das schwere Knochengerüst der Seekühe erweisen. Was bei anderen Wirbeltieren als Krankheit gilt, ist für die Sirenen lebenswichtig: die Auftreibung und Verhärtung von Knochen bis zu extrem hoher Dichte und Schwere. Selbst die Markhöhle der Gliedmaßenknochen wird teilweise geschlossen.

Lange Zeit hielt man die Seekühe für Wale — auch ihre Hintergliedmaßen sind bis auf Reste reduziert —, heute gibt es Belege für ihre Verwandtschaft mit den Elefanten. Sie schwimmen unter Einsatz des horizontalen »Fischschwanzes« und nutzen die große Beweglichkeit ihrer recht langen »Arme«. Meist begnügen sich die stummen Dauerfresser mit ausgesprochen gemächlicher Schwimmweise. Ruhig setzen sie die Vorderflossen als Ruder oder Paddel ein. Lassen wir abschließend Georg Steller zu Wort kommen, der über die nach ihm benannte Riesenseekuh *Rhytina gigas,* ausgerottet um 1770, berichtet: Der Riese »kann seine Arme verschiedentlich brauchen. Mit diesen schwimmt er, als mit Floßfedern; mit diesen geht er an einem feuchten Ufer als mit Füßen fort; mit diesen hält und stützt er sich zwischen den schlüpfrigen Felsen; mit diesen scharret und reißet er die See-Eichen und das Meergras von den Felsen ab, wie ein Pferd mit den Vorderfüßen . . .«

Akrobaten im Wasser

Delphine sind wie alle Walartigen (Cetacea) luftatmende Säugetiere, die ihren Lebensraum Wasser nur für Sekunden, eben zum Atmen, verlassen dürfen. Der Aufenthalt auf dem Festland, wo ihre Vorfahren (Verwandte der Raub- und Huftiere) vor mehr als 60 Millionen Jahren lebten, würde für sie zur tödlichen Gefahr. Schon ihr Eigengewicht drückt sie außerhalb des Wassers stark zusammen, verhindert eine normale Blutzirkulation. Die Wärmeregulation

funktioniert auch nur im nassen Element. In der Luft heizen sich die Delphine auf wie Tauchsieder, die man aus dem Wasser nimmt. Verständlich, daß der Transport dieser perfektesten aller Wassersäugetiere zum Problem wird. Man kann sie nur in speziell gefertigten »Tragtaschen« verfrachten und muß ihre empfindliche Haut ständig feucht halten. Manche erleiden aber vorher schon den Tod durch Schock, wenn man sie ihrem Element, dem Meer, entreißt.

Die äußere Gestalt des Delphins läßt den gewandten, flotten Schwimmer vermuten. Wir sehen die gleiche Grundform, wie wir sie bei den schnellen Fischen beobachtet haben. Der glatte, runde Körper bietet dem Wasser nur einen geringen Widerstand. Da nimmt es nicht wunder, wenn die Delphine und ihre Verwandten lange Zeit als »Walfische« angesehen wurden.

Auch die Schwimmweise der Delphine erinnert an die Fische. Die zu Flossen umgebildeten Arme (hintere Extremitäten fehlen) übernehmen vor allem Steuerfunktionen, die Rückenflosse (Finne) stabilisiert. Der Antrieb liegt im Schwanzbereich. Die Schwanzflosse (Fluke) des Delphins arbeitet ähnlich wie der Fischschwanz — allerdings vertikal, also um 90° gedreht.

An dieser Stelle ist ein »Geständnis« vonnöten: Auf welche Weise genau der Vortrieb — bei Fisch und Delphin — erreicht wird, ist bis zum heutigen Tag nicht restlos geklärt! Die Vorstellung, daß die horizontale oder vertikale Schlängelbewegung mit den Wellenbergen eine Art Ruderflächen schafft, die das Tier nach vorn abdrücken, ist nur eine Seite des Problems. Die Schwanzflosse der Delphine bewegt sich nicht auf und ab. Sie verdreht sich beim Schlag auch in der Längsachse und erreicht in der Mittellage größte Geschwindigkeit und extreme Auslenkung. Vergleichbares gilt für die Schwanzflosse der Fische.

Der komplizierte Bewegungsablauf, der mit Spezialkameras untersucht wurde, läßt darauf schließen, daß Fisch und Delphin das Wasser auch umlenken, sich also nicht schlechthin nur abdrücken. Fluke und Fischschwanz sind auf jeden Fall keine starren Ruder!

Ihre Schwimmkünste, verbunden mit einer außerordentlichen Lernfähigkeit, haben die Delphine zu den großen, vielbewunderten Stars der Meeresaquarien gemacht. In regelrechten Vorführungen zeigen die Meisterschwimmer dann, was sie gelernt haben. Sie schnellen sich aus dem Wasser und springen zentimetergenau über Stangen und Seile. Im Kreuzsprung begegnen sich zwei Tiere am höchsten Punkt ihrer Flugbahn. Im Hochsprung erreichen sie Gegenstände in 5 m Höhe. Sie demonstrieren einen akkuraten Salto rückwärts und schwimmen Slalom durch eine auf dem Wasser liegende Reifenkette. Ausgesprochen gern scheinen sie Basketball zu spielen.

Karen Pryor, die über viele Jahre Delphine im Sea Life Park von Oahu auf Hawaii dressierte, gelang es sogar, ihre Zöglinge erfinderisch zu machen. Eines Tages zeigte ein Delphin eine Nummer, die gar nicht einstudiert war. Nachdem er Blickkontakt zur Trainerin aufgenommen hatte, holte der Delphin Anlauf, drehte sich auf den Rücken und schlitterte mit hochgestelltem Schwanz über die Wasserfläche.

Schöpferische Delphine? Sicher sind viele ihrer Leistungen erstaunlich – aber mehr nicht. Manches erklärt sich aus der für Tiere recht hohen Lernfähigkeit, sogar durch Zuschauen, und dem natürlichen Bewegungsdrang. Für ihre Lebensweise, sie ernähren sich vorzugsweise von Fischen, sind Beweglichkeit und Schnelligkeit geradezu notwendige Voraussetzungen.

Delphine schwimmen im Schnellgang mehr als 40 km/h und können kurzfristig sogar 60 km/h erreichen. Das sind Geschwindigkeiten, die sie, wenn man ihre zweifellos kräftige Muskelausstattung und den Wasserwiderstand berücksichtigt, aber nicht erzielen dürften. So zumindest lautete das Ergebnis von J. E. Gray, der sich mit der Leistungsfähigkeit von Säugetiermuskeln befaßte. Wichtig für die Berechnungen ist die Tatsache, daß das Wasser dem Säugetierkörper einen 800mal so großen Widerstand entgegensetzt als Luft. Die Delphine schwimmen also schneller, als sie können? Das in die Wissenschaft als »Graysches Paradoxon« eingegangene Phänomen hatte bis zum Jahre 1960 Bestand. Dann trat Professor M. O. Kramer auf den Plan. Er fand den Faktor heraus, der jede Rechnung entscheidend beeinflußt: die zarte Haut.

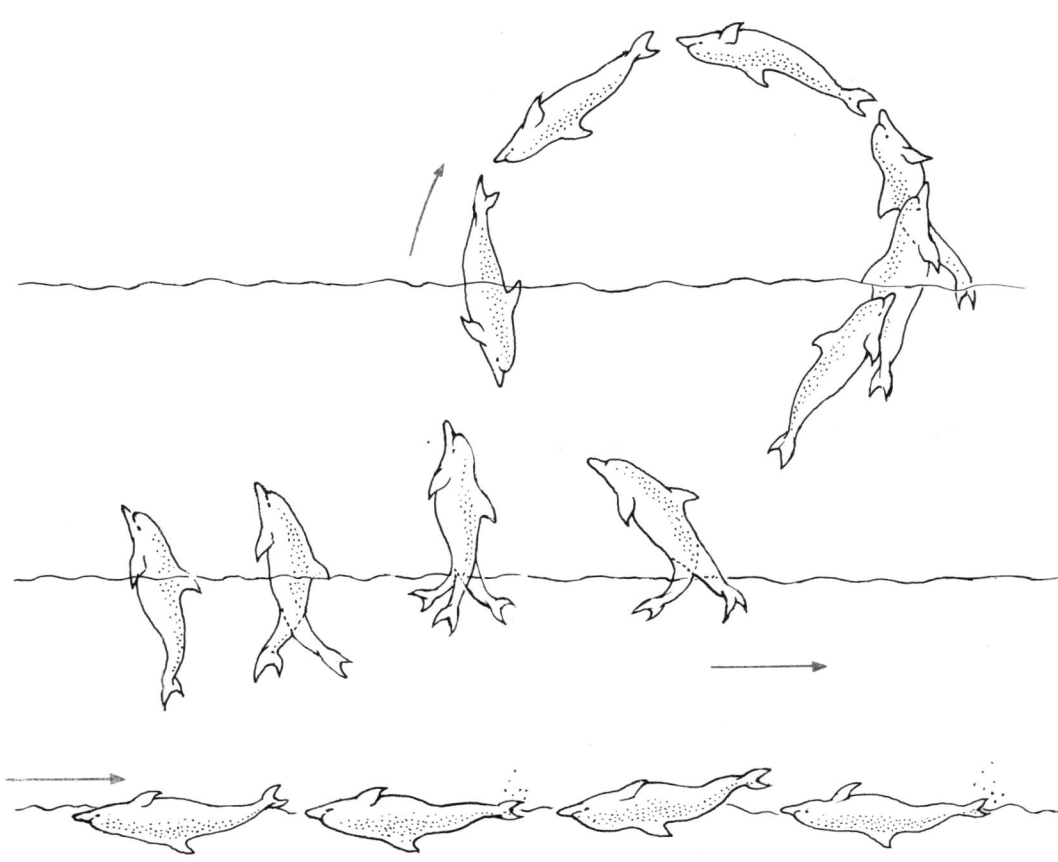

»Phantastische« Erfindungen eines Delphins. Oben Rückwärtssalto, Mitte Schwanzlaufen rückwärts, unten Rückenschwimmen mit Schwanzklatschen

Der vertikale Schwanzschlag des Delphins. Man erkennt die Veränderung des Kräfteparallelogramms.

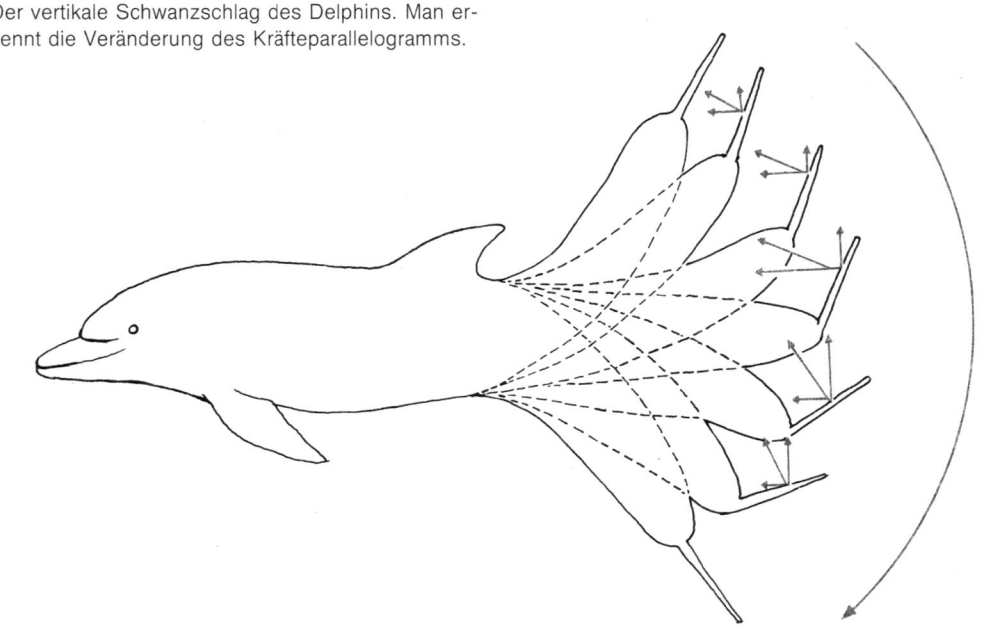

Ein Delphin fühlt sich an wie ein großes Badewannenspielzeug: prall, warm, fest und glatt. Das Haarkleid, ansonsten erstes Charakteristikum aller Säugetiere, ist verschwunden. Trotz der zarten, biegsamen Haut – Delphine schlüpfen nicht durch das Wasser wie die Fische. Es gibt keine Schleim- und Schmierstoffe. Im Gegenteil: Delphinhaut stößt das Wasser ab. Wie aber wird dann die für schnelles, kraftsparendes Schwimmen so wichtige gleichmäßige, also »laminare« Umströmung des Körpers erreicht? Wie vermeidet der Delphin das Entstehen von Querkräften durch Wirbelbildung?

Die Haut funktioniert ähnlich wie eine Gummiflasche, aus der Wasser schneller ausfließen kann als aus einem Blechbehälter. Das von Kramer entdeckte Prinzip beschreibt der Bioniker Marteka so: »Dort, wo das Wasser, das den schnell schwimmenden Delphin umströmt, kleine Wirbel einer Turbulenzströmung bilden müßte, biegt sich die Haut nach innen und nimmt gleichsam in der sich bildenden Vertiefung den potentiell gefährlichen (im Sinne der Turbulenz) Abschnitt des Wassers auf. Der sich an dieser Stelle bildende Wirbel wird somit von den anderen Teilchen des Wassers, die vorbei strömen, isoliert.«

Nach solchen Erkenntnissen sollte es möglich sein, eine künstliche »Haut« mit ähnlichen wunderbaren Eigenschaften zu entwickeln.

Und in der Tat, Kramer konstruierte sie, die Delphinhaut »Laminflo«. Er umhüllte damit ein Torpedo und konnte erfreut feststellen: Der Wasserwiderstand verringerte sich gegenüber einem Kontrollmodell um 60 %! Die natürliche Delphinhaut ist freilich noch um einiges perfekter. Sie kann je nach Turbulenz aktiv verändert werden und – sie wächst nach.

Weit weniger wichtig als die halbautomatische Selbststeuerung der Haut dürften die von P. Purves entdeckten Hautwalzen sein. Sie verlaufen längs des gesamten Körpers und führen möglicherweise das Wasser in geordneten Bahnen um den Körper.

Die aus der Erforschung der Delphine gewonnenen Erkenntnisse waren übrigens für den Schiffbauer durchaus interessant. Schiffe mit walähnlichen »Formen« fahren heute schon über die Meere. Der gerundete Bug hat die Spitze verdrängt, wegen der geringen Turbulenz.

Die Feinsinnigkeit von Haut und Körper nutzen die Delphine gekonnt bei der kraftsparendsten Schwimmweise, dem Wellenreiten. Was durchtrainierte Wassersportler auf den Wogen vor Hawaiis Küsten auf dem kleinen Brett demonstrieren, das praktizieren Delphine weitaus perfekter. Ohne einen Flossenschlag, wie von unsichtbarer Hand geschoben, gleiten sie neben den Schiffen dahin. Sie nutzen den hydrodynamischen Druck der Bugwelle geschickt aus, erreichen ohne größere Kraftanstrengung Geschwindigkeiten von 65 km/h. Die Wellenreiter geben aber auf, sobald ihr Zugschiff langsamer als 20 km/h fährt. Die Kraft der Bugwellen ist dann zu gering.

Ähnliche Kraftfelder scheinen Delphine zu nutzen, wenn sie »staffelschwimmen«. Der Schwächere erhält die Möglichkeit, im Sog des Starken mitzuhalten. Ein Vorteil, der auch dem Jungtier zugute kommt, wenn es der Mutter folgt.

Wozu aber das hohe Tempo der Delphine? Wo liegt der biologische Sinn? All diese Schwimmkünstler leben räuberisch. Es ist lebensnotwendig, schneller zu sein als die Beute, und die besteht hauptsächlich aus Fischen. Schweinswale (Phocaena phocaena) verfolgen Tag um Tag Heringsschwärme, Weißstreifendelphine (Lagenorhynchus obliquidens) jagen im Winter die Anchovis in Küstennähe und im Sommerhalbjahr die Makrelenhechte auf offenem Meer.

Und alle Zahnwale (Odontoceti) – zu ihnen gehören die Delphine – haben einen hohen Energiebedarf und deshalb einen ausgesprochen guten Appetit. Nachgerade als Symbol für Gefräßigkeit galt lange Zeit der Schwert- oder »Mörderwal« (Orcinus orca). Geschwindigkeiten bis zu 55 km/h erlauben ihm, auch Pinguine, Robben und selbst Tümmler zu erbeuten. Auf der Jagd durchbrechen die fast tonnenschweren Schwertwale in rasender Fahrt sogar die Eisdecke.

Weitaus friedlicher zeigen sich die – eventuell nur sehr entfernt verwandten – Bartenwale (Mystacoceti). Mit einem Bartensieb filtern die zahnlosen Meeressäuger tonnenweise Kleintiere (besonders Krill, s. S. 19) aus dem Wasser und befördern sie durch den engen Schlund. Hohes Tempo scheint da nicht vonnöten. Mit sehr gemächlicher Fahrt begnügen sich denn

auch die Glattwale (Balaenidae); selten schwimmen sie mehr als 11 km/h. Unter den Furchenwalen (Balaenopteridae) trifft man aber auf schnelle Formen. Der Seiwal (Balaenoptera physalis) erreicht 55 km/h.

Das gute Schwimmvermögen kommt den Bartenwalen vor allem auf ihren oft ausgedehnten Wanderungen zustatten. Viele Arten legen alljährlich bis zu 20 000 km zwischen polaren und tropischen Gewässern zurück. Als Weltenbummler gilt beispielsweise der Buckelwal (Balaenoptera novaeangliae), der zwischen Nordpazifik und Indischem Ozean pendelt. Die Wandergeschwindigkeit ist allerdings selten sehr hoch. Der Buckelwal legt pro Monat 350 km zurück. Der Grauwal (Eschrichtius gibbosus), der den Sommer im Nordpolarmeer verbringt und meist in kalifornischen Gewässern kalbt, benötigt für 10 000 km 90 Tage.

Schöpfen die oft riesigen Bartenwale ihre Möglichkeiten aus? Sollten viele von ihnen bei ihrer Größe nicht schneller schwimmen können? Bei Fischen gibt es eine fast lineare Beziehung zwischen Körpergröße und Geschwindigkeit: zehnfache Körperlänge pro Sekunde. Bonner und McMahon haben eine ähnliche Rechnung für den 30 m langen Blauwal (Balaenoptera musculus) aufgemacht und für den 140-Tonner eine hypothetisch mögliche Geschwindigkeit von 432 km/h (!) ermittelt. Die Wale müßten dann natürlich im Schnellgang schwimmen; sie verfügen ja über ähnliche Muskelsysteme wie die Fische (s. S. 25).

Sollten am Ende in den Tiefen des Meeres, unseren Blicken und Meßgeräten verborgen, Wale mit solch halsbrecherischem Tempo dahinjagen? Man darf es getrost bezweifeln. Die Unfallgefahr wäre unendlich hoch und der biologische Sinn gleich Null. Bonner und McMahon sehen es so: »Vielleicht haben Wale gar nichts davon, wenn sie schnelle Sprints einlegen und lassen es deshalb einfach bleiben.«

Tauchen – ein Problem

Der absolute Tauchrekord des Menschen liegt bei 6,5 Minuten, und den Tiefenrekord stellte der 26jährige Kubaner Francisco Ferrera mit 69 m auf. Eine extreme Leistung, die auch vom trainierten Wassersportler nicht annähernd erreicht wird. Selbst die geübten Perlentaucher bleiben nicht länger als 4 Minuten unter Wasser und meiden Tiefen von mehr als 40 m. Und trotzdem leidet der Organismus beträchtlich; Perlentaucher werden nicht alt. Ist nur der menschliche Körper zum Tauchen schlecht geeignet?

Luftatmende Tiere haben beim Tauchgang zwei Hauptprobleme zu lösen: die Sauerstoffversorgung und die Bewältigung der Druckunterschiede in verschiedenen Tiefen. Die Mitnahme von extrem viel Atemluft löst die Schwierigkeiten nicht, sondern schafft sogar zusätzliche Komplikationen. Der Körper in der Tiefe läßt sich mit einer unter Druck stehenden Sektflasche vergleichen. Die Gase sind gelöst – alles scheint in Ordnung. Steigt der Körper aber rasch an die Oberfläche, so kommt das dem plötzlichen Öffnen der Sektflasche gleich. Im Blut bilden sich Gasbläschen, die kleine Gefäße verstopfen können und damit die Versorgung von Gewebeabschnitten unterbrechen. Man spricht von der Taucher- oder Caissonkrankheit.

Nun kennt man aber Tierarten, besonders unter Walen und Robben, die eine Stunde und länger abtauchen. Offensichtlich sind hier im Laufe der Evolution wunderbare Anpassungen entwickelt worden. Genauere Studien an der Weddellrobbe *(Leptonychotes weddelli)* haben diese Mechanismen aufgehellt.

Bevor die Robben tauchen, tun sie etwas scheinbar völlig Unsinniges. Sie atmen tief aus, behalten also wenig Luft und damit nur eine geringe Menge gefährlichen Stickstoff in den Lungen. In knapp 30 m Tiefe fallen die Lungenbläschen zusammen, die Luft wird in Kanäle abgeleitet, wo kein Gasabtausch stattfindet (Bronchiensystem). Der Reststickstoff im Blut ist gering. So vermag die Robbe, wie Walker beobachtete, selbst aus der maximalen Tiefe von 600 m sehr schnell wieder an die Oberfläche zu kommen.

Die Weddellrobbe hat die Caissonkrankheit vermieden; aber wie versorgt sie ihren Körper mit Sauerstoff bzw. Energie? Zunächst wird der Motor, das Herz, auf einen niedrigen Gang gestellt. Der Herzschlag pro Minute sinkt schnell von 55 auf 15. Fast ebenso rasch greift der Robbenkörper auf andere Energiequellen zurück. Die Robbe könnte nur etwa 10 Minuten tauchen, wenn sie die notwendige Betriebs-

energie aus den üblichen Oxidationsprozessen gewönne. Sie schaltet um auf Stoffwechsel ohne Sauerstoffverbrauch (anaerobe Energiegewinnung). In der Folge nimmt der Blutzucker ab, der Milchsäurespiegel steigt. So bleibt die im Blut befindliche Sauerstoffreserve vor allem für die Versorgung von Gehirn und Herz. Und der Bedarf dieser Organe ist vergleichsweise gering. Bei einem 70 Minuten währenden Tauchgang verbraucht die Weddellrobbe nur 4 % des Blutsauerstoffs (der Mensch würde 90 % benötigen). Letztlich ist auch das kleine Robbenhirn eine wichtige Voraussetzung für gutes Tauchen. Seine Masse beträgt nur ein Promille der Körpermasse – bei einem Menschen ist es der 20fache Wert. Am Gasstoffwechsel beteiligt sich das Minihirn nur mit 0,6 %, das Menschenhirn beansprucht 15 %.

Einige Robben schlafen sogar untergetaucht, steigen aber, gleichsam im Halbschlaf, rechtzeitig auf, um Luft zu schöpfen. Andere hängen schlafend wie eine Korkflasche im Wasser, getragen von ihrem Schwimmgürtel aus Speck. Die Nasenlöcher ragen über den Wasserspiegel hinaus.

Die speziellen Anpassungen und Reaktionen, die vor allem der Kanadier P. W. Hochachka für die Weddellrobbe nachwies, lassen sich prinzipiell auch bei anderen guten Tauchern finden.

Und solche trifft man natürlich in der anderen großen Gruppe der Meeressäuger, den Walen. Normalerweise holen sie im Abstand von 1 bis 4 Minuten Luft. Weithin ist der »Blas«, die mit beträchtlichem Druck ausgestoßene Wasserdampfwolke, der großen Bartenwale zu sehen. An ihrer Form erkennt der Fachmann sogar die einzelnen Arten. Das extrem tiefe Einatmen ist weniger auffällig, aber sehr wirksam. Wale wechseln in einem Atemzug bis 90 %, der Mensch nur 15 % des Lungeninhalts.

Die guten Taucher finden wir nicht unter den Bartenwalen. Warum sollten diese Planktonfresser auch in die Tiefe gehen, wenn doch der Tisch in oberflächennahen Schichten am reichsten gedeckt ist?

Unter den räuberisch lebenden Zahnwalen hingegen gibt es eine ganze Reihe von Tauchspezialisten. An der Spitze steht unangefochten der Pottwal *(Physeter catodon)*. Der Riese

kann 20 m lang und bis zu 50 t schwer werden. Allein der unverhältnismäßig große Kastenkopf wiegt bis zu 10 t. Ein beträchtlicher Teil davon wird von einem interessanten Organ eingenommen, dem Walratkissen. Es enthält etwa 2 t eines öligen durchsichtigen Sekrets: das Walrat. Dieses Walöl hat entscheidende Bedeutung beim Tauchgang. Durch Veränderung in seiner kristallinen Struktur kann es seine Dichte und damit den Auftrieb des Tieres verändern.

Der Pottwal nutzt diese ideale und rasch funktionierende Anpassung an verschiedene Tauchtiefen. Beim Auftauchen überwindet er einen Höhenunterschied von 150 m in einer Minute. Hat er einen Tintenfisch, eines seiner bevorzugten Beutetiere, gepackt, dann steigt er rasch empor. Er übersteht den plötzlich abfallenden Druck, der Tintenfisch dagegen nicht.

Auf solchen Tauchgängen steigt der Pottwal bis in das Reich ewiger Dunkelheit hinab. Belegt ist eine Tauchtiefe von 2500 m. Ähnlich weit lassen sich wohl nur noch die Schnabelwale (Ziphiidae) sinken, die sich übrigens auch gern von Tintenfischen ernähren.

Tauchende Vögel

Da die Gewässer bis oben mit Nahrung angefüllt sind, können sich viele Vögel von Wasserpflanzen und -tieren ernähren, ohne zu tauchen. Sie brauchen nur ihren Schnabel abzusenken. Der Scherenschnabel *(Rynchops)* macht gar nur den Unterschnabel naß, wenn er mit seiner geöffneten Nahrungsschere durch den Wasserspiegel fährt. Gänse*, Sturmvögel, Möwen und andere begnügen sich mit Oberflächennahrung. Etwas tiefer tauchen schon die Schwimmenten ein. Sie gründeln – »Schwänzchen in die Höh«. Lohnend ist solche Ernährung freilich nur im seichten Wasser. Lediglich dort treffen wir sie an, die Stock-, Löffel- und Krickenten.

Ihr langer, schöner Hals gestattet den Schwänen, die Nahrung aus einer tieferen Etage zu holen. Ihren gesamten Körper tauchen sie fast nie unter. Diesen nächsten Entwicklungsschritt haben die Tauchenten vollzogen.

* *Einer der wenigen guten Taucher unter den Gänsen ist die Streifengans (Anser indicus).*

Sie vermögen in tiefen Seen bis auf den Grund zu schwimmen, um dort Pflanzen oder Kleintiere zu erbeuten. Dabei sind die Tauchtiefen recht unterschiedlich: Die Tafelente *(Aythya ferina)* erreicht 4 m, die Reiherente *(A. fuligula)* 8 m und die kleine Eisente *(Clangula hyemalis)* mehr als 50 m.

Die Tauchenten leiten über zu den Spezialisten, den Wasservögeln, die an die Bewegung unter Wasser ausgezeichnet angepaßt sind: die Alke, die Tauchsturmvögel, die Säger, die Lappen- und Seetaucher sowie die Pinguine. Sie alle zeichnen sich durch einen vergleichsweise schweren und kräftigen Körper aus. Sie liegen wesentlich tiefer im Wasser als Stockente oder Schwan. Blitzartig, unterstützt durch einen starken Ruderschlag der Schwimmfüße, tauchen sie weg. Unsere Bleßralle *(Fulica atra)* hingegen benötigt einen Ansprung, um in die Tiefe zu gelangen. Und der Auftrieb bringt das 700 g leichte Tier rasch wieder nach oben.

Viele gute Taucher unter den Vögeln haben sich auf den Fischfang eingestellt. Einer der perfektesten Spezialisten ist der Eistaucher *(Gavia immer)*. Dieser Seetaucher mit den schönen Zeichen am Hals und auf dem Rücken zeigt die ideale Stromlinienform. Unter Wasser erreicht er im ausgeprägten Grätsch-Schwimmstil hohe Geschwindigkeiten. Seine weichen Augenlinsen garantieren die scharfe Abbildung der Beute. Auch seine Körperfunktionen ändern sich in ähnlicher Weise, wie wir das bei den Robben feststellten. Das Herz schlägt langsamer, die Verteilung des Blutes im Körper wird geändert, und der Sauerstoffverbrauch sinkt.

Tauchende Vögel kommen also aus den verschiedensten Familien der »Wasservögel«. In der großen Gruppe der Sperlingsvögel (Passeriformes), zu denen die Mehrzahl der Gefiederten gehört, kennt man nur einen guten Taucher: die Wasseramsel *(Cinclus cinclus)*. Sie liebt rasch fließende Gewässer in gebirgiger Gegend. Bei ihren Tauchgängen nach allerlei Kleingetier bleibt sie selten länger als 15 Sekunden unter Wasser. Mit ihren kräftigen Lauffüßen geht sie am Gewässergrund spazieren und wendet sich gegen die Strömung.

Tauchende Vögel; von oben nach unten: Tölpel, Kormoran, Meerespelikan

Tauchzeiten

Nur für wenige Tiere (z. B. Zwergtaucher) liegen genügend Werte vor, um einen statistisch gesicherten Mittelwert angeben zu können.

Mississippi-Alligator	120 min
Schnabelwal	120 min
Pottwal	90 min
Grönlandwal	80 min
Weddellrobbe	55 min
(andere Robben	10 – 25 min)
(Robben im Schlaf	3 – 5 min)
Kaiserpinguin	20 min
Biber	20 min
Flußpferd	19 min
Schnabeltier	15 min
Walroß	10 min
Fischotter	8 min
Eisente	2 min
Sterntaucher	90 s
Kormoran	70 s
Gryllteiste	60 s
Wasseramsel	50 s
Tafelente	30 s
Rothalstaucher	20 s
Zwergtaucher	15 s
Rallen	6 s

Im Sturzflug vom Himmel

Vögel sind sehr leicht und deshalb zum Tauchen nicht prädestiniert. Bleßrallen und Tauchenten deuten das mit dem Sprungtauchen an. Der Zwergtaucher preßt, bevor er in die Tiefe schwimmt, die Luft aus dem Gefieder und senkt dadurch sein spezifisches Gewicht. Unter Wasser werden die Flügel angelegt und in »Tragfedern« vertäut. Eine ganz andere Methode hat die Evolution für die Kormorane gefunden. Sie tun etwas, was Vögel sonst peinlichst vermeiden: Sie lassen sich völlig durchnässen. Das nicht präparierte Gefieder saugt sich voll und macht den Kormoran schwer. Nach erfolgreichem Tauchgang breitet er seine Flügel aus und läßt sie von der Sonne trocknen.

Kormorane gehören zu den sehr guten Tauchern. Noch heute werden sie in China zum Fischfang eingesetzt. Man bindet ihnen den Hals zu und läßt sie tauchen. Jeden fünften, sechsten Fisch erhält der Jäger als Belohnung.

Zwischen den insgesamt 30 Arten kann man eine Abstufung in der Art zu tauchen feststellen. Während der fluguntüchtige Kormoran der Galapagosinseln *(Nannopterum harrisi)* von der Wasseroberfläche aus in die Tiefe geht, startet unser Gemeiner Kormoran *(Phalacrocorax carbo)* gern von einer erhöhten Warte aus. Der Guanokormoran *(Ph. bougainvillei)*, ein eleganter Flieger, stürzt sich aus luftiger Höhe hinab.

Das Stoßtauchen aus rasendem Flug heraus bietet dem Vogel zwei Vorteile: die blitzartige Überraschung der Beute und das rasche Eintauchen trotz leichtem Körperbau.

Perfekte Spezialisten unter den Stoßtauchern sind die Tölpel (Familie Sulidae). Aus Höhen von 30 bis 60 m stürzen sie sich herab. Wie Blitze schießen sie aus dem Himmel. Der enorme Aufprall, der ein Tier zerschmettern kann, wird durch Luftsäcke unter dem Gefieder abgefedert, vorausgesetzt, sie praktizieren keine Bauchlandung; aber die kommt wohl niemals vor. Unter Wasser brauchen die Tölpel nicht einmal die Nasenlöcher zu schließen; sie atmen durch Ausbuchtungen an den Schnabelrändern.

Stoßtaucher gibt es auch unter den Pelikanen. Schürmann berichtet über den Braunen Pelikan *(Pelecanus occidentalis)*: »Den Braunen Pelikanen vor den Küsten Chiles und der Galapagos möchte man am liebsten stehend applaudieren, wenn sie ihre Tauchkünste vorführen. In rasantem Sturz zischen sie aus mehreren Metern Höhe senkrecht ins Wasser, Flügel leicht angewinkelt, Hals und Schnabel wie eine Lanze vorgestreckt, sobald sie einen Sardinenschwarm entdeckt haben. Eine Sekunde später schießen sie wie ein Korken wieder an die Oberfläche, den kescherartigen Kehlsack wohlgefüllt.« Die Vögel sollen mit solcher Wucht aufprallen, daß die Fische noch in 1 m Tiefe betäubt werden. Unsere europäischen Arten allerdings schöpfen die Nahrung, meist im Verband schwimmend, aus dem Wasser.

Ähnlich wie die Kormorane läßt sich auch der Schlangenhalsvogel *(Anhinga rufa)* durchnässen, und dies, obgleich seine Federn mit einer feinen Ölschicht überzogen sind. Die aber dient nicht der Imprägnierung, sondern gewährleistet eine gleichmäßige, ruhige Umströmung des »Königs der Taucher«. Selbst das Eintauchen geschieht geräuschlos. Mit sei-

Tölpel im Sturzflug

nem wie eine Feder vorschnellbaren Hals verfügt der schnelle Schwimmer über eine treffliche Waffe. Spezielle Scharniere am achten und neunten Halswirbel im Verein mit kräftigen Muskeln sorgen für die Harpunenfunktion. Die Fische werden vom nadelspitzen Schnabel (»Nadelente«) aufgespießt.

Unserem schönsten mitteleuropäischen Stoßtaucher begegnet man leider nur selten. Der kleine Eisvogel *(Alcedo atthis)* mit den schillernden Kolibrifarben liebt die unverbauten, naturnahen Gewässer.

Ein scharfer Pfiff, ein blaugrüner Pfeil zuckt ins Wasser, und in Sekundenschnelle steigt der kleine Ansitzjäger fast senkrecht wieder empor – einen Fisch im langen Dolchschnabel. Der Tauchvorgang läuft so schnell ab, daß man schon eine Zeitlupe benötigt, um die einzelnen Phasen zu verfolgen.

Hat der Eisvogel einen Fisch ausgemacht, so stellt er sein Tauchprogramm ein. Mit angelegten Flügeln schießt er auf das Wasser zu. Kurz vor der Oberfläche zieht er die Nickhaut über die Augen. In vorher genau festgelegter Tiefe, meist um 30 cm, bremst er die Fahrt durch Öffnen der Flügel und schnappt zu. Trocken kehrt er zurück, eine Hülle aus mitgerissener Luft hat ihn geschützt. Nicht jeder Sturz ins Naß ist erfolgreich. Bis zu 100 Tauchgänge muß er deshalb unternehmen, um seine Tagesration von etwa 15 kleinen Fischen zu erbeuten.

Unter unseren Greifvögeln einzig steht das Stoßtauchen des Fischadlers *(Pandion haliaetus)*. Hat der herrliche Vogel mit dem weißen Schopf einen Fisch erspäht, so knickt er die Flügel ein und stößt nach unten, die Fänge vorgestreckt. Oft verschwindet er nur halb, manchmal auch völlig unter dem Wasserspiegel. Ein alter, erfahrener Fischadler stößt fast nie umsonst herab.

Wenn sich manche Wasserinsekten aus dem Flug heraus in das Gewässer stürzen, so hat das nichts mit dem Beutefang zu tun. Sie nutzen nur den Schwung aus, um die für die Winzlinge nicht einfach zu durchbrechende Wasserhaut zu überwinden. Werden die Lebensbedingungen für den Gelbrand ungünstig, so macht er sich zum Flug auf. Bemerkt er eine spiegelnde Wasserfläche, dann stürzt er in voller Fahrt darauf zu. Leider gibt es aber auch spiegelnde Flächen aus Aluminium und Kunststoff, und die werden ihm oft zum Verhängnis.

Regulation der Tiefe durch Gas

Ein Liter Luft wiegt nur 1,3 g. Luftgefüllte Räume würden einem Wassertier also einen idealen Auftrieb verleihen, und wenn sich die Gasmenge regeln ließe, wäre der hydrostatische Apparat perfekt. Die Fische verfügen darüber. Im Laufe der Entwicklung entstand als Aussackung des Vorderdarmes die Schwimmblase. Vereinfacht kann man sich vorstellen, daß der Fisch Gas abläßt und sinkt oder den Gasdruck erhöht und steigt. Dabei ist es wichtig, ob die Blase noch mit dem Darm, und so mit dem Mund, in Verbindung steht oder nicht. Zur ersten Gruppe (Physostomen) gehört der Karpfen, zur zweiten (Physoclisten) der Barsch.

Man sollte annehmen, daß die Verbindung zum Darm eine raschere Regulation ermöglicht. Ein einfacher Versuch bestätigt das. Pumpt man über einem abgeschlossenen Aquarium Luft ab, so steigen Fische mit Schwimmblase, also Barsch und Karpfen, an die Oberfläche. Der Karpfen spuckt Luft und stellt so den notwendigen geringeren Innendruck her. Während der Barsch noch an der Oberfläche liegt, schwimmt der Karpfen bereits munter nach unten. Der Versuch macht deutlich, wie empfindlich Fische auf Luftdruckveränderungen reagieren. Angler wissen das.

Was die Physostomen, also Karpfen, Rotfedern, Forellen, Maränen usw., durch einfaches Luftspucken erreichen, müssen die Physoclisten, Barsch, Stichling, Zander, viele Meeresfische, durch Resorption leisten. Jones und Scholes haben jüngst die recht komplizierten Verhältnisse bei einem unserer wichtigsten Nutzfische, dem Kabeljau (*Gadus morrhua*), untersucht und sind zu interessanten Ergebnissen gelangt.

Die Schwimmblase eines 1 kg schweren Kabeljaus hat einen Inhalt von ca. 50 ml (ein großes Likörglas). Um den Innendruck in dem kleinen Gasballon der entsprechenden Wassertiefe anzupassen, braucht der Kabeljau mehr Zeit, als ihm zur Verfügung steht. Für 40 m Höhegewinn aus 200 m Tiefe benötigt er eine Stunde; die Rückkehr, verbunden mit Druckerhöhung durch Gassekretion, dauerte noch länger. Der Kabeljau steigt aber allabendlich aus etwa 150 bis 300 m bis 10 m unter die Oberfläche; morgens kehrt er in die Tiefe zurück. So bleibt ihm nichts anderes übrig, als auf exakte Druckanpassung zu verzichten. Wahrscheinlich wird die Schwimmblase auf die Verhältnisse bei Nacht eingestellt, am Tage ruht er ja in der Tiefe. Und als passives Ausgleichsorgan wirken Schwimmblasen allemal. Sie werden in der Tiefe zusammengedrückt und dehnen sich bei Druckabfall in höheren Schichten aus. Freilich gibt es da Grenzen. Ein rasch aus großer Tiefe heraufgeholter Fisch überlebt die enormen Druckunterschiede nicht. Er wird »trommelsüchtig«: Der große Innendruck preßt Schwimmblase und Eingeweide zum Mund heraus.

Die isolierte Schwimmblase der Physoclisten ist übrigens die spätere Entwicklung. Die Fische wurden dadurch unabhängiger von der Erstfüllung mit atmosphärischer Luft. Manche jungen Felchen des Bodensees müssen dazu beispielsweise aus mehr als 200 m Tiefe emporsteigen. Zum anderen kann das Gas ganz anders als Luft zusammengesetzt sein. Bei einigen Tiefenformen fand man Schwimmblasen, die fast 90 % Sauerstoff enthielten. Der Fisch verfügt also über ein beträchtliches Sauerstoffreservoir.

Manche Arten haben eine rückgebildete oder überhaupt keine Schwimmblase. Für viele Bodenfische, die Schmerlen, Gebär-, Schleim-

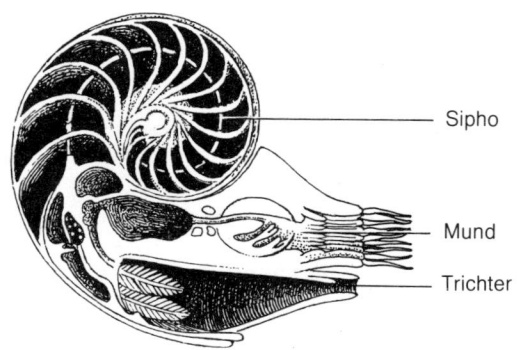

Längsschnitt durch *Nautilus*, das Schiffsboot. Der Auftrieb wird durch Gas gewährleistet.

Sipho

Mund

Trichter

und Plattfische, dürfte es ein Vorteil sein, zum Grund zu sinken. Auch den Knorpelfischen – Rochen und Haien – fehlt die gasgefüllte Blase. Mancher Hai allerdings verhindert ein zu rasches Sinken einfach durch Verschlucken von Luft. Im allgemeinen aber können gerade die schnellen Schwimmer auf die Schwimmblase am ehesten verzichten. Nicht zufällig fehlt sie wohl auch den Thunen, die in den verschiedenen Tiefen jagen.

Während diese Fische ohne Schwimmblase in Ruhe zu Boden sinken, steigt ein anderer an die Oberfläche empor, wenn er zu schwimmen aufhört. Der bizarre Schmetterlingsfisch (*Pantodon buchholzi*) enthält in der Schwimmblase so viel Gas, daß er leichter ist als Wasser. Für einen Fisch, der im Sprung sogar Insekten aus der Luft fängt, sicher ein Vorteil.

Das Regulationsvermögen einer Schwimmblase hat Grenzen. In der Tiefsee herrschen derart hohe Drücke, daß ein gasgefüllter Raum auf ein Minimum zusammengedrückt würde. Tatsächlich ist eine normal funktionierende Schwimmblase in diesem extremen Lebensraum die Ausnahme. Meist ist sie reduziert oder mit Fettgewebe angefüllt. Die einfache Rechnung, daß mit 10 m Wassersäule der Druck um 1 atm (= $1,013 \times 10^5$ Pa) zunimmt, ergibt für die Tiefseegräben des Pazifik in 10 000 m 1000 atm (= $1,013 \times 10^8$ Pa). Auf jedem Quadratzentimeter lastet dann eine Tonne.

Die Tiefe ist ein Lebensraum für Spezialisten. In derart dunklen Gründen, die letzten Spuren des Sonnenlichts verschwinden bei 950 m, wird auch die Bewegung ein Problem.

Das schnelle Schwimmen wäre kraftaufwendig, wenn man bedenkt, daß bereits in 5000 m Tiefe die Viskosität des Wassers um 20 % zunimmt. Sicher nicht zufällig hat sich eine besondere Art von Räubern die Tiefe des Meeres erobert. Es sind die Tiefseeangler, die ihr lockendes Licht selbst produzieren (z. B. *Galathea thauma*). Andere nutzen ihre regulierbare Helligkeit zur Abschreckung.

Oft also dürfte das schnelle Durcheilen der Räume in der Tiefsee ersetzt worden sein durch optische Information über große Entfernungen. Ein Laternenfisch, bei dessen Licht man noch die Zeitung studieren könnte, dürfte von einem Artgenossen, der über 80mal so viel Sehzellen pro Quadratmillimeter verfügt wie ein Mensch, noch in . . .zig Metern Entfernung zu sehen sein.

Ruhe am Boden

Tiere, die in fließenden Gewässern leben, müssen schneller sein als das sie umströmende Wasser. Ansonsten würden sie abgetrieben, könnten sich nicht in ihrem Lebensraum halten. Die notwendigen Tempi sind nicht unbeträchtlich, da die meisten Flüsse und Ströme mit einer Geschwindigkeit von 3 bis 11 km/h fließen. Die Wasser des unteren Amazonas erreichen beispielsweise 9 km/h. Kein Krauler könnte sich da auch nur auf der Stelle halten; etwa halb so schnell strömt die Elbe.

Es sind fast ausschließlich große Tiere, vor allem Fische, die in der Lage sind, gegen solche Ströme anzuschwimmen. aber auch sie weichen oft in die Uferregion aus. Dort ist die Reibung größer, das Wasser ruhiger. Unsere pfeilschnelle Forelle sucht gern den Strömungsschatten hinter einem großen Stein auf.

Dem kleinen Tier bietet der ewige Wasserstrom eine ganz andere Variante an: Es bleibt am Ort und läßt den Lebensraum einschließlich Sauerstoff und Nahrung an sich vorbeiziehen. Die Voraussetzung ist die feste Verankerung.

Der Fluß eröffnet den Tieren im Hinblick auf dieses Haft- und Haltevermögen viele Möglichkeiten, denn die Wassergeschwindigkeit variiert enorm. Sie nimmt infolge der Reibung zum Ufer hin ebenso ab wie mit der Tiefe. Fließgewässer verlieren mehr als 95 % ihrer Energie durch Reibung. Direkt am Grunde gibt es keine

Turbulenzen mehr; das Wasser steht fast. Der Schweizer Heinz Ambühl wies in genialen Experimenten diese fast bewegungslose »Grenzschicht« nach. Sie ist mit einer Dicke von 2,5 mm hoch genug, um die geduckten Formen, zum Beispiel Larven der Eintags- und Steinfliegen, aufzunehmen.

So bietet ein Gewässer die unterschiedlichsten Strömungs- und Wasserverhältnisse und damit Lebensräume für viele Arten. Die Spezialisierung ist so weit gegangen, daß man vom Wasser auf die dort lebende Art schließen kann. In schier zirzensischer Manier gelang es dem Biologen I. P. Linduska nach genauer Information über die Strömungsverhältnisse an einem Felsblock in Rattlesnake (USA-Staat Montana), das Vorkommen von 11 Eintagsfliegenarten vorauszusagen.

Viele Kleintiere trotzen der Strömung, indem sie sich mit Fußhaken und Saugnäpfen an ihre Unterlage heften. Manche leisten dabei Erstaunliches. Am Rande der berühmten Niagarafälle halten sich die Larven von Hakenkäfern (Drypidae) in reißender Strömung. Mit ihren Greifbeinen und ihren winzigen Stachelpanzern klammern sie sich an rauhe Gegenstände. Die Niagarafälle sind mit 53 m bei weitem nicht die höchsten Wasserfälle – in den Angelfällen am Rio Caroni in Venezuela stürzen die Wasser aus 980 m Höhe herab –, ihre Wasser strömen aber enorm schnell. Geschwindigkeiten von 108 km/h wurden gemessen.

Auf sechs perfekt funktionierende Bauchsaugnäpfe verlassen sich die Larven der Netzmücken (Blepharoceridae). Manche Zoologen meinen, sie verfügten über die besten Haftvorrichtungen der Tiere überhaupt. Netzmückenlarven besiedeln reißende Gebirgsbäche, aber auch Wasserfälle.

Ähnliche Saugvorrichtungen findet man bei vielen Wassertieren. Selbst Fische machen davon Gebrauch. Die südostasiatischen Flossensauger (Homalopteridae und Gastromyzonidae) halten sich mit halbkreisförmigen Haftorganen, die von den vergrößerten Brust- und Bauchflossen gebildet werden. Sie lassen einen Stein los, huschen zum nächsten, heften sich fest und raspeln wieder am Algenrasen.

Spezialisten ganz anderer Art sind die Larven der Kriebelmücken (Simuliidae). Die Erwachsenen, kleine unscheinbare Insekten von gedrungenem Körper, fliegen am Tage umher; ihre Weibchen gehören zu den gierigsten Blutsaugern und gefährlichsten Krankheitsüberträgern. Die Larven indes leben in schnell fließenden Gewässern, heften sich an Steine, Krebse oder andere Tiere. Ihre Bewegung ist mit dem Klettern der Bergsteiger zu vergleichen. Zunächst heftet sich die Larve mit einem Spinnfaden aus den Speicheldrüsen fest und webt mit Hilfe ihres Beinhakens am vorderen Bauchfuß ein Geflecht. Sie krümmt sich und verankert in diesem Gewebe den hinteren Bauchfuß. Der Vorderkörper wird wieder frei, ein neues Geflecht kann gewebt werden.

Eine ganz andere Strategie hat das Spiel der Evolution für die Larven unserer Köcherfliegen ergeben. Wir finden ihre Wohnröhren (Köcher), wenn wir einen Stein aus sauberem Fließgewässer holen. Die Köcher schützen die Larven nicht nur vor Feinden, sondern auch vor der Strömung. Es fällt auf, daß Arten des ruhigen Wassers leichteres Baumaterial und Formen in starker Strömung schwere Kiesel verwenden.

Sehr unterschiedlich sind die Strömungsverhältnisse im Meer. Neben Tiefenwasserbewegungen gibt es die bekannteren Oberflächenströme, hervorgerufen vor allem durch Erdrotation, Wind und Gezeiten. Auch die Oberflächenströme verlieren in der Tiefe an Kraft. Der Golfstrom, die »Warmwasserheizung« Westeuropas, fließt an der Oberfläche mit etwa 3 m/s und in 1500 m Tiefe nur noch mit 0,1 m/s. Ruhe am Boden?

Starker Strömung und hartem Wellenschlag sind besonders die Tiere der Gezeitenzone ausgesetzt. Aber gerade hier hat sich die Tierwelt in großer Fülle entfaltet. Ein Paradies aber nur für die, die sich fest verankern können: die Napfschnecke (Patella) mit dem Saugfuß, die fest angeklebte Seepocke (Balanus), die Entenmuscheln (Lepas), deren Stiele mit dem Fels verbunden sind. Ihre Zugehörigkeit zu den Krebstieren sieht man erst auf den zweiten Blick.

Vorteile dürften Arten genießen, die Haftung und Ortswechsel vereinbaren können. Diese Variante veranschaulichen wohl am besten die Käferschnecken (Polyplacophora). Man benötigt schon ein Stemmeisen, um eine gut sitzende Käferschnecke von ihrer Unterlage zu lösen. Selbst die stärksten Wellen können ihr nichts anhaben, und der Weichkörper bleibt unter dem Schalenpanzer vor Feinden sicher geschützt. Käferschnecken müssen aber nicht ihr ganzes Leben am Ort verbringen. Sie vermögen sich durchaus etwas zu lösen und auf ihrer Fußsohle ähnlich zu kriechen wie ihre Verwandten, die echten Schnecken. Langsam natürlich: höchstens einen Meter in der Stunde.

Welch großen Entwicklungsvorteil ein wenig Beweglichkeit bringen kann, das zeigt die Geschichte des Konkurrenzkampfes zwischen den Armfüßern und Muscheln. Die Armfüßer (Brachiopoda), festsitzende schalentragende Meeresbewohner, hatten ihre Blütezeit vor 400 Millionen Jahren. Längst schon haben ihnen die Muscheln den Platz am Meeresboden streitig gemacht.

Die Miesmuscheln (Mytilus) beispielsweise, die sich mit ihrer »Muschelseide«, den Byssusfäden, festheften, können sich auch lösen und auf dem Fuß zur nächsten Stelle kriechen. Sie sind in der Lage, die Armfüßer regelrecht zu überwachsen. Da nützte diesen ihr unangenehmer Geschmack, der vor vielen Fraßfeinden schützt, wenig. Nur ein Rest einer einst so blühenden Tiergruppe überdauerte.

Den Wechsel von Haften und Loslassen demonstrieren am eindrucksvollsten die Seesterne (Asteroidae). So entsteht eine Art Lauf, der sich mit den gewohnten Bildern freilich nicht vergleichen läßt. Die Seesterne verfügen über eine riesige Zahl kleiner Saugfüßchen, die jeweils mit einer Flüssigkeitsampulle in Verbindung stehen. Wird die Ampulle durch Muskelzug zusammengepreßt, so fließt der Inhalt in das Füßchen. Es streckt sich und saugt sich fest. Längsmuskeln können es wieder verkürzen und in die Ampulle entleeren. Gesteuert wird die Harmonie aller Füßchen durch ein eigenes (ektoneurales) Nervensystem. Auf dem Lande funktioniert das ganze nicht, da die Saugscheiben glatte Ansatzflächen benötigen. Auf dem Sandboden der Meere siedeln deshalb nur Spezialisten (z. B. Astropecten), deren Füßchen stelzenartige Schreitbewegungen ausführen können. Und bei Schlangensternen fehlen die Saugnäpfe überhaupt. Aber die bewegen sich dank ihrer geschmeidigen Arme ohnedies sehr gut – schlängelnd, kletternd, sogar springend.

Festgewachsen am Ort, unfähig, vor Feinden zu flüchten, sind die Schwämme (Porifera). Lebende Pumpstationen, die täglich das 10 000- bis 20 000fache ihres eigenen Volumens durch den Körper filtern. Plätze mit bewegtem Wasser werden bevorzugt besiedelt.

Der Name einer anderen Tiergruppe weist nicht nur auf ihre weitgehende Ortsgebundenheit, sondern gleichermaßen auf ihre anmutige Schönheit: die Blumentiere (Anthozoa). Die Artbezeichnungen – Purpur- und Edelsteinrose, Seenelke und Seedahlie – lassen ahnen, welche Pracht sich entfaltet, wenn die Tierblüten sich öffnen. Für viele Tiere freilich werden die lieblichen »Blütenblätter«, die Fangarme, zur tödlichen Gefahr. Blumentiere sind Räuber am Ort. Bis ins 18. Jahrhundert galten sie übrigens als Pflanzen. Es war J. A. de Peyssonel, der ihnen schließlich den gebührenden Platz im Tierreich zuwies.

Ihre Möglichkeiten, einen anderen Lebensraum aufzusuchen, bleiben sehr begrenzt, wenngleich manche Arten unter wellenförmigen Bewegungen der Fußsohle, andere unter Beteiligung der Tentakel zu kleineren Wanderungen fähig sind. Aber schneller als einige Zentimeter pro Stunde kommen sie nicht voran. Das aktive Schwimmen unter Ausnutzung von Strömungen gelingt den allerwenigsten.

Auch die allgemein bekannten Korallen zählen zu den Blumentieren. Ihre Polypen scheiden mit dem Fuß Calciumcarbonat aus; so entstehen die riesigen Kalkgebirge, die Riffe. Es ist ein Leben in der Kolonie, jeder Polyp hat einen Platz.

Im Gegensatz zu den meisten Blumentieren, die felsigen Untergrund lieben, bevorzugen die Seefedern (Pennatularia) Sandboden. Dort stecken die Tiere, die in der Tat wie eine 1 m lange Feder aussehen, mehr oder minder lose im Sand. Zarte Gebilde in Purpur, Gelb und Orange. Nachts nehmen sie Wasser auf, blähen sich zu dreifacher Größe und beginnen zu leuchten. Pumpt die Seefeder Wasser in den Fuß, dann schwillt er an und bildet einen festen Anker.

Andere Tiere stecken nicht nur den Fuß in den Sand, sondern vergraben den ganzen Körper: Venus- und Pfeffermuschel, Bohrmuscheln. Die Röhrenwürmer entfalten lediglich ihre farbenfrohen Tentakelkronen.

Auf Haften, Eingraben und Einbohren können Tiere verzichten, die allein durch ihr Gewicht den Strömungen trotzen. Schwere Schalen, Röhren und Panzer bilden am Boden einen Vorteil, und zwar nicht nur gegen Feinde. Die Riesenmuschel *(Tridacna gigas)* bringt etwa 4 Zentner auf die Waage. Da genügt es, wenn sich die leichtgewichtigen Jugendstadien noch auf die Haltekraft der Byssusfäden verlassen.

Insbesondere im Meer lebt also eine große Fülle von Tieren, die auf Ortsbewegung völlig oder weitgehend verzichten. In den verschiedensten Tiergruppen wurden Wege zur Seßhaftigkeit gefunden: bei Einzellern (z. B. manchen Foraminiferen und Wimpertierchen), Vielborstern (Röhrenwürmern), Weichtieren, sogar bei Gliederfüßern (Rankenfüßern, z. B. Seepocken) und selbst in der ferneren Verwandtschaft der Wirbel- bzw. Chordatiere manche Manteltiere und Federkiemer (Pterobranchia). Eines haben alle gemeinsam: Sie stammen von frei schwimmenden Formen ab, und einige von ihnen sind den Weg zur freien Ortsbewegung sogar ein zweites Mal gegangen: die Seesterne, deren Radiärsymmetrie noch an die Seßhaftigkeit erinnert, und die Salpen unter den Manteltieren, die durch Umlagerung von Ein- und Ausströmöffnung den Rückstoß »erfanden« (s. S. 32).

Der Lebensraum der seßhaften Tiere ist gleichzeitig ihre Nahrungsquelle – eine ideale Konstellation, die die aufgaben, die vor mehr als 400 Millionen Jahren begannen, das Festland zu besiedeln. Dort wird man deshalb vergeblich nach Seßhaften suchen. Nur einige wenige Spezialisten haben es zu einer vergleichbaren Lösung gebracht: Die Weibchen unserer Schildläuse sind als Tiere kaum noch erkennbar; die schildförmigen Gebilde tragen keine Beine und saugen an immer der gleichen Stelle ihrer Wirtspflanze.

14 Ein Blick in die Welt der kleinen Schweber
(Kieselalgen und Strahlentierchen)

15 Unser Hecht gehört zu den Schnellstartern; er erreicht sofort 8 km/h.

16 Kugelfische zeichnen sich nicht durch Tempo, sondern durch hohe Manövrierfähigkeit aus.

17 Wellenförmig bewegen sich die Afterflossen der mittel- und südamerikanischen Messeraale.

18 Der Weißstirnmesserfisch, wendig im dichten Pflanzenwuchs

19 Manch langsame Tierart schützt sich optisch – im Bild die durchsichtigen Glaswelse.

SCHWEBEN · SCHWIMMEN · TAUCHEN

20 Fast alle Haiarten erweisen sich als schnelle und ausdauernde Schwimmer.

21 Der Hornhecht – ein Blitzstarter aus der Deckung

22 Lachse überwinden auch Stromschnellen, meiden ansonsten aber die starken Strömungen im Flußlauf.

SCHWEBEN · SCHWIMMEN · TAUCHEN

23 Prachtkopfsteher

24 Langsam, aber optisch gut getarnt – der Blatt-
fisch

25 Der Schmetterlingsfisch

26 Das Schwimmen bauchoben zeigt der Rückenschwimmende Kongowels.

27 Das Fliegen im Wasser demonstrieren die riesigen Teufelsrochen.

28 Viele Rochen halten sich vorzugsweise am Boden auf.

29 An der Wasseroberfläche schwimmen die Pinguine im Entenstil.

30 Langsam steigt und sinkt das Schiffsboot; es reguliert den Auftrieb durch Gas.

31 Am schnellsten bewegen sich Tintenfische durch Rückstoß fort (im Bild ein »Krake«: *Eledone cirrhosa*).

32 Die Sepien zeigen oft nur das langsame Spiel der Flossensäume; der Rückstoßtrichter allein tritt selten in Aktion.

33/34 Die guten Taucher unter den Wasservögeln erkennt man schon an ihrer tiefen Lage; oben eine Tauchente (Spatelente), unten eine Meeresente (Eiderente).

35 Hoch auf dem Wasser liegt der Höckerschwan.

36 Die Familie der echten Seeschlangen ist an die Fortbewegung im Wasser besonders gut angepaßt.

37 Unsere Ringelnattern erweisen sich auf dem Lande ebenso geschickt wie im Wasser.

38 Der Igel symbolisiert es : die große Mehrzahl der Säuger vermag zu schwimmen.

39 Der Elbebiber, ein geschickter Schwimmer und Taucher

40 Fast bedächtig schwimmen die Seekühe.

41/42 Angepaßt an das Leben im Wasser auf ganz
unterschiedliche Weise – die Delphine (oben) und
die Robben (unten)

43 Die Wasseramsel geht unter Wasser auf Nahrungssuche.

44 Der Meerespelikan späht aus geringer Höhe nach Fischen und stößt im geeigneten Moment blitzartig herab.

45 – 47 Unbewegliche, festsitzende Tiere kennt man in den verschiedensten Gruppen; oben eine Seerose, unten links eine Seescheide, unten Mitte eine Seefeder.

48 Scheinbar schutzlos (ohne Schale) und langsam sind viele Meeresnacktschnecken (unten rechts) – sie verlassen sich oft auf ihr Gift.

49 Langsam und gleichmäßig kriechen die Haarsterne über den Meeresboden.

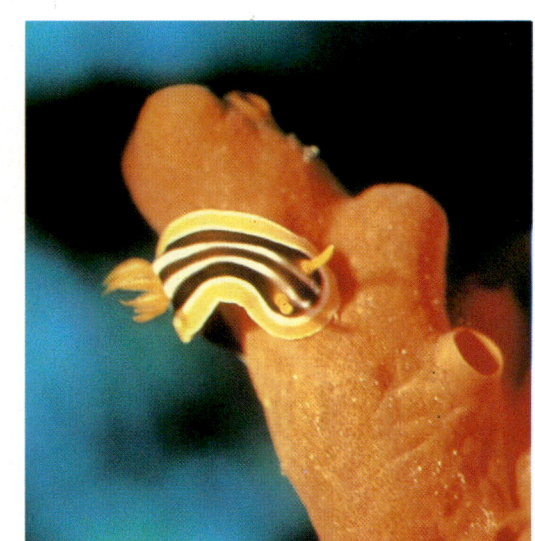

50 Die deutlich abgesetzten Arme gestatten den Schlangensternen eine große Beweglichkeit.

51 Langsam, aber mit deutlicher Spur: unsere Teichmuschel

52 Eine geschlossene Körperform und kräftige Ruderbeine sind die Merkmale der Schwimmkäfer.

53 Die Listspinne jagt auf dem Lande und auf dem Wasser.

54 Die Wasserläufer gleiten durch »Doppelstockschub« der großen Mittelbeine über den Wasserspiegel.

LAUFEN · KRIECHEN · KLETTERN

Vom Wasser aufs Land

Die Unterschiede zwischen Wasser und Land führt uns auf nachgerade dramatische Weise ein gestrandeter Pottwal vor Augen. Der 50 t schwere Koloß mit dem Kastenkopf bricht unter der Last seines Körpers in sich zusammen. Er »erliegt« seinem Normalgewicht, wenn die stützende Kraft des Wassers wegfällt. Aber auch kleinere Tiere spüren diesen Unterschied. Formen des Meeresbodens, die bei Ebbe trockenliegen, verzichten dann oft auf Bewegungsversuche: Seemaus (Aphrodite), Garnele (Crangon), Seestern (Asterias). Selbst große Krebse, denen das Laufen auf dem Gewässergrund keine Mühe zu bereiten scheint, tun sich schwer, wenn man sie ans trockene Land bringt. Besonders die schwergewichtigen Arten leiden nun unter der Körpermasse und der Kopflastigkeit der großen Scheren, die manchmal fast $1/3$ des Körpergewichts ausmachen.

Und dennoch: Die Vorfahren all unserer Landwirbeltiere (zu den anderen später) hatten irgendwann das Wasser verlassen. Im Devon, vor fast 400 Millionen Jahren, eroberten Fische aus der Verwandtschaft der Strahlen- und Quastenflosser das feste Land. Die Voraussetzungen waren günstig: eine als Lunge funktionierende Aussackung des Vorderdarmes, die spätere Schwimmblase (noch heute bei Lungenfischen u. a. in ähnlicher Form) für die Aufnahme atmosphärischer Luft und ein knöchernes Flossengerüst als Ausgangspunkt für die Gliedmaßen.

Und das wichtigste: Es bestand eine dringende Notwendigkeit zum »Landgang«. Die Tiere lebten wahrscheinlich im seichten Wasser warmer Lagunen und Tümpel und mußten den Körper schon zum Luftschnappen abstützen.

Wenn die Gewässer eintrockneten, waren die bevorteilt, die über Land den nächsten Tümpel erreichten. Vereinfacht könnte man sagen: Auf der Suche nach Wasser eroberten die Wirbeltiere das Land.

Man kann sich die Freude der Wissenschaftler vorstellen, als man im Jahre 1938 einen Verwandten dieser Pioniere des Festlandes zu Gesicht bekam: den Quastenflosser Latimeria chalumnae, einen Vertreter der Hohlstachler, die man für längst ausgestorben hielt. Der erste, der das prähistorische Tier in seinem natürlichen Lebensraum beobachten und filmen konnte, war Hans Fricke. Die Ergebnisse sind erstaunlich genug. Meist bewegt der Quastenflosser seine Flossen langsam, wedelnd, fast zeitlupenartig. Er driftet mehr, als er schwimmt; nicht selten stellt er sich langsam auf den Kopf. Zum schnellen Vorschießen unter Andeutung des Schwanzschlages der Fische ist der Räuber aber auch in der Lage. Auf den Boden setzt das lebende Fossil seine paarigen Flossen mit dem rundlichen Muskelstiel aber nicht auf. Das einzige, was an die entfernt verwandten Vierfüßer des Landes erinnern mochte, ist der wechselnde Einsatz der Flossen. Eine Vorwegnahme des Kreuzganges? Aber das ist wohl phantastische Spekulation.

Der Weg zum vierfüßigen Landtier war offenbar nicht sehr lang. Das älteste bisher bekannte Exemplar eines Lurches fand der Student Säve Söderbergh in 370 Millionen Jahre alten Gesteinsschichten.

Der »Fischschädellurch« Ichthyostega verfügte schon über Gliedmaßen mit fünfzehigen Füßen. Die kurzen Beine aber standen nicht unter dem Körper, sie lenkten seitlich ein. Schlechte Voraussetzungen also für das Tragen des Körpers. Zum Laufen mit abgehobe-

nem Leib war der Fischschädellurch noch nicht fähig. Ein mühsames, kraftaufwendiges Schiebekriechen kann man ihm zugestehen, mehr nicht. Der Weg bis zu den pfeilschnellen Sprintern in Steppe und Prärie, er war noch weit.

Der »Grundbauplan« der Landwirbeltiere, aufgebaut auf den Fundamenten, die die Fische gelegt hatten, war entstanden. Der nunmehr schwer gewordene Körper konnte, beim Fischschädellurch noch mit durchhängendem Bauch, getragen werden. Muskelapparat und Knochenskelett erhielten vor allem Stützfunktion. Sie bestimmen bei den heute lebenden Wirbeltieren die Körperproportionen, machen allein bis zu 70 % der Masse aus. Für schnelle Fortbewegung muß der Körper abgehoben werden, damit die Reibung vermindert wird. Feste zentrale Stützelemente sind vonnöten. Die relativ lose zusammengefügte Achse (Wirbelsäule) der Fische konnte die auftretenden Zugkräfte nicht aushalten. Es bildete sich die typische Vierfüßerkonstruktion heraus: ein Balken auf je zwei Stützsäulen. Der Balken, sprich Wirbelsäule, muß Druckkräften von oben und Zugkräften von unten standhalten. Bei großen, schweren Tieren war eine Bogenkonstruktion erforderlich, wie wir sie von Gewölben und Brücken her kennen. Auch Schwerpunktprobleme, im Wasser von untergeordneter Bedeutung, treten auf; vor allem bei langen, schweren Hälsen. Der Saurier Tanystropheus longobardicus war an Land nur kippsicher, wenn er seinen überlangen Hals nicht nach vorn streckte.

Für eine einheitliche, geschlossene Körperform, die sich im Wasser wegen des geringen Widerstandes als günstig erweist, bestand dagegen keine Notwendigkeit mehr. Im Gegenteil: Der Entwicklungsvorteil lag bei Tieren mit

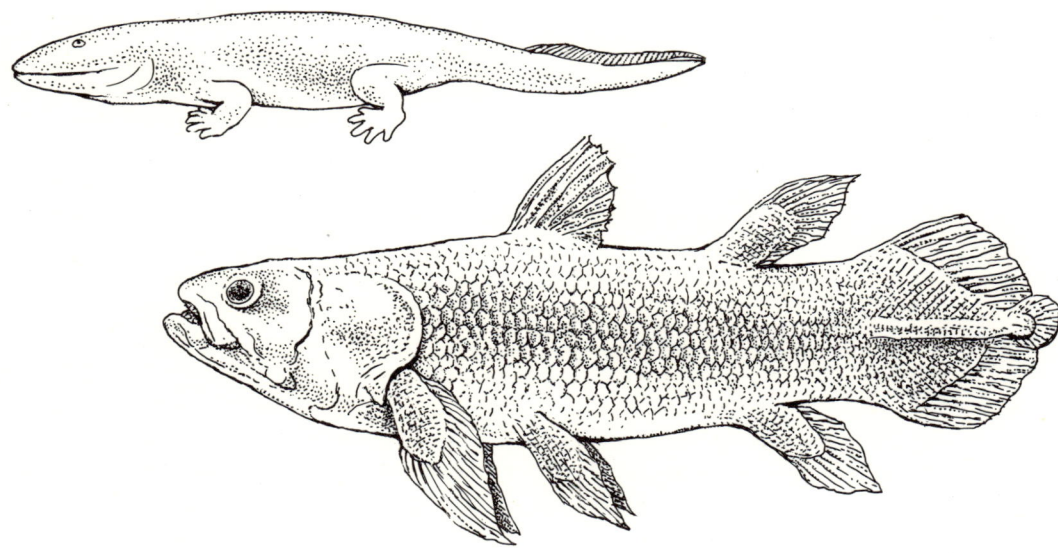

einem gelenkigen Kopf, gut ausgestattet mit Sinnesorganen zur Wahrnehmung des vielfach strukturierten Geländes.

Der Fortbewegung dienen die gelenkigen Körperstützen, die Beine, wobei die hinteren die starken Schubkräfte entwickeln, die vorderen mehr als Stütze dienen. Sie tragen bei den Säugetieren etwa 60 % des Körpergewichts.

Sollte der denkende, technisch gebildete Mensch unserer Zeit nicht die Leistungen der Evolution belächeln? Sie entwickelte viele Formen dieser oft recht kompliziert gebauten Gehhebel, er aber erfand das Rad und nutzte damit die energiesparende Rollreibung. Auf einem Fahrrad braucht er nur ein Fünftel der zum Laufen nötigen Kraft. Nur zu leicht aber vergessen wir, daß den Tieren im unwegsamen Gelände das rollende Rad ebenso wenig nützen würde wie den alten Römern ihre Streitwagen im Krieg in den Bergen. Umgekehrt erreichen die von Technikern ersonnenen Schreitmaschinen nicht einmal ein Zehntel der Höchstgeschwindigkeit schneller Landtiere, nämlich 8 km/h.

Dessen ungeachtet spekulieren heute viele Biologen über die Frage: Warum haben Tiere keine Räder? Manche von ihnen, so der Amerikaner Mc La Barbara, glauben, daß die Voraussetzungen für eine rollende Fortbewegung gar nicht so ungünstig seien. Denn auf Gelenke, die kreisförmige Rotationen erlauben, stößt man im Organismenreich allenthalben – von

Quastenflosser *(Latimeria)* und Fischschädellurch *(Ichthyostega*-oben*)*

den Geißeltierchen bis zu den Insekten (Flügelgelenke). Wenn R. McCourt allerdings darauf verweist, daß »einige Organismen wirklich das Prinzip Rad benutzen« und dafür Spinnen anführt, die sich Sanddünen herunterrollen und Maulfußkrebse, die auf dem Strand Purzelbäume schlagen, so meint er offensichtlich anderes. Denn zwischen einer rollenden Körperkugel und einem Tier auf Rädern liegen Welten! Bliebe noch nachzutragen, daß die oben erwähnten Tiere sich ohnedies nur ausnahmsweise kullern; die außerordentlich beweglichen Maulfußkrebse halten sich nämlich am liebsten in Spalten und Höhlen auf. In einem Punkt aber werden die meisten mit McCourt rasch übereinstimmen: »Wenn Gott (gemeint ist natürlich die Evolution – d. V.) gewollt hätte, daß Tiere Räder haben, hätte er zuerst Straßen gebaut.« Dies aber vermochte selbst er nicht!

Nahe am Boden – Amphibien und Reptilien

Wer Molche, Frösche oder auch Echsen sorgfältig beobachtet, wird in bezug auf ihre Beweglichkeit zwei Besonderheiten erkennen: Sie sind keine Dauerläufer, und ihre Körper verfügen nur über sehr wenig Bodenfreiheit. Auf dem großen Entwicklungsweg zu den schnellen Sprintern des Festlandes können wir

sie, ausgehend vom obengenannten Fischschädellurch, gleichsam als Zwischenstadium betrachten. Ein Zwischenstadium freilich, das überdauert hat und nicht durch das Sieb der Selektion fiel!

Anders als der Fischschädellurch vermögen Molch und Echse den Körper vom Boden abzuheben – aus dem Schiebekriechen hat sich ein echtes Laufen entwickelt. Da die oberen Teile der Extremitäten (Oberarm und Oberschenkel) »noch« seitlich einlenken, muß der Körper aktiv, unter Anstrengung, abgehoben werden. Aber auch das geht nicht vollkommen. Die Molchspur, soweit man sie bei diesen leichten Tieren überhaupt feststellen kann, zeigt die Abdrücke des schleifenden Schwanzes. Manchmal berührt sogar der gesamte Körper den Boden.

So ist es nicht zufällig, daß der Molch oft eine Pause einlegt und den Bauch auf den Boden senkt. Für ihn bedeuten die alljährlichen Wanderungen zwischen Winterquartier und Laichgewässer offenbar schon viel, wenngleich die zurückgelegten Strecken gar nicht so riesig sind. D. Glandt ermittelte für den Feuersalamander *(Salamandra salamandra)* maximal 1 km und für den Bergmolch *(Triturus alpestris)* reichlich 1 km. Den Rekord unserer Pendler zwischen Wasser und Land hält die Erdkröte *(Bufo bufo)* mit 3 km.

Den Molchen und Salamandern genügt ihre begrenzte Beweglichkeit: der normale Gang mit einer Schrittlänge von etwa 3,5 cm. Die weitaus längste Zeit ihres Landaufenthaltes pflegen sie ohnehin der Ruhe, versteckt im Winterquartier. Und manche Arten verzichten auf den Landgang vollends. Die nordamerikanischen Aalmolche *(Amphiuma)* leben ständig in Sumpf, Bach, Fluß oder See. Da genügen offenbar Beine in Form winziger Anhängsel. Die Armmolche gar verfügen nur noch über kleine Ärmchen und verlassen den Lebensraum ihrer Ahnen, das Wasser, in der Regel nicht mehr.

Schneller als die schnellsten Molche können sich die Froschlurche fortbewegen. Für sie hat das Bastelspiel der Evolution eine ganz andere Variante gefunden: das Hüpfen. Mit großen Sätzen flüchtet der Springfrosch vor der Schlange, und mit einem kräftigen Sprung verschwindet der sich am Ufer sonnende Wasserfrosch im sicheren Teich.

Der gesamte Körperbau der Frösche ist vorzüglich zum Springen geeignet. Ein Schwanz fehlt, am kurzen, kompakten Leib sitzt fast ansatzlos der Kopf. Zwei Extreme sind dabei verwirklicht: Bei den Kurzkopffröschen *(Breviceps)* sieht man überhaupt keine Halsregion, während der Kopf der ebenfalls afrikanischen Wendehalsfrösche *(Phrynomerus)* etwas abgesetzt ist und dadurch ein wenig beweglicher wird.

Die kurzen Vorderbeine stemmen die Frösche auf, die bis zu dreimal so langen Hinterbeine sind zusammengelegt und damit sofort sprungbereit. Frösche müssen nicht erst Schwung holen und »in die Knie gehen«.

Kraft und Beweglichkeit der Hinterbeine kommen nicht von ungefähr. Allein der Oberschenkel ist mit mehr als 10 Einzelmuskeln ausgestattet. Die größte Leistung beim Sprung bieten die drei Strecker des Unterschenkels: Musculus fasciae latae, M. gluteus und der kräftige M. cruralis. Am Unterschenkel fällt die muskulöse Wade auf, gebildet durch den mächtigen Musculus plantaris longus und den schlanken M. tibialis posticus. Auf solch schön geformte Waden kann unter den Wirbeltieren nur noch der Mensch verweisen.

Aber auch der Knochenbau, speziell der der Extremitäten, ist ausgezeichnet an das Springen angepaßt. Unterarmknochen (Radius und Ulna) sind ebenso zu einem kompakten, festen Hebel zusammengewachsen wie der Unterschenkel (Tibia und Fibula). Dafür fallen am Hinterfuß zwei klar getrennte Knochen auf, die die Auflagefläche des Fußes vergrößern. Es sind zwei stark verlängerte Fußwurzelknochen: das Tibiale und das Fibulare. Die anderen Fußwurzelknochen wurden fast völlig reduziert.

Wer springt am weitesten? Biologisch gesehen ist diese Frage nicht von ausschlaggebender Bedeutung, hat doch die von den verschiedenen Arten erreichte Weite immer noch zum Überleben genügt. Die absoluten Sprungweiten sind ohnehin nicht sonderlich verschieden. Das Maximum liegt bei etwa 2 m Weite und 1 m Höhe; erreicht wird es auch von unserem Springfrosch *(Rana dalmatina)*. Selbst der riesige Ochsenfrosch *(R. catesbeiana)* schnellt seinen 600 g schweren Körper 1,80 m weit durch die Luft, und der 12 cm kleine Leopardfrosch *(R. pipiens)* landet bei 1,60 m. Unsere Wasser-

frösche *(R. kl. esculenta)* begnügen sich mit einem knappen Meter.

Die kleinen Frösche springen also nur im Vergleich zur Körperlänge weiter, aber sie zeigen sich vor allem viel bewegungsfreudiger. Ein Ochsenfrosch verzichtet nur allzu gern auf den Sprung und rutscht sogar vom Ufer ins Wasser, wenn es das Gelände erlaubt.

Weit weniger flink als die meisten Frösche erweisen sich die Kröten (Gattung *Bufo*). Sie setzen mehr auf Abwehrsekrete und Verstecke als auf Tempo. Viele Arten sind auch recht kurzbeinig und deshalb zum Springen nicht prädestiniert. Die Erdkröte *(B. bufo)* marschiert geradezu gemächlich daher, die Kreuzkröte *(B. calamita)* läuft schon wesentlich flotter. Entgegen mancher Vermutung ist eine Reihe von Krötenarten auch zum Hüpfen in der Lage. Freilich nehmen sich die Sprünge von Wechsel- und Knoblauchkröte recht bescheiden aus. Selbst die riesige Aga-Kröte *(B. marinus)* kann ihren 25 cm langen Körper hochschnellen. In aller Regel aber läßt sie es mit langsamen Bewegungen bewenden und fließt im Sitzen breit wie ein Brei. Ihr schnellster Körperteil ist, wie bei allen Froschlurchen, die Zunge. In Bruchteilen einer Sekunde hat sie den vorbeilaufenden Käfer gepackt. Genaue Messungen (an der Wechselkröte) ergaben für die vorschnellende Zunge eine Geschwindigkeit von 140 km/h.

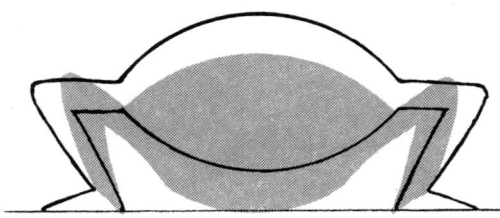

Schematische Darstellung des »hängenden« Körpers bei Amphibien

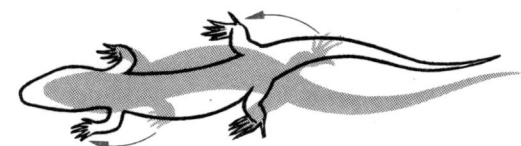

Der Lauf einer Echse. Die seitliche Auslenkung des Körpers ermöglicht eine größere Schrittweite.

Die etwas kürzer geratenen Gliedmaßen der Kröten bieten auch Vorteile. Sie eignen sich wegen der besseren Hebelwirkung vortrefflich zum Graben. Sehr gut demonstriert das unsere mitteleuropäische Knoblauchkröte *(Pelobates fuscus)*. Die mit Ausdauermuskeln und Grabschwielen ausgestatteten Hinterbeine lassen die Kröte rasch im Boden verschwinden. Die Augen werden dabei geschlossen und durch spezielle Muskeln zurückgezogen. Bis zu 10 cm tief graben sich die Knoblauchkröten ein, wobei sie natürlich Sandboden bevorzugen. Aber auch aus dichterer Erde können sie sich dank ihrer starken Nackenmuskeln wieder befreien. So durchbrach eine Knoblauchkröte eine 1,2 cm dicke Kalkzementdecke mühelos.

Ein noch besserer Bodengräber ist der mit der Knoblauchkröte verwandte Schaufelfuß *(Scaphiopus)*. Seine speziellen Fähigkeiten ermöglichten ihm die Besiedlung amerikanischer Wüstenregionen. Er weicht der trockenen Tageshitze aus, indem er sich nach aktiv durchlebter Nacht am Morgen in den kühlen, feuchten Boden zurückzieht.

So zeigen die Kröten alle Übergänge: vom Hüpfsprung über rasches Laufen bis hin zu dem eigenartigen Watschelgang der Stummelfußfrösche (Atelopochidae), bei denen einige Zehen rückgebildet sind oder fehlen.

Die Froschlurche haben uns mit ihrer speziellen Art der Fortbewegung weggeführt vom Schlängellauf der Salamander, den wir prinzipiell bei den Echsen wiederfinden. Auch sie haben das uralte Prinzip des horizontalen Schlängelns noch beibehalten. Es unterstützt die Bewegung vor allem durch die Vergrößerung der Schrittweite, die ansonsten durch die in der Horizontalen schwingenden Oberarme und Oberschenkel stark begrenzt wäre.

Diesen typischen Echsengang können wir bei unserer Zauneidechse *(Lacerta agilis)* recht gut beobachten. Obwohl der Name (agilis bedeutet flink) mehr verspricht, gehört sie nicht zu den schnellen Echsen. Das rasche Aufsuchen eines Mauerloches oder eines Grasbüschels genügt oft, um sich dem Feind erfolgreich zu entziehen. Etwas flotter bewegt sich schon die scheue Smaragdeidechse *(Lacerta viridis)*, und als ausgesprochen flink gilt die südwesteuropäische Perleidechse *(Lacerta lepida)*, die unter meterweiten Sätzen davoneilt.

Zu den schnellsten vierbeinig laufenden Echsen zählen aber die amerikanischen Rennechsen. Racerunner, »Wettläufer«, nennen die Amerikaner die Sechsstreifige Rennechse (*Cnemidophorus sexlineatus*), die mit unglaublicher Geschwindigkeit über den Sandboden flitzt, auf der Jagd nach Insekten oder von Versteck zu Versteck. (Das vergleichbare Gegenstück Eurasiens bilden die Wüstenrenner der Gattung *Eremias*.)

Die »Wettläufer« zeigen uns übrigens eine Verhaltensweise, die wir bei vielen Kleintieren, gleich welcher Tiergruppe, beobachten. Sie halten im schnellen Lauf plötzlich inne und irritieren den Beobachter dadurch beträchtlich. Solch Wechsel zwischen rascher Bewegung und plötzlicher Ruhe dürfte die Raubtiere vor Probleme stellen. Sie orientieren sich ja meist optisch.

Eine ebenfalls rasche und für den Verfolger schwer berechenbare Bewegungsart haben die Schnelläufer-Eidechsen (*Takydromus sexlineatus*) entwickelt. Sie gleiten von Grasbüschel zu Grasbüschel, und noch ehe die kleine Echse mit dem überdimensionalen Schwanz eingesunken ist, »schwebt« sie schon wieder über den nächsten Halmen.

Auf ganz andere Weise nutzen die Fransenfinger (*Acanthodactylus*) das Prinzip der übergroßen Oberfläche. Kammförmige Säume an den Zehen verhindern das Einsinken in den weichen Wüstensand. Andere wiederum nutzen den Sand als ideale, überall verfügbare Versteckmöglichkeit. Afrikanische Skinke tauchen und »schwimmen« darin.

Bei allen Unterschieden in den speziellen Anpassungen an das Laufen auf verschiedenen Böden, in einem Punkte sind alle Echsen gleich: Sie gehören ebensowenig zu den Marathonläufern wie zu den Langstreckenwanderern. Auch diesbezüglich lassen sie sich mit den Molchen bzw. Salamandern vergleichen. Eine genaue Angabe liegt über den Seitenfleckenleguan (*Uta stansburiana*) vor. Er entfernte sich im Laufe seines Lebens nicht weiter als 80 m von seinem Geburtsort. Für manch andere Echse dürfte die Welt noch ein Stück kleiner sein.

Bedächtige Schildkröten

Schildkröten lassen's ruhig angehen. Für viele Menschen stellen sie nachgerade das Sinnbild von Gemächlichkeit dar. Ein fester Panzer schützt das ruhige Tier; selbst Hals und Kopf können – bei Halsbergern und Halswendern in unterschiedlicher Weise – darunter verborgen werden.

Der schützende, starre Panzer birgt aber auch Probleme. Schildkröten können nicht einmal so atmen wie andere Reptilien. Eine spezielle Technik war vonnöten, und oft genug müssen die Vorderbeine unterstützend eingreifen. Bei zwei bis fünf Atemzügen pro Minute freilich keine unlösbare Aufgabe. Ein ähnlicher Mechanismus wäre bei der Maus kaum zu praktizieren, die bis zu 230mal in der Minute atmet.

Die Schlängelbewegungen nach Art der Molche und Echsen kommen für Schildkröten natürlich nicht in Betracht. So zeigen denn auch alle Landformen einen sehr typischen Schreitgang. Dabei fällt das nach vorn weisende Ellenbogengelenk besonders auf – eine zwangsläufige Anpassung an den starren Panzer. Ausgesprochen klobig sind die Hinterbeine; sie erinnern an die »Säulen« der Elefanten.

Alle Gliedmaßen bringen genug Kraft auf, den schweren Schildkrötenkörper zu tragen, also deutlich vom Boden abzuheben. Lediglich die Füße selbst, die sich beim Auftreten in den Boden eindrücken, hinterlassen häufig Schleifspuren.

Zu dem recht bescheidenen Tempo, mit dem sich alle Schildkröten begnügen, paßt die geringe Schrittlänge. Bei den europäischen Arten liegt sie, je nach Geschwindigkeit, zwischen 5 und 14 cm. Den Schildkröten genügt's. Die meisten Landformen ernähren sich ohnehin von Pflanzen, und zu Wanderungen von 100 und mehr Metern sind sie allemal in der Lage. An Ausdauer nämlich mangelt es ihnen nicht. Selbst der Gigant unter den heute lebenden Arten, die Riesenschildkröte (*Testudo elephantopus*) von Galapagos, trägt seinen 5 Zentner schweren Körper weit über das Land. Im übrigen aber gelten Landschildkröten als ortstreu.

Weit schwerer tun sich die Meeresschildkröten, wenn sie zur Eiablage ans Land kommen.

Die zu vorzüglichen Wasserpaddeln umfunktionierten Vorderbeine taugen zum Laufen kaum. So schleppen sich die Tiere an Land nur mühsam vorwärts, während die schnellsten von ihnen im Wasser Geschwindigkeiten von mehr als 70 km/h erreichen. Selbst die 2 m lange und fast eine halbe Tonne schwere Lederschildkröte (*Dermochelys coriacea*) erweist sich im Wasser als wendig und schnell (10 m/s). Wenn sie aber an Land kommt, macht sie keineswegs mehr einen eleganten oder beweglichen Eindruck. Nur mühsam »robbt« sie über den Boden und hinterläßt eine tiefe Schleifspur, fast wie ein Kettenfahrzeug. Bei der Flüssigkeit, die während des Landganges aus ihren Augen fließt, handelt es sich jedoch keineswegs um Schmerzenstränen, sondern um Schutzsekrete gegen Austrocknung.

Aber auch die etwas leichteren Meeresschildkröten zeigen sich auf festem Boden schwerfällig. Wenn die bekannte Suppenschildkröte (*Chelonia mydas*) zur Eiablage den Strand erklimmt, dann legt sie häufig eine Ruhepause ein. Der mühsame Gang wird begleitet durch ein tiefes Schnauben. Nach der Ablage von maximal 200 Eiern wendet sie sich dann rasch und »erleichtert« wieder dem Meere zu. Dort bilden ganz andere Entfernungen für sie kein Problem. Wanderwege von 2200 km wurden durch Markierungen belegt!

Krokodile

Ebenso wie die altehrwürdigen Schildkröten, die seit 200 Millionen Jahren ihren eigenen Entwicklungsweg gingen, nehmen auch die Krokodile in vieler Hinsicht eine Sonderstellung ein. Hervorgegangen aus der Gruppe der Altsaurier (Archosaurier), weisen sie manch ursprüngliches, aber auch manch neueres Merkmal auf. Die Schlängelbewegung, die die Schildkröten aufgegeben haben, sehen wir bei ihnen noch deutlich; vor allem beim Schwanzschwimmen. Krokodile sind aber Tiere zweier Lebensräume. Vor allem nachts und in der Dämmerung jagen sie im Wasser, morgens begeben sie sich meist aufs feste Land. Gern liegen sie dann in der Sonne, den gefährlichen Rachen weit aufgerissen. In der Mittagshitze suchen sie schattige Plätze auf; sie meiden Temperaturen über 39 °C. Diese relativ festen

Rhythmen gewährleisten eine recht konstante Körper- und damit »Betriebstemperatur« von etwa 25 °C. Hinzu kommt ein mit Vögeln und Säugern vergleichbares vierkammeriges Herz, das arterielles und venöses Blut weitgehend trennt. Eine Neuerwerbung unter den Kriechtieren. Gute Voraussetzungen für kraftvolle und ausdauernde Bewegung wären damit gegeben.

Halten sich die Krokodile an Land auf, dann liegen sie meist auf dem Bauch, in kraftsparender Haltung. Wenn sie sich doch einmal vom Fleck rühren, zeigen sie ganz ohne Eile den typischen Kriechtiergang. Mit seitlich gestellten Beinen ziehen sie den Körper über den Boden. Werden sie aber aufgeschreckt, dann demonstrieren sie Tempo und eine ganz andere Haltung. Sie heben sich stark vom Boden ab und stellen die kräftigen Beine fast senkrecht. Das Ellenbogengelenk wird nach hinten gedreht, das Kniegelenk weist mehr nach vorn als zur Seite. Es deutet sich die Laufweise der Säugetiere an. Freilich laufen Krokodile nur kurze Strecken in dieser Haltung. Langstreckenwanderer sind auch sie nicht. Im Extremfall entfernt sich ein Krokodil bei einem Erkundungsausflug 2 bis 4 km von der heimatlichen Lagune. Verglichen mit anderen Amphibien und Reptilien ist das freilich eine beachtliche Leistung.

Schlangen und andere Kriech-Tiere

Nicht alle Echsen machen von der Erfindung der Evolution, den Beinen, regen Gebrauch. Wenn sich die Teju-Echse *Bachia cophias* beeilen will, verzichtet sie auf den Einsatz ihrer ohnehin kümmerlichen Beinchen; sie legt sie an und schlängelt. Ähnlich verfährt der Walzenskink *(Chaleides ocellatus)*. Auch er gebraucht seine Gliedmaßen nur zum gemächlichen Laufen. Muß er Tempo annehmen, so legt er die Vorderbeine seitlich an den Körper und die Hinterbeine an den Schwanz. Seine Flucht gleicht einer laufenden Welle.

Es läßt sich denken, daß seitwärts einlenkende Gliedmaßen im dichten Pflanzengewirr eher hinderlich sein können, vom Graben im Boden gar nicht zu reden. Beinlosigkeit – ein Selektionsvorteil?

Die Reduktion einmal erworbener Organe ist in der Stammesgeschichte nichts Außergewöhnliches. So wie manche Fische im Laufe der Entwicklung verschiedene Flossen rückbildeten (z. B. die Muränen), so beobachten wir die Reduzierung der scheinbar so wertvollen Schreitwerkzeuge in verschiedenen Gruppen der Wirbeltiere.

Es nimmt also doch nicht wunder, daß die schnellsten Reptilien überhaupt keine Beine tragen – die Schlangen. Die berüchtigten schwarzen Mambas *(Dendroaspis polylepis)* Afrikas erreichen über kurze Strecken Spitzengeschwindigkeiten von 32 km/h; ihr normales Tempo liegt bei 10 km/h.

Schlangen stellen einen spät entstandenen (Kreidezeit) Anpassungstyp eines mehr oder minder schnellen, auf jeden Fall aber in der Horizontalen wie in der Vertikalen sehr beweglichen Lauer- und Ansitzjägers dar. Die außergewöhnliche Biegsamkeit des langgestreckten Schlangenkörpers läßt sich am besten mit der einer feingliedrigen Kette vergleichen. Schlangen verfügen über die höchste Zahl an Wirbelkörpern unter allen Wirbeltieren. Das Maximum liegt bei 435! Bei der Kreuzotter *(Vipera berus)* zählt man um 150; beim Menschen übrigens 33. Die einzelnen Wirbelkörper der Schlange sind durch verschiedenartige Gelenke miteinander verbunden.

Verwirklicht werden die vielen Bewegungsmöglichkeiten der Schlange durch Muskelsysteme von sehr kompliziertem Aufbau. Da gibt es starke Muskelzüge, die große Körperteile bewegen, neben kleinteiligen Muskelgruppen, die Rippen und Schuppen oder auch einzelne Schuppen bzw. Bauchschienen miteinander verbinden.

Exakte Erkenntnisse über die Fortbewegung der Schlangen haben wir erst seit etwa 60 Jahren. Wir verdanken sie vor allem dem Wiener W. Mosauer, der für seine Doktorarbeit Skelett- und Muskelsysteme von nicht weniger als 51 Schlangengattungen Nordamerikas untersuchte. Heute noch haben seine Beobachtungen Gültigkeit; sie werden neuerdings vor allem von C. Gans ergänzt.

An unserer Kreuzotter können wir allein drei Grundvarianten der Schlangenbewegung studieren. Beim *Schlängeln* führt das Tier horizontale Wellenbewegungen aus und nutzt dabei feste Punkte der Umgebung als Widerlager. Auf völlig ebener, glatter Unterlage vermag keine Schlange zu schlängeln. Zu diesem gewöhnlichsten Typ der Fortbewegung sind alle Schlangen in der Lage. Die Stärke der Körperkrümmung nimmt mit dem Tempo und dem Geländeanstieg zu. Unsere Kreuzottern schlängeln nur ausnahmsweise, nämlich in panischer Furcht – und im Wasser. Das Schlängeln ist eine schnelle und wegen der Gleichmäßigkeit auch kräftesparende Art der Fortbewegung.

Am häufigsten beobachtet man die Kreuzotter beim *Harmonika-Kriechen*, einer recht langsamen Bewegungsform, die ansonsten bei Schlangen selten ist. Im Grunde handelt es sich um ein abwechselndes Biegen und Strecken des Körpers, wobei die gebogenen Körperabschnitte sich jeweils in Ruhe befinden. Der gestreckte Vorderkörper wird mit den gespreizten Bauchschienen verankert, die übrigen Teile durch Zusammenbiegen nachgeholt. Tempo kann die Otter so freilich nicht erreichen.

Hat die Kreuzotter eine Maus, die Hauptbeute, ausgemacht, so nähert sie sich bis auf 3 bis 6 cm. Bei diesem langsamen Anschleichen nutzt sie die geradlinige Bewegung, das *Raupenkriechen*. Es entsteht ein ruhiges, gleichmäßiges Gleiten. Zunächst wird die verschiebliche Bauchhaut nach vorn gezogen. Dann stemmen sich die Ränder der Bauchschienen in den Boden, und der Körper kann nachgeholt werden. Das Raupenkriechen ist typisch für große, schwere Schlangen (z. B. große Klapper- und Riesenschlangen).

Eine geradezu kurios anmutende Fortbewegungsart haben viele Wüstenschlangen entwickelt. Notgedrungen, denn ein Schlängeln unter Ausnutzung seitlicher Stützpunkte kommt auf glattem Sand nicht in Betracht. Die Wüstenformen zeigen das *Seitenwinden*. Sie hinterlassen unzusammenhängende parallele Spuren im Sand, so als hätte man einen nicht sehr ebenmäßigen Spazierstock in gleichen Abständen auf den Boden gelegt. Schräg zu diesen Abdrücken bewegt sich der Seitenwinder fort. Nur an zwei Punkten des Körpers drückt sich die Schlange ab und windet den Körper nach. Mosauer hat das Seitenwinden sehr treffend mit dem Rollen einer Spirale verglichen. Typisch ist diese sehr schnelle Art zu kriechen für die kleinen nordamerikanischen Klapperschlangen *(Crotalus cerastes)* und die südafrikanischen Zwergpuffottern *(Bitis peringueyi)*, die die Kalahari- und Namibwüste bewohnen.

So ermöglichen die vielfältigen Bewegungsformen der Schlangen die Besiedlung unterschiedlichster Lebensräume: Wald, Wiese, Wüste, Wasser. Aber auch die Wipfelregion der Bäume bietet diesen gewandten Schlingern ein reiches Beutespektrum – bis hin zu den Jungvögeln. Den Übergang zu diesen Baumschlangen bilden die Kletternattern der Gattung *Elaphe*. Die bekannteste von ihnen ist das Symbol der Medizin, die Äskulapnatter *(E. longissima)*, die Laubwälder bevorzugt.

Die Kletternattern unterscheiden sich durch die Form ihrer Bauchschienen von Bodenschlangen. An den Seiten der Schienen steht jeweils eine schwache Kante. Sie dient der Verankerung in den Unebenheiten der Borke. Auf diese Weise erklimmen manche Arten, zum Beispiel die nordamerikanische Kornnatter *(E. guttata)*, mühelos die höchsten Bäume.

Einen Prototyp der gut angepaßten Baumschlangen stellen die Grünnattern *(Chlorophis)* dar. Sie sind mit stark gekielten Bauchschienen ausgestattet und von grüner Körperfarbe. Geradezu scharfkantige Bauchschienen zeigen die Bronzenattern der Gattung *Dendrelaphis*.

Manche Baumbewohner unter den Schlangen haben sich schon derart extrem an das Leben im Geäst angepaßt, daß sie auf dem Boden nur noch mühsam vorankommen. Das gilt beispielsweise für die australische Art *Chondropython viridis* und ihr südamerikanisches Gegenstück *Corallus caninus*. Ihre Körper sind seitlich stark verbreitert, was nur im Gezweig zum Vorteil wird.

Einige Kletterschlangen verfügen auch über einen Rollschwanz. So können sie sich, fest am Ast fixiert, herabhängen lassen und im geeigneten Moment zustoßen.

Wie am Anfang des Kapitels angedeutet, verzichtet auch manche Echse auf den Einsatz der Beine und kriecht nach Schlangenart. Alle möglichen Stufen der Rückbildung beobachten wir in der Echsenfamilie der Schleichen (Anguidae). Während die nordamerikanische Krokodilschleiche *(Gerrhonotus)* sich mit wohlausgebildeten Gliedmaßen nach Echsenart bewegt, ist unsere allbekannte Blindschleiche *(Anguis fragilis)* völlig beinlos. Daß sie nicht zu den Schlangen gehört, sieht man schon an der gleichmäßigen Beschuppung des gesamten Körpers. Die verbreiterten Bauchschienen der

Schlangen fehlen. Blindschleichen erreichen bei weitem nicht die Geschwindigkeit und Beweglichkeit von Schlangen. Ihre Wirbelsäule ist auch weniger biegsam. Beim »Schlängeln« sind die vergleichsweise starren Körper in hohem Maße auf Widerlager der Umgebung angewiesen: auf Steine, Stengel usw.

Schnelle Beute vermag die Blindschleiche also nicht zu erjagen; ihre Hauptnahrung besteht aus sehr langsamen Tieren, aus Nacktschnecken und Regenwürmern. Ruhig gleitet die Blindschleiche auf die Nacktschnecke zu und faßt sie sicher in der Mitte. Das blitzschnelle Zustoßen der Schlangen sieht man bei ihr nicht.

Der zur gleichen Familie gehörende, ebenfalls beinlose Scheltopusik *(Ophisaurus apodus)* macht schon einen gewandteren und schnelleren Eindruck. Auffallend sind seine raumgreifenden, ruckartigen Bewegungen. So ist er in der Lage, auch flinkere Tiere, beispielsweise Laufkäfer, zu erbeuten. Auf glattem Boden sieht freilich auch er hilflos aus. Daß so viele Scheltopusiks auf Asphaltstraßen überfahren werden, ist kein Zufall.

Auf ganz eigene Art kriechen die Ringelechsen oder Doppelschleichen (Amphisbaenidae), drehrunde Tiere ohne Hinterbeine und mit Ausnahme von drei Arten auch ohne Vorderbeine. Kopf und Schwanz enden gleichermaßen in stumpfer Spitze. Setzt man die mehr wurm- als schlangenförmigen Tiere auf den Boden, so ist man erstaunt: Sie schlängeln nicht! Geradlinig, mit Hilfe der bauchseits gelegenen Muskeln, die vertikale Wellen erzeugen, kriechen sie rückwärts ebenso schnell wie vorwärts. Verständlich wird diese von allen, auch beinlosen, Echsen abweichende Art der Fortbewegung, wenn man die Lebensweise berücksichtigt. Ringelechsen leben in engen Bodengängen.

Schlängeln

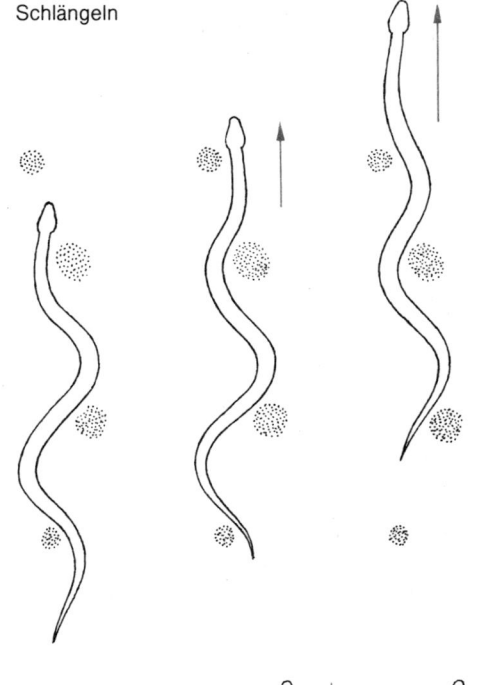

Stoßkriechen

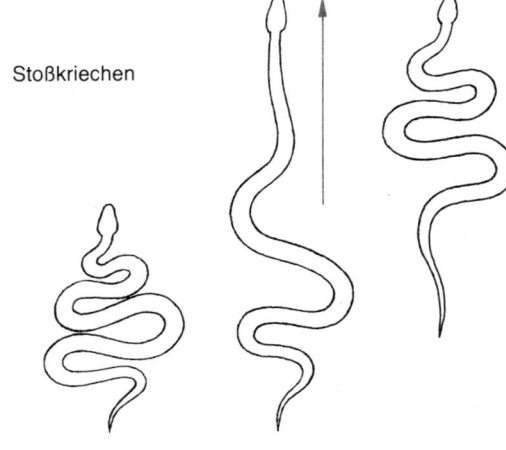

Seitenwinden

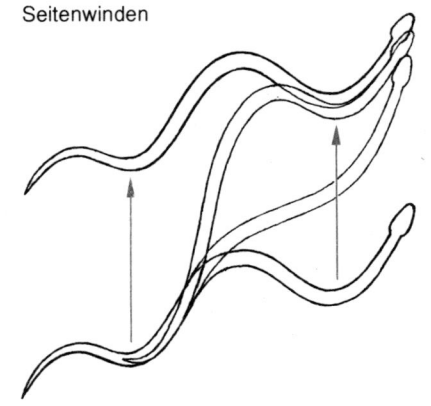

Die wichtigsten Bewegungsweisen der Schlangen

Gleiten auf glatter Sohle

Sprichwörtlich langsam, ruhig und gleichmäßig
kriecht die Schnecke umher, die großen Tentakel mit den Augen hoch erhoben. Das Fortbe-
wegungsinstrument der Schnecke ist der große
muskulöse Fuß, der bei günstigen Bedingungen herausgedrückt oder bei Gefahr, Trocken-
heit, Hitze oder Kälte in das schützende Haus
zurückgezogen wird. Wie der Kriechfuß arbeitet, läßt sich gut beobachten, wenn man eine
Schnecke auf eine durchsichtige Glasplatte
setzt. Durch das Glas erkennt man dunkle
Querwellen, die über den Fuß laufen. Die Wellenberge drücken das Tier nach vorn.

Aber wie läßt sich eine derartige Fahrt steuern, oder kriechen Schnecken immer nur geradeaus? Eine gewisse Manövrierfähigkeit erreichen sie schon. Will unsere Weinbergschnecke
(Helix pomatia) eine Linkskurve fahren, dann
bleiben die Kontraktionswellen der linken Soh-
lenhälfte fast stehen, während die der rechten
Seite im gewohnten Tempo arbeiten. Nach
dem Prinzip des Kettenfahrzeugs biegt die
Schnecke ein. Bei manchen Arten wird die Beweglichkeit erhöht, weil die Sohlenhälften
durch eine Furche getrennt sind. Eine in wenigen Kalkgebieten Mitteleuropas vorkommende
Form *(Pomatias)* hat es sogar zu einer Art
zweifüßigem Laufen gebracht; die Sohlenteile
können unabhängig voneinander angehoben
werden. Aber das ist die Ausnahme.

Das Kriechen auf großer Sohle wäre nicht
möglich, wenn die dabei auftretende Reibung
nicht auf ein Minimum herabgesetzt würde. Die
Schnecken fahren auf einem Schleimband, das
sie selbst auslegen. Der Schleim (bestehend
aus Mucoproteinen) ist das entscheidende
Kriech- und Schmiermittel. Ohne ihn geht
nichts. Hauptproduktionsort ist die große Fuß-
oder Sohlendrüse. Von vorn wird der Schleim,
in der Regel durch Wimpern, über die gesamte
Sohle verteilt. Der Schleim schützt die Schnek-
ke auch vor der größten Gefahr, der Austrocknung. Er vermag sehr viel Feuchtigkeit zu bin-
den. Verständlich also, daß die Schnecken so
gern bei feuchtem Wetter ausfahren. Dann
nutzen sie die Adhäsionswirkung der großen
Kriechsohle sowie die Klebekräfte des
Schleims und gleiten selbst an senkrechten
Mauern und Bäumen empor.

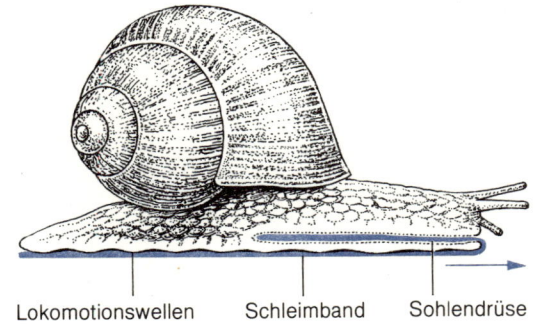

Lokomotionswellen   Schleimband   Sohlendrüse

Das Kriechen der Weinbergschnecke

Eine wichtige Funktion der Schleimschicht
wird oft übersehen. Sie wirkt auch als schützende Pufferzone zwischen Fuß und Unterlage.
Selbst die gewiß nicht leichte Weinbergschnek-
ke kann über die scharfe Klinge eines aufgestellten Rasiermessers gleiten, ohne sich zu
verletzen. Der biologische Sinn leuchtet ein,
wenn man sich die scharfkantigen Steine an-
sieht, die dem Weichtier oft im Wege liegen.

Über das »Schneckentempo« ist viel gespro-
chen worden, exakte Untersuchungen sind
aber recht rar. Langsam freilich lassen's alle
angehen. Unsere Weinbergschnecke benötigte
auf jeden Fall mehr als eine Stunde, um eine
Straße zu überqueren; vorausgesetzt, sie
käme auf eine solch tödliche Idee. Geschwindigkeit ist allerdings auch selten vonnöten,
denn Schnecken sind im allgemeinen friedliche
Weidegänger, die in langwährender Kleinarbeit
Blättchen raspeln.

Die Gemächlichkeit der Weichtiere hält die
Bürger der französischen Stadt Colmar nicht
ab, jährlich ein Weinbergschnecken-Rennen zu
veranstalten. Jede Schnecke erhält ihre eigene,
natürlich angefeuchtete Bahn – nach 15 min
wird gemessen. Die Spitzenrutscher erreichen
immerhin Geschwindigkeiten von 0,002 km/h.

Auf ähnlich bewimperter Sohle wie die
Schnecken kriechen die Strudelwürmer (Tur-
bellaria). Auch bei ihnen laufen querliegende
Wellen über den Körper und stemmen das Tier
nach vorn. Die Geschwindigkeit liegt bei maximal 10 cm/min. Die Wimpern selbst dürften
nur bei den Winzlingen mit Körperlängen unter
2,5 mm eine Rolle spielen.

Auch Tiere ganz anderer Gruppen bewegen
sich auf Kriechsohlen, so die Kolonnen mancher Moostierchen (die Phylactolaemata) oder

Schnurwürmer (Nemertini). Selbst die beinlosen Larven einiger Schwebfliegen gleiten auf
selbstgelegten Spuren aus Schleim. Auf der
Suche nach »ruhenden« Blattläusen kommen
sie am Tage aber nur Zentimeter voran.

Wie kriecht der Regenwurm?

Nach starkem Regen sind nicht nur die
Schnecken unterwegs; überall lassen sich
dann die »Regen-Würmer« (Lumbricidae) beobachten. Sie müssen an die Oberfläche kommen, um nicht in ihren Gängen zu ersticken.
Das Geheimnis ihrer Fortbewegung liegt in der
Veränderung ihrer Länge. Der größte unter ihnen, der australische Riesenregenwurm, kann
im zusammengezogenen Zustand 70 cm messen, sich aber bis zu 3 m lang strecken. Verkürzen sich die Längsmuskeln eines Körperab-
schnitts, dann entsteht eine Verdickung; drük-
ken die Ringmuskeln diese Stelle unter Er-
schlaffung der Längsmuskeln zusammen, so
streckt sich der Regenwurm. Natürlich muß dabei das Zurückgleiten verhindert werden. Dafür
sorgen mit eigenen Muskeln ausgestattete Borsten, die sich rückwärts in den Boden stemmen. Man hört diese Borsten rascheln, wenn
man einen Regenwurm über ein Blatt Papier
kriechen läßt.

Die Kraft, die der Regenwurm durch Verkürzen und Strecken aufbringt, genügt, um sich
durch kleine Hohlräume des Bodens zu zwän-
gen. Im Regelfall aber frißt er sich durch den
Boden – zur Freude jedes Landwirts, der die
gute Durchlüftung zu schätzen weiß.

Nach dem gleichen Prinzip wie die Regen-
würmer, durch Verdünnung und Verdickung
(Peristaltik) kriechen auch andere »Würmer«.
Manche Fadenwürmer (Nematoda) fixieren
ihren Körper ebenfalls durch Borsten und
schieben sich nach vorn. Beim im Küstensand
lebenden Köcherwurm (Arenicola marina)
wandert die Verdickung als Knolle von vorn
nach hinten durch den Körper. Als Widerlager
dient ihm die Wand des Ganges.

Die Egel-Geher

Den Blutegel und seine Verwandten haben wir bereits bei den Schlängelschwimmern kennengelernt. Schon dort gehörten sie zu den Ausnahmen. Aber auch auf fester Unterlage praktizieren die Egel eine außergewöhnliche Art der Fortbewegung: das Spannen oder Egel-Gehen. Der vordere Saugnapf wird gelöst, der Körper streckt sich, und der Saugnapf heftet sich wieder an. Danach löst sich die hintere Haftscheibe, der Körper wird nachgezogen und wieder fixiert. Dieser nicht einfache Bewegungsablauf ist nur mit Hilfe hochdifferenzierter Muskelsysteme möglich. Der Egel verfügt über eine derartige muskuläre Ausstattung: eine äußere, gegliederte Ringmuskelschicht, drei Lagen von Längsmuskeln, die z. T. dazwischen liegen, zwei Diagonalmuskelschichten sowie gesonderte Stränge von Rücken- und Bauchmuskeln. Diese Muskelsysteme haben die Leibeshöhlenräume stark zurückgedrängt – eine wesentliche Voraussetzung für die Rücken-Bauch-Abplattung.

Das Fixieren des Egels gewährleisten die perfekt konstruierten Saugnäpfe. Dabei wirken spezielle radiäre und äquatoriale Muskelgruppen zusammen. Die Haftscheibe wird kuppelartig aufgewölbt und dadurch der nötige Unterdruck erzielt. Für die Abdichtung sorgen Drüsensekrete.

Die spannerartigen Gehbewegungen funktionieren zu Wasser und zu Lande, wenn nur eine feste Unterlage vorhanden ist. Und vom Grundschema weicht jede Art auf ihre Weise ab. Ein Fischegel »geht« eben etwas anders als ein Blutegel.

Die perfektesten Egel-Geher findet man unter den tropischen Landegeln aus der Familie Haemadipsidae. Sie lauern den Wirbeltieren am Boden auf, besteigen aber auch Bäume und können dem Menschen zur Plage werden. Manche sind sogar in der Lage, ihre Opfer anzuspringen; dabei lösen sie kurzzeitig beide Saugnäpfe zugleich. Besonders bewegungsfreudig zeigen sich hungrige Tiere; aber das gilt nicht nur für Egel!

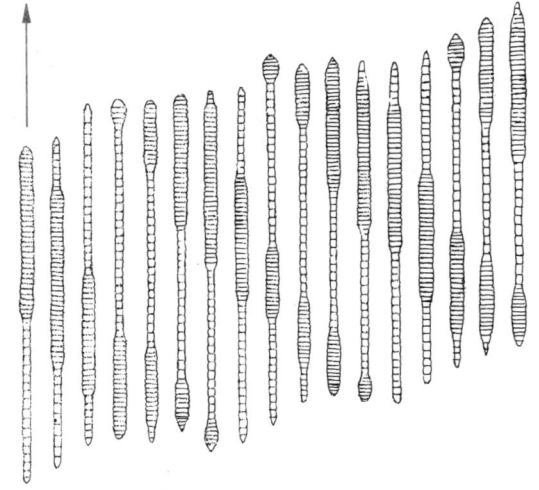

Fortbewegung des Regenwurms durch peristaltische Kontraktionen

Ein Blutegel beim »Egel-Gehen«

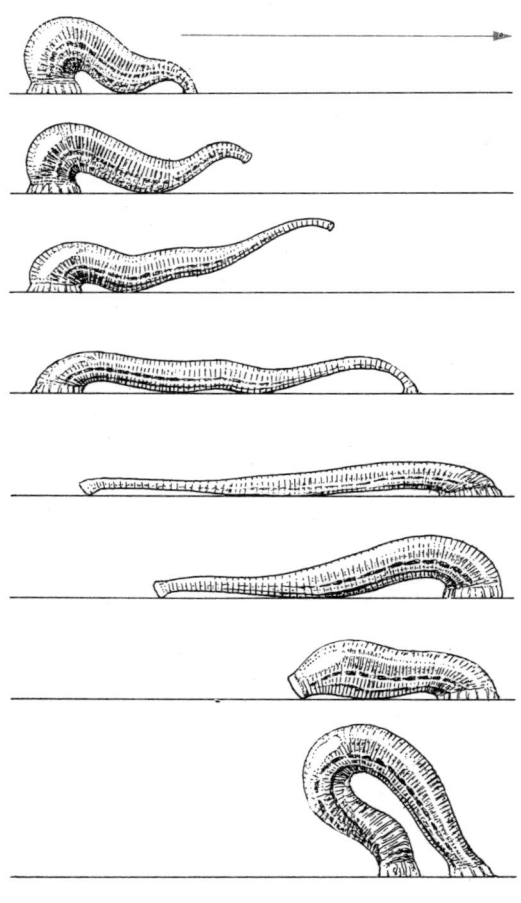

Der Weg zu den Säugern

Unsere heute lebenden Echsen sind Spreizgänger. Selbst die auf hohen Beinen stelzenden Arten – zum Beispiel der Leopardgecko *(Eublepharis macularius)* – praktizieren diesen Laufstil, bei dem die Oberarme und Oberschenkel seitlich vom Körper abstehen, das heißt in der Horizontalen schwingen. In dem Maße, wie die Beine unter den Körper gestellt werden konnten, ergaben sich völlig neue Möglichkeiten der Fortbewegung. Die Krokodile deuteten es an, und die höheren Säugetiere haben diese Entwicklung gleichsam perfekt abgeschlossen. Bei einem Pferd ruht der Leib auf den senkrecht stehenden Beinen; im Lauf pendeln Oberarm und Oberschenkel in der Vertikalen. Die Spurweite nimmt beträchtlich ab und ermöglicht eine andere Manövrierfähigkeit. Die Wirbelsäule muß nicht mehr durch seitliche Auslenkung die Schrittlänge erhöhen. Hohe, also weitausgreifende Schritte stehen nun in direkter Beziehung zur Geschwindigkeit. Es ist kein Zufall, daß die schnellsten Landwirbeltiere unter den Säugern zu suchen sind.

Da bietet sich die Idee an, daß vor allem die hervorragenden Bewegungsmöglichkeiten den Siegeszug der Säugetiere einleiteten. Sie begannen ja das Land in Besitz zu nehmen, da die große Zeit der Saurier, also der Reptilien, endete. Doch so einfach liegen die Dinge nicht. Wie unsere Abbildungen S. 82, 99 zeigen, waren die Dinosaurier sehr wohl zu aufrechtem Gang in der Lage. Es ist ja auch schwer vorstellbar, daß sie ihre oft tonnenschweren Leiber über den Boden schleiften.

Das unter dem Körper stehende Stützbein wurde also nicht nur bei den Säugern entwickelt. Deshalb dürfen wir darin nicht den entscheidenden Grund für die Ablösung der Dinosaurier sehen. Viel wahrscheinlicher ist, daß die Vorfahren unserer Pferde und Hunde durchkamen, weil sie klein genug waren. Denn soviel scheint sicher: Das Ende der Dinosaurier überstanden nur Tierarten mit einer maximalen Masse von 10 kg. Und das waren damals die fast winzigen Säuger ebenso wie die kleinen Spreizgänger unter den Reptilien.

Niemand zweifelt heute daran, daß die aufrechte Körperhaltung Vorteile in puncto Schnelligkeit mit sich brachte. Wie aber war

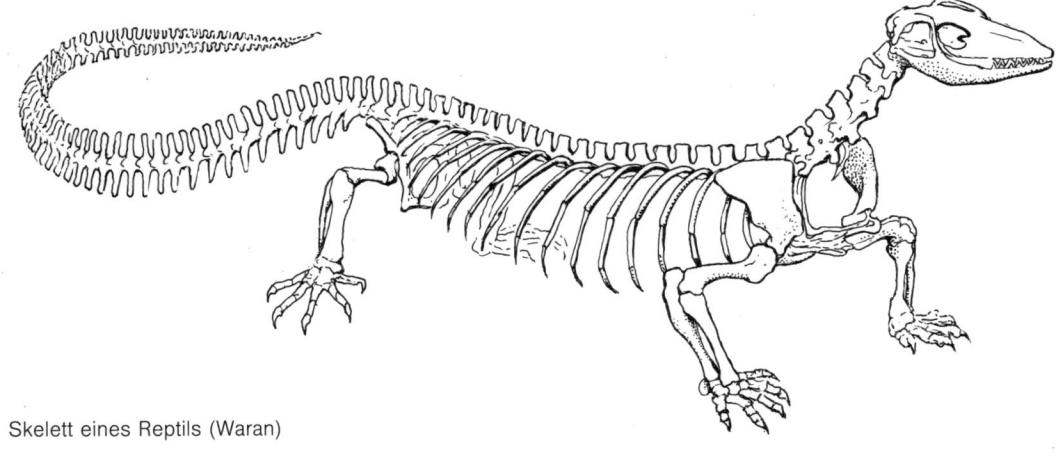

Skelett eines Reptils (Waran)

Das Bild rechts veranschaulicht die grundsätzlich verschiedene Stützfunktion der Extremitäten: 1 beim Reptil (Spreizgänger), 2 beim Säugetier. Die rechten Abbildungen zeigen die vergleichsweise große Ähnlichkeit zwischen Saurier (4) und Säugetier (3) in bezug auf die Stellung des Oberschenkels.

Skelett eines Pferdes mit den wichtigsten Knochen des Laufapparates. 1 Schulterblatt, 2 Oberarmbein, 3 Vorarmbein, 4 Fußwurzelknochen, 5 Mittelfußknochen, 6 Zehenknochen, 7 Hüftbein, 8 Kniescheibe, 9 Oberschenkelbein, 10 Schienbein, 11 Fersenbein, 12 Sprunggelenk (Fußwurzelknochen), 13 Mittelfußknochen, 14 Zehenknochen •

eine solche Tier-Konstruktion unter energetischem Blickwinkel zu betrachten? Zu dieser Frage gibt es bis in die jüngste Zeit absolut gegenteilige Auffassungen. Ostrom beispielsweise sah eine hohe Stoffwechselrate als notwendige Voraussetzung an, um die seiner Meinung nach erforderlichen Energien permanent zur Verfügung zu stellen. Säuger (wie Vögel und Dinosaurier) mußten also ihre Betriebstemperatur hoch und konstant halten – unabhängig von der Wärme der Umgebung. Sie mußten endotherm (früher: gleichwarm oder homoiotherm) sein. Nur so konnte offenbar die Dauermuskelspannung (Muskeltonus) erreicht werden.

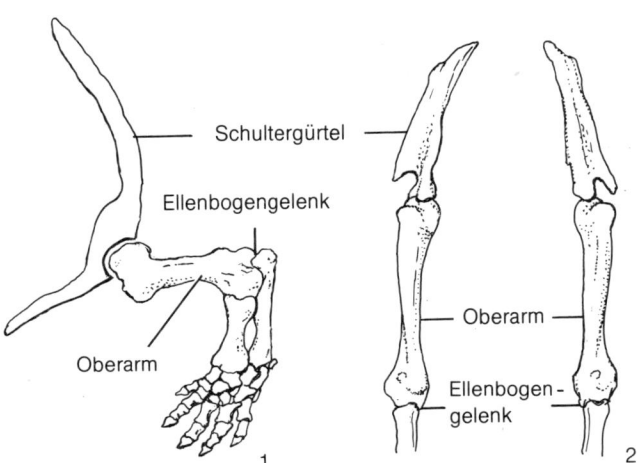

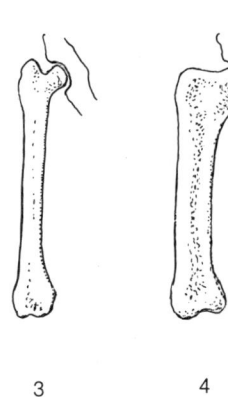

Schultergürtel

Ellenbogengelenk

Oberarm

Oberarm

Ellenbogengelenk

1   2   3   4

Dieser einleuchtende Gedankengang hatte aber Tücken. Genauere Untersuchungen durch Bennett und Dalzell erbrachten unerwartete Resultate. Die Stoffwechselrate stehender Schafe und Kühe ist im Vergleich zu liegenden Tieren nur um 9 % höher. Bei Pferden sind die Werte sogar völlig gleich; kein Wunder, wenn sie im Stehen schlafen. Und dabei stehen Pferde mit gebeugten Ellenbogen und Kniegelenken!

Die nächsten Forschungsergebnisse waren aber noch verblüffender. Bakker erzielte sie und widerlegte schließlich seine früheren Annahmen, nach denen der Spreizgang energetisch ungünstiger sein sollte als der aufrechte Lauf der Säuger. Der Schritt der Eidechsen kostet nicht mehr Energie als der Schritt eines Pferdes im gleichen Tempo.

Der Vorteil der Säugetiere besteht also vor allem in der großen Schrittweite auf schmaler

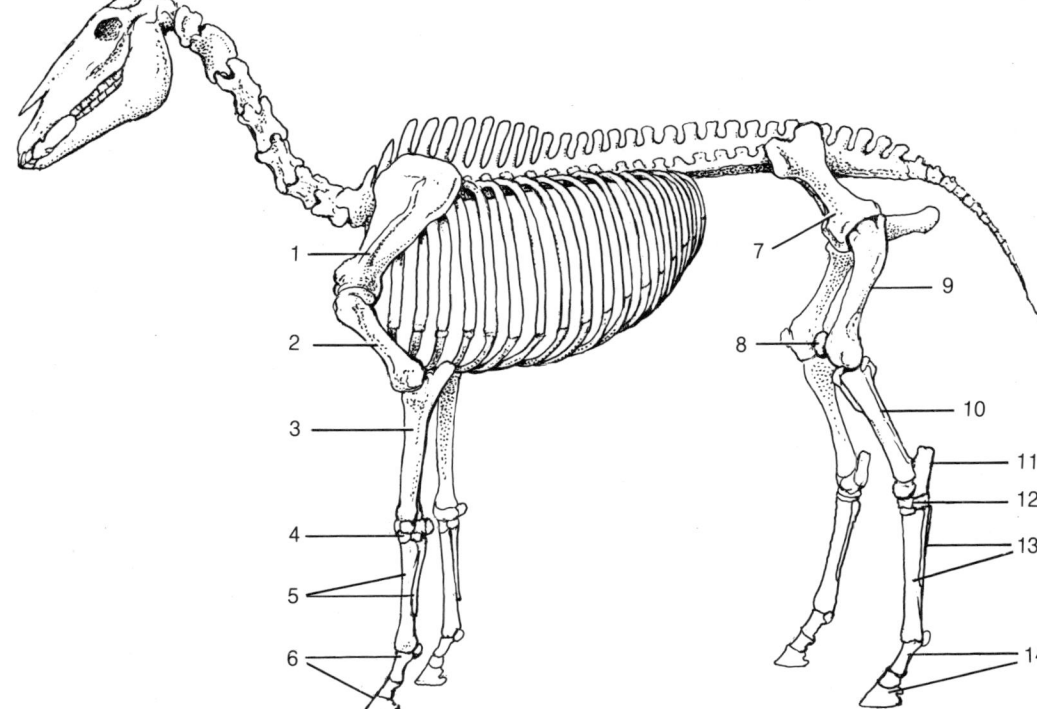

Spur und in den physiologischen Voraussetzungen für Schnelligkeit und Dauerleistung.

Dabei wirkt sich die weitgehende Unabhän-
gigkeit von der Außentemperatur sehr günstig
aus. Hinzu kommt, daß der Organismus eines
Säugetiers die bei großem Energieverbrauch
eingegangene »Sauerstoffschuld« schneller
ausgleichen kann. Der normale Stoffwechsel
unter Sauerstoffverbrauch (der »aerobe Stoffwechsel«) ist wesentlich effektiver als bei einer
Eidechse. So verfügt das Säugetier letztlich
doch über beste anatomische und physiologische Voraussetzungen für Tempo und Ausdauer. Prinzipiell gleiches gilt freilich nach heutiger
Auffassung für die ehemals so dominierenden
Dinosaurier.

Schritt – Trab – Galopp

Schon die alten Ägypter zerbrachen sich den
Kopf über die Frage, wie die Säugetiere laufen.
Es war umstritten, ob die Pferde in jagendem
Galopp zeitweise frei schwebten, also kein Fuß
den Boden berührte. Das Problem mußte un-
geklärt bleiben, weil das zeitliche Auflösungsvermögen des menschlichen Auges nicht aus-
reicht, um alle Einzelheiten der Laufbewegung
zu analysieren.

Der erste, der die Gangarten von Säugern
wissenschaftlich untersuchte, war E. Muybridge
im Jahre 1872. Er nutzte die gerade entwickelte Fotografie. Um aufeinanderfolgende Bewegungsphasen sichtbar zu machen, stellte er 24
Kameras auf, die durch Schnurverbindungen
ausgelöst wurden. Und Muybridge hatte Erfolg.
Es gelang ihm, anhand von Bildfolgen die Be-
wegungsabläufe mehrerer Säugetierarten genau zu analysieren.

Er unterschied nicht weniger als 8 Gangarten:

1. Schritt
2. beschleunigter Schritt
3. Trab
4. Paßgang
5. Kanter (Kurzgalopp)
6. Galopp
7. Galopp mit rotierender Fußfolge
8. Prallen (Känguruhsprung)

Der *Schritt* ist die langsamste, aber auch die
sicherste Gangart. Während ein Bein einen
neuen Standort sucht, ruht das Tier auf drei
Punkten, also in der stabilsten Lage. Techniker,
die Gehmaschinen, beispielsweise zum Transport schwerer Lasten in unwegsamem Gelände, entwickeln, orientieren sich am Schritt.

Die meisten Säugetiere bevorzugen dabei
den Kreuzgang mit der Schrittfolge: rechtes
Vorderbein – linkes Hinterbein – linkes Vorder-

Hauskatze und Pferd in Schritt (oben), Trab (Mitte) und Galopp (unten)

bein – rechtes Hinterbein. Vor allem die größeren Tiere gehen im ruhigen Schritt, wenn sie äsen oder das Gelände erkunden – sie »ziehen«. Im *beschleunigten Schritt* hebt das linke Hinterbein schon ab, bevor die Vorderhand wieder den Boden berührt hat. Das Tier ruht in der Schrittfolge zeitweise nur auf zwei Beinen, und die Schrittweite nimmt zu. Die Fährte zeigt, daß das Hinterbein nicht mehr hinter der Trittspur des Vorderbeins aufgesetzt wird – es »übereilt«. Der beschleunigte Schritt ist die übliche Gangart der Nagetiere und Insektenfresser. Er leitet über zum schnellen *Trab*, bei dem die Beine in der Diagonalen synchron abgehoben werden. Bevor sie aber den Boden berühren, springen schon die anderen ab. Es gibt also Phasen des Schwebens, wobei kein Fuß die Erde berührt.

Raumgreifender als der Kreuzgang ist der *Paß*. Mehr oder weniger gleichzeitig hebt das Tier die Beine einer Körperseite ab. Der selbst im Schritt sehr fördernde Paßgang bringt allerdings Stabilitätsnachteile mit. Sie werden äußerlich sichtbar im schaukelnden Gang. Der Paß bietet also nur Vorteile in der Ebene, in Steppe und Wüste. Wir werden die Gangart bei Bewohnern vergleichbarer Lebensräume wiederfinden.

Die schnellste und zugleich kraftraubendste Gangart der Säugetiere ist der *Galopp*. Der Körper wird nicht mehr abgestemmt und geschoben, sondern durch plötzliche, starke Muskelkontraktionen nach vorn geschnellt. Dabei sind auch die Rumpf- und Rückenmuskeln in hohem Maße beteiligt. Das Tier springt von der Hinterhand auf die Vorderhand und verliert für kurze Zeit den Kontakt mit dem Boden. Die Hinterbeine setzen in jedem Fall vor der Spur der Vorderbeine auf.

Der Galopp stellt also eine völlig andere Gangart dar, er verlangt eine Umstellung der zentralnervösen Steuerung.

Die Geschwindigkeit des Tieres wird wesentlich von der Gangart bestimmt und hängt von Schrittlänge und Schrittfrequenz ab. Vereinfacht gilt die Gleichung:

$$v = f \cdot l$$
(l = Schrittlänge, f = Schrittfrequenz).

Kleine Säuger müssen also durch hohe Schrittfrequenz wettmachen, was ihnen an Schrittlänge fehlt. Und die Unterschiede sind sehr beträchtlich.

Große Tiere machen auch große Schritte. Bär und Elch haben Schrittlängen von 1 m, die erstaunlicherweise auch der kleine Wolf erreicht. Beim Igel, der wie der Bär zu typischen »Gehern« zählt, mißt man 10 cm, bei der Hausmaus 5 cm und bei der 6 cm langen Zwergspitzmaus etwa 2 cm.

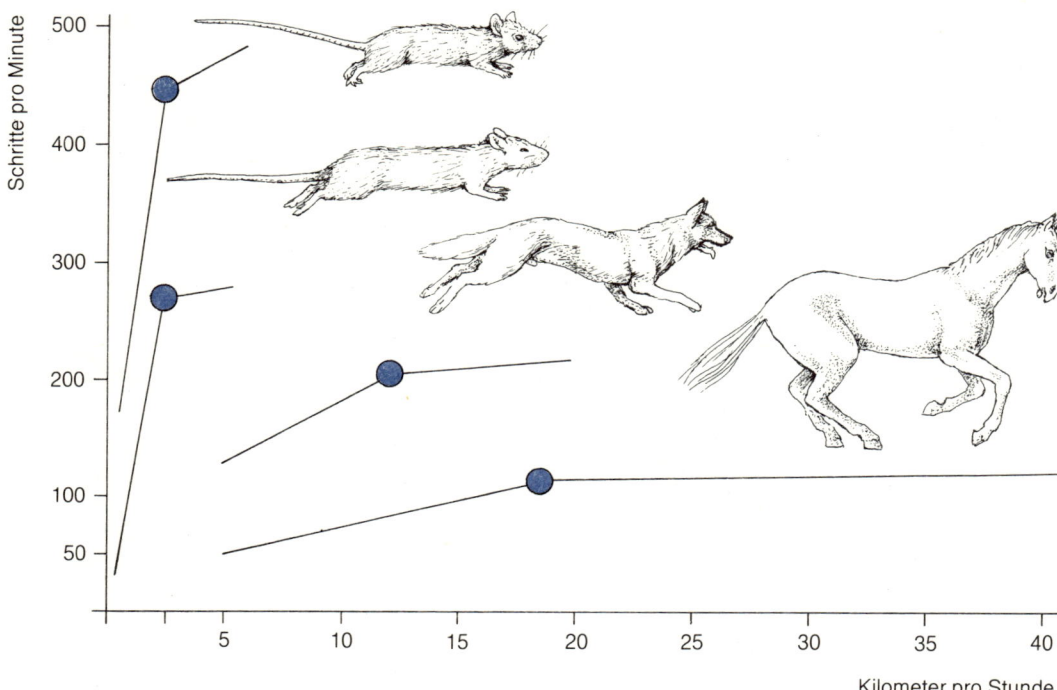

Schritte pro Minute

Kilometer pro Stunde

Mit dem Tempo und dem Übergang in Trab und Galopp nimmt die Schrittlänge zu; sie wächst beim Elch im Trab auf 1,50 m und im selten geübten Galopp auf 3 m. Fast den doppelten Wert erreichen auch die Kleinen; die Spur der Zwergmaus zeigt 4 cm und in hohem Tempo 7 cm.

Ganz anders verhält es sich mit der Schrittfrequenz, also der Anzahl der Schritte pro Minute. Sie steigt nur stetig an, bis das Tier vom Trab in den Galopp wechselt. Danach nimmt sie kaum noch zu.

Die Geschwindigkeit, bei der ein Tier vom Trab in den Galopp wechselt, scheint arttypisch zu sein. Die speziellen Erfahrungen, die Geländeunterschiede und die aktuelle Verfassung spielen offensichtlich keine ausschlaggebende Rolle. Ein Pferd beginnt bei etwa 18 km/h zu galoppieren, und es gehört schon viel Training dazu, ihm diesen inneren Rhythmuswechsel abzugewöhnen. Die Spitzentraber auf den Rennbahnen müssen ja noch bei Geschwindigkeiten von mehr als 45 km/h in dieser Gangart bleiben. Disqualifikationen wegen Galoppierens sind freilich nicht selten. Sie zeigen, wie stark der Rhythmuswechsel verwurzelt ist.

Wie Experimente zeigten, wechseln die verschiedenen Tierarten bei ganz spezifischen Schrittfrequenzen und Geschwindigkeiten vom Trab in den Galopp (markiert durch den blauen Punkt).

Die Probleme der Giganten

Das größte bzw. schwerste aller heute lebenden Landtiere ist der Afrikanische Elefant *(Loxodonta africana)*. Das Rüsseltier trägt nicht nur eine dicke Haut, sondern auch ein enormes Körpergewicht. Elefantenbullen wiegen bis zu 6 Tonnen. Die Kräfte, die auf die Stützelemente eines solchen Riesen wirken, sind bereits im Stand beträchtlich.

Enormen Zugbelastungen ist die Wirbelsäule großer Tiere ausgesetzt. Nur starke Bogenkonstruktionen konnten die notwendige Tragefunktion erfüllen. Kein Zufall also, wenn wir bei Tierriesen einen krummen Rücken beobachten.

Noch gravierender aber wirkt sich ein großes Körpergewicht auf die eigentlichen Stützelemente, die Beinknochen, aus. Die doppelte Größe eines Tieres muß infolge des 8fachen Körpergewichtes den 4fachen Knochenquerschnitt zur Folge haben. Das Säulenbein des Elefanten ist also eine mechanische Notwendigkeit. Clifford Bingham hat einmal ausgerech-

net, daß es einen Elefanten von doppelter Größe gar nicht geben könnte, weil seine Beine so dick sein müßten, daß sie unter dem Leib nicht mehr genug Platz fänden.

Typisch für die Tierriesen sind auch eine geringe Beweglichkeit, besonders in Knie- und Ellenbogengelenk, und bestimmte Hebelverhältnisse. Das Verhältnis von Oberschenkelknochen (Femur) und Schienbein (Tibia) ist ein ganz anderes als bei kleinen, flinken Tieren. Es beträgt beim Elefanten 0,60, beim Rennpferd 0,92 und bei der Gazelle 1,25!

Wie läuft der Elefant? Gleich allen Tierriesen bevorzugt er den ruhigen Schritt, und zwar mit einer Geschwindigkeit von 7 km/h. Er ist fast den ganzen Tag auf den Beinen; nur zu den notwendigen Schlammbädern legt er sich nieder. Im eiligen, raumgreifenden Paßgang erreicht der Große fast 20 km/h und bei Angriff oder panischer Flucht sogar kurzzeitig 40 km/h. Aber auch bei diesem Spitzentempo verbleibt der Elefant im Paß. Zum Galopp ist er ebensowenig in der Lage wie zum Sprung. Ein 2 m breiter Graben bildet also – wie im zoologischen Garten zu sehen – bereits ein unüberwindliches Hindernis.

Besonders während der Trockenzeiten machen die Rüsseltiere von ihren guten Laufeigenschaften Gebrauch. Häufig müssen sie dann zwischen Wasserstellen und Nahrungsrevieren pendeln. Meist wandern sie in der Kühle der Nacht und legen bis zum Sonnenaufgang nicht selten 80 km zurück. Tagsüber ruhen sie im Stehen, wobei sie den Schatten der Bäume suchen. Wie erst vor wenigen Jahren belegt wurde, schlafen sie nachts auch hin und wieder im Liegen.

Die starken Säulenbeine der Elefanten enden in Zehen, die in Fettgewebe eingelagert sind. Die einzelnen Zehenknochen bleiben aber gegeneinander verschieblich und erlauben so die Anpassung des Fußes an die Unebenheiten im Gelände. Besonders vorteilhaft wirkt sich dabei die derbe, aber elastische Sohle aus, die sich unter dem Druck des Körpers dehnt und sich wieder zusammenzieht, sobald der Fuß gehoben wird. So sinkt der Riese selbst auf weichem Boden nicht ein.

Charakteristisch für die Bewegungen des Elefanten sind Kraft, Sorgfalt und Vorsicht. Diese Eigenschaften (denen allbekannte Sprichwörter leider gar nicht gerecht werden) erlauben es ihm, steile Hänge zu besteigen und stark abfallende Gelände zu begehen.

Fast schon legendär ist die Geschichte um Hannibal, der im zweiten Punischen Krieg (218 v. u. Z.) Elefanten einsetzte. Er überquerte mit 37 dieser Dickhäuter die Alpen, und zwar über den 2482 m hoch gelegenen Paß Col du Clapier. Die Sauerstoffkonzentration der Luft beträgt dort nur noch $^3/_4$ des Normalwertes! 2000 Jahre nach Hannibal haben die Wissenschaftler nun die Ursachen für die Leistungsfähigkeit des Elefanten aufgedeckt. Das Blut der Dickhäuter zeigt eine extrem hohe Sauerstoffaffinität. Sie allein ermöglicht den Aufenthalt in großen Höhen. Am Kilimandscharo wurden Elefanten schon in Regionen von 4500 m beobachtet.

Ähnlich günstige physiologische Voraussetzungen vermutet man übrigens auch für die großen Verwandten unserer Dickhäuter, die Mastodonten. Sie besiedelten unter anderem die Hochländer von Peru in fast 5000 m Höhe.

Den Größenrekord in unserer Tierwelt halten die Giraffen *(Giraffa camelopardalis)*. Ihre außergewöhnliche Körperhöhe von maximal 5,80 m erlaubt ihnen die Ernährung aus der »oberen Etage«. Mit ihrer 46 cm langen Zunge reißen sie die Blätter der Akazien ab.

Für die Bewegung ergeben sich freilich einige Probleme. Schon das Niederlegen und Aufstehen wird durch die überlangen Extremitäten zu einem komplizierten Vorgang. An der Tränke kann der Kopf das Wasser nur erreichen, wenn die Vorderbeine gespreizt oder geknickt werden.

Normalerweise gehen die Giganten der Savanne im raumgreifenden Paßgang; er ist aber nie ganz »rein«. Wegen der extrem großen Schrittweite von fast 3 m kommen Giraffen rasch voran, obwohl der optische Eindruck dem Beobachter ein langsames Tempo suggeriert.

Den Trab zeigen Giraffen nie. Auf der Flucht fallen sie in einen sehr harmonischen Galopp, wobei der Hals mit dem schweren Kopf mitschwingt und als flexibler Stabilisator dient. Die Hinterbeine werden halbkreisförmig nach vorn geschleudert. Die Spitzengeschwindigkeit galoppierender Langhälse liegt bei 58 km/h. Solch gefährliches Tempo nehmen Giraffen

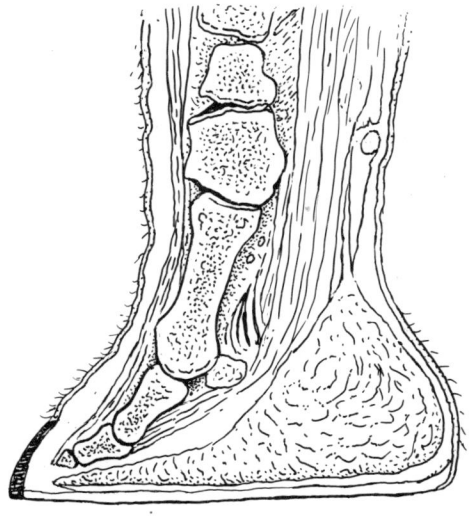

Der Längsschnitt durch einen Elefantenfuß zeigt den großen Umfang des elastischen Sohlenpolsters.

Der Skelettvergleich zwischen einem kleinen (Lemming, oben) und einem großen Tier (Flußpferd) verdeutlicht die enorme Verstärkung der Stützelemente.

aber nur an, wenn sie sich tödlich bedroht fühlen.

Zu den Schwergewichten gehören die Giraffen übrigens nicht; die schwersten Bullen bringen 850 kg auf die Waage, also $^1/_7$ der Masse eines Elefanten. Deshalb ist die öfter geäußerte Verwunderung über den »normalen«, schlanken Bau der Beine nicht ganz zu verstehen.

Zu den Giganten unter unseren Landtieren zählen auch die Nashörner. Das größte und auch schwerste der fünf Arten ist das Weiße oder Breitmaulnashorn *(Ceratotherium simum)*; die größten Bullen wiegen 4 t. Der Körper des gewaltigen Grasfressers ruht auf kurzen Säulenbeinen, die in drei Zehen (Unpaarhufer) enden. Eigentlich gehören Nashörner zu den Zehengängern (s. a. S. 89), aber die Zehenglieder liegen verborgen, eingebettet in elastischen Bindegewebskissen. So entsteht auch bei ihnen eine große Trittfläche, die das tiefe Einsinken in den feuchten Sumpfboden verhindert, den Nashörner so lieben.

Wie alle Tierkolosse bevorzugen auch diese schwergewichtigen Steppenbewohner den ruhigen Schritt, wenn sie den morgendlichen

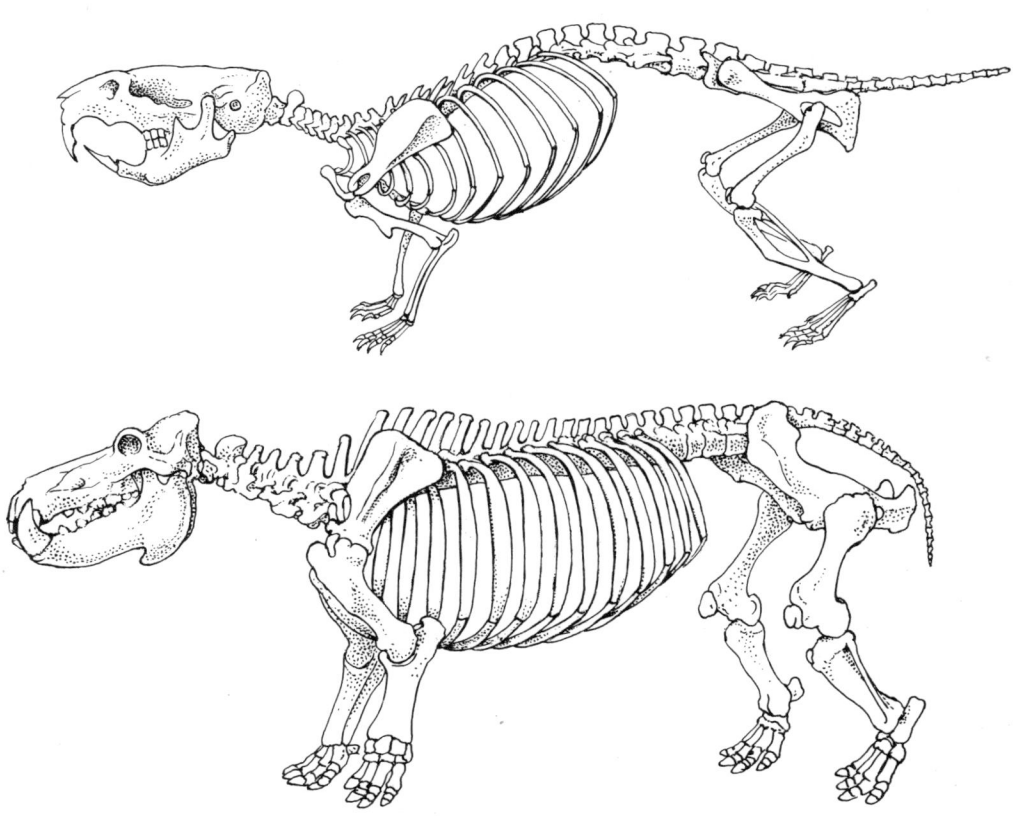

Gang zur Tränke antreten oder äsen. Nicht selten aber setzen sie den Beobachter in Erstaunen, wenn sie in einen ausgesprochen leichtfüßigen, flotten Trab verfallen. Wurden sie zur Flucht gezwungen – die sie dem Angriff vorziehen –, so können sie kurzzeitig eine Spitzengeschwindigkeit von 40 km/h erreichen. Als schnellste Art erweist sich das 2 t schwere Spitzmaulnashorn *(Diceros bicornis)*, das 45 km/h erzielt. Natürlich gelten diese Tempi für die Ebene (die mit der glatten Tartanbahn einer Sprintstrecke nicht im entferntesten verglichen werden kann). Im Unterschied zu Elefanten meiden Nashörner steile Anstiege. Dagegen scheint ihnen der Wechsel von Hinlegen und Aufstehen keine Mühe zu bereiten. Der Weg nach unten ist auch kürzer als bei Giraffen.

Auf kürzeren Beinen als die Nashörner stehen die Flußpferde *(Hippopotamus amphibius)*. Wie der wissenschaftliche Artname es andeutet, leben sie sowohl im Wasser (s. S. 38) wie auf dem Lande. Vorwiegend nachts verlassen sie das nasse Element. Gern benutzen die bis zu 3,2 t schweren Fleischberge die gleichen Wechsel zu ihren Äsungsplätzen. Unverkennbar sind ihre Fährten mit den Schleifspuren, die der durchhängende Bauch im weichen Boden hinterläßt. Aber auch unwegsames Gelände und steile Ufer stellen die Großmäuler nicht vor Probleme. 15 m hohe Böschungen, so berichten Augenzeugen, werden im Nu erklommen. Und schnell können Flußpferde auch sein: die höchste bisher ermittelte Geschwindigkeit wurde mit 48 km/h gemessen. Eine Warnung für jeden, der die Schweineverwandten zu reizen sucht.

Bei aller Behendigkeit und Schnelligkeit, die angesichts des Tonnenkörpers verblüffen, Dauerläufer sind die Flußpferde nicht. Die oft beschriebenen nächtlichen Wanderungen von 30 km und mehr gehören zumindest zu den Ausnahmen, wenn nicht gar ins Reich der Fantasie.

Die wahren Riesen unter den Landtieren sind längst ausgestorben. Gemeint sind die »Schreckensechsen«, die Dinosaurier. Man bezeichnet sie gern als die »Krone der reptilischen Schöpfung«. Ihre große Zeit liegt mehr als 100 Millionen Jahre zurück. Die massigen Donnerechsen der Gattung *Brontosaurus* von 25 m Länge wogen 50 t. Im Flußbett des Pa-

luxy Rivers in Texas fand man die Fährte eines solchen Riesen. Wollte man den Fußabdruck mit Wasser füllen, brauchte man 7 Eimer. Jüngere Knochenfunde in New Mexiko deuten auf einen anderen Vertreter der Gruppe von etwa 40 m Länge. Da erscheint der Gattungsname *Seismosaurus*, »Erderschütterer«, durchaus zutreffend.

Obgleich viele dieser »Dauerpflanzenfresser« wohl die meiste Zeit im Wasser verbrachten, waren sie, zum Beispiel für die Ablage der Eier, auch zum Landgange gezwungen. Dann stellt sich aber sofort die Frage nach der Beschaffenheit der Knochen, die einen solchen Koloß tragen mußten. Hatten sie »besondere Tricks«? fragt B. Kummer. Erste Untersuchungen der Gelenke und Knochen ergaben erstaunliche Ähnlichkeiten mit Huftieren. Die Horndinosaurier (Ceratopsier) beispielsweise erinnern in vielen Konstruktionsmerkmalen verblüffend an Nashörner. Viele Zoologen nehmen heute an, daß die vierfüßigen Riesendinosaurier einen speziellen Knochenbau besaßen; genaue Ergebnisse stehen indes noch aus. Ziemlich sicher dürfen wir in einem sein: Die Riesen rasten nicht über das erdmittelalterliche Festland – weder im Trab noch im Galopp. Desmond geht davon aus, daß sie gemächlich wanderten – vielleicht in einer Art »Schlendergang«.

Auf leisen Sohlen

Wie die ersten Säugetiere den Fuß aufsetzten und sich bewegten, das läßt sich verständlicherweise schwer rekonstruieren. Nicht jeder Zeitabschnitt ist ausreichend mit gut erhaltenen Fossilien belegt. So klafft eine große Lücke zwischen der Zeit der Säuger-Reptilien (Therapsida), die am Ende der Trias ausstarben, und den »modernen« Säugetierformen, die man 100 Millionen Jahre später (im Tertiär) findet. Der interessante Skelettfund (1976) eines springenden Baumtieres (Pantotheria) mit Beutelknochen (!) aus dem Jura zeigte lediglich, daß die Entwicklung der Säuger offenbar früher eingesetzt hatte als angenommen. Fest steht, daß die ersten Vertreter der Tierklasse, zu der auch wir uns – zoologisch – rechnen müssen, während der großen Zeit der Saurier ein Schattendasein führten.

Möglicherweise waren die Vorläufer von Katze, Hund und Mensch Halbbaumbewohner (semiarborikol). Der Daumen der Hand ließ sich abspreizen wie gegenstellen und ermöglichte das Umgreifen der Äste. Fuß und Hände waren 5strahlig und setzten mit der gesamten Fläche auf.

Am Anfang aber war sicherlich der Schritt auf ganzer Sohle. Muskeln drückten die Fuß- und Handgelenke durch und stemmten das Tier nach vorn. Eine grobe Vorstellung solchen »Sohlengangs« kann uns der Igel *(Erinaceus europaeus)* vermitteln. In seiner Spur drücken sich die Ballen und alle fünf Zehen und Finger ab – der Daumen etwas schwächer. Der Igel zählt zu den Schreitern. Zu einem echten Trab oder gar zum Galopp ist er nicht in der Lage. Will er Tempo annehmen, vermag er nur die Schrittfrequenz zu erhöhen und mit den Beinen weiter auszugreifen. Die Schrittlänge wächst dann von etwa 10 auf 15 cm an.

Ein typischer Sohlengänger ist auch der Dachs *(Meles meles)*, der sich meist mit dem bedächtigen Schritt begnügt, aber auch in den Trab oder Sprunggalopp wechseln kann. Dachse sind mehr Nahrungssucher denn Jäger. Die Allesfresser nehmen Kleintiere ebenso gern wie Pilze oder Beeren.

Die Bären (Ursidae) setzen nur im Hinterfuß die gesamte Sohle auf. Ihre übliche Gangart ist der ruhige Schritt im fördernden Paß. Bei der Jagd – auch Bären sind Allesfresser – oder auf der Flucht gehen sie in einen schnellen Galopp über und erreichen Geschwindigkeiten von mehr als 40 km/h. Erstaunlich ist die Kraft und die Beweglichkeit der oft als tolpatschig bezeichneten Bären. Vor allem die Vorderhand, die Tatze, wird sehr geschickt und vielseitig eingesetzt: beim Beuteschlag, beim Fischfang, beim Graben und Klettern sowie bei der Nahrungsaufnahme.

Halbsohlengänger sind die Marder (Mustelidae) – der Inbegriff von schlangenartiger Gewandtheit und Schnelligkeit. Betrachten wir die Spur des Baummarders *(Martes martes)*, die meist an einem Baum endet, so stellen wir zunächst fest, daß alle vier Füße fünfzehig sind. An den Vorderpfoten drücken sich oft noch ein bis zwei Fersenballen ab, in der hinteren Fußsohle nicht. Im Schritt gehen die Marder äußerst selten, auf ebener Erde überhaupt nicht.

Da eilen sie in einer Art Sprunggalopp; die paarigen Doppelspuren lassen es erkennen. Im höchsten Speed wirft der Baummarder die Hinterbeine weit vor die Vorderbeine. Es entsteht eine Spur, die an den Hasen erinnert.

Kurzstreckensprinter

Die flinken Marder haben angedeutet, daß es Geschwindigkeitsvorteile bringt, wenn nicht die ganze Fußsohle den Boden berührt. Die Abrollzeit und der Energieverlust durch Reibung werden geringer. Bei den Katzen (Felidae) berühren Hand- und Fußwurzel den Boden nicht mehr – sie sind Zehengänger. Die geschmeidigen, elegant anzusehenden Bewegungen werden ermöglicht durch ein lose gefügtes Knochengerüst. Die Beine sind kurz und kräftig bemuskelt.

Bewegungsart und Jagdweise harmonieren ideal. Auf leisen Sohlen, im behutsamen Schritt, nähern sich Katzen der Beute auf eine bestimmte Entfernung. Jede mögliche Deckung wird ausgenutzt; dem Tiger steht in Busch und Wald mehr zur Verfügung als dem König der Steppe, dem Löwen. Hat sie ein Beutetier ausgewählt und die Distanz scheint günstig, so schnellt sich die Katze blitzartig los.

Nach dem ersten Galoppsprung erreicht sie schon fast die Maximalgeschwindigkeit. Ehe die Antilope überhaupt in Gang kommt, hat sie der Löwe erreicht. Seine Maximalgeschwindigkeit, die G. Schaller mit 57 km/h angibt, liegt nicht über der des Huftieres.

Katzen bauen nicht auf Tempo, sondern auf Beschleunigung und Überraschung. Wenn der erste Angriff mißlingt – und dies passiert dem Löwen in 5 von 6 Fällen –, wird die Beute nicht verfolgt. Alle Katzen ermüden schnell. Schaller berichtete, daß ein von Hyänen gejagter Löwe nach 2 km erschöpft zu Boden fiel. Wahrscheinlich sind die Könige der Tiere auch nicht austrainiert; denn 20 Stunden am Tage liegen sie faul auf dem Bauch.

Löwen nähern sich also notwendigerweise auf mindestens 30 bis 50 m, bevor sie angreifen. Der Tiger gar startet aus höchstens 25 m Entfernung von der Beute.

Auch der schnellste unter allen Läufern, der Gepard *(Acinonyx jubatus)*, vermag seine Beute, die flinken Gazellen, nicht kilometerweit zu

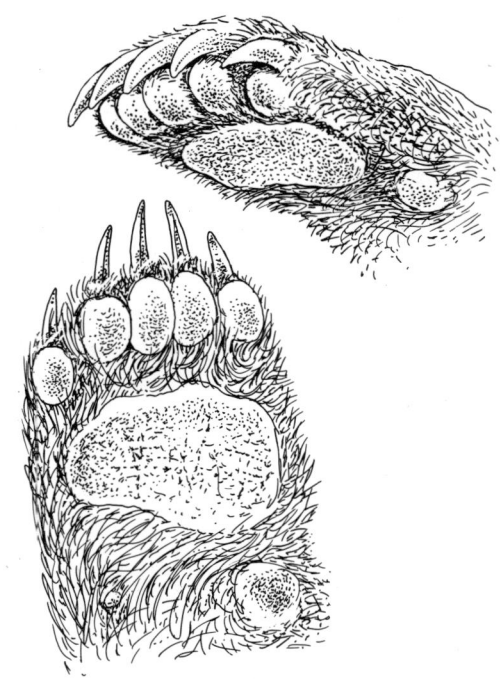

Die vielseitig einsetzbare Bärentatze

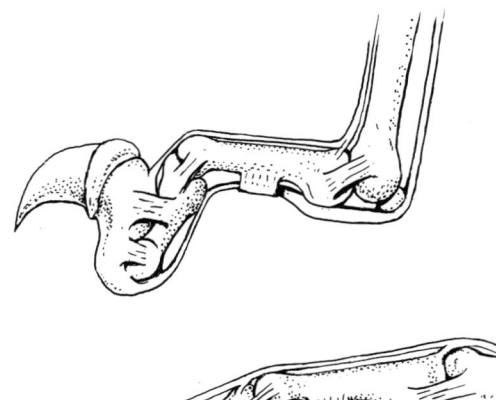

Die Katzenkralle; oben im Ruhezustand, unten ausgestreckt

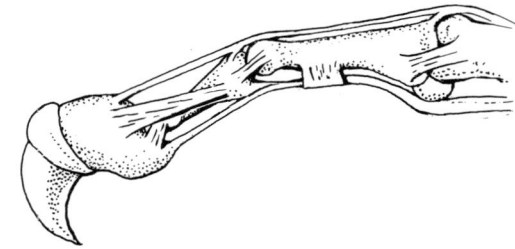

verfolgen. Selbst er, der ausdauerndste Sprinter unter den Katzen, nutzt den blitzartigen Überraschungsangriff und erreicht seine Höchstgeschwindigkeit von 115 km/h bereits nach vier Sekunden. Der Gepard gilt in mehrfacher Hinsicht als Ausnahmeerscheinung. Er läuft mit ausgestreckten, nicht zurückziehbaren Krallen. Auch sein Körper wirkt durch die langen Läufe und die kleinen Pfoten eher hundeartig. In extremer Weise nutzt er die Beweglichkeit der Katzenwirbelsäule. Er spannt sie wie eine Feder und erreicht dadurch etwa 9 % zusätzliche Geschwindigkeit. Nach 400 bis 500 m ist auch er total erschöpft.

Praktisch nur vom guten Start lebt eine andere Katzenart, der Karakal *(Caracal caracal)*. Mit blitzschnellem Sprung und geschicktem Pfotenschlag fängt er ein Flughuhn noch in 3 m Höhe aus dem Schwarm.

Andere Arten zeigen die außerordentliche Beweglichkeit des Katzenkörpers. Mit geradezu akrobatischen Sprüngen jagt der hochbeinige Serval *(Leptailurus serval)* seine Beutetiere auf. Der Kunstspringer gilt als geschickteste Katze überhaupt. Als Akrobat hoch im Baum betätigt sich die Langschwanzkatze *(Leopardus tigrinus)* Mittel- und Südamerikas. Der flinke Räuber im Gezweig kann sich vom Ast baumeln lassen, wobei ihn nur eine Tatze festhält.

Den Sturz in die Tiefe brauchen Katzen ohnehin nicht zu fürchten. Die Vorderbeine fangen den Schwung wie Teleskopfedern ab. Günstig wirken sich dabei vor allem die freien Schultergelenke und die starke Nackenmuskulatur aus. Man hat beobachtet, wie Pumas ihre 90 kg schweren Körper aus 12 bis 15 m Höhe fallen ließen. Und belegt ist eine Art »Sturz-Rekord«: Im Jahre 1965 fiel eine Hauskatze 37 m tief aus einem englischen Mietshaus und blieb unverletzt.

Aber auch aus geringer Höhe fallen Katzen geschickt, nämlich immer »auf die Füße«. Läßt man eine Hauskatze aus 1,20 m Höhe bauchoben fallen, so dreht sie sich innerhalb von $1/8$ s um und landet sicher auf den Pfoten. Ähnlich einem Wasserspringer beim Schraubensalto muß sie ihr Drehmoment ändern. Wie sie das bewerkstelligt, das wissen wir noch nicht.

LAUFEN · KRIECHEN · KLETTERN

Langstreckenläufer

Mit den Hunden (Canidae) hat die Evolution einen ganz anderen Läufertyp hervorgebracht. Als repräsentatives Beispiel für die Gruppe mag der Wolf *(Canis lupus)* dienen: ein mittelgroßes Raubtier von 50 kg Körpermasse. Charakteristisch sind die schlanken, sehnigen Beine. Wie alle Hunde läuft der Wolf auf den Zehen. Im Gegensatz zu den Katzen vermag er die Krallen nicht einzuziehen. Deutlich drücken sie sich in der Fährte ab. Hinten wie vorn berühren nur vier Zehen den Boden. Die Daumenzehen der Vorderläufe sind rückgebildet, und den afrikanischen Hyänenhunden *(Lycaon)* fehlen sie ganz.

Der Wolf zeichnet sich mehr durch Ausdauer als durch Tempo aus. Mit einer Maximalgeschwindigkeit von reichlich 50 km/h ist er nicht schneller als viele Huftiere. Er hetzt seine Beute bis zur totalen Erschöpfung und vermag in der Endphase der Jagd sogar 40 km/h längere Zeit durchzuhalten.

Die bevorzugte und offensichtlich auch rationellste Gangart des Wolfes ist der gleichmäßige, flotte Trab mit einer Schrittlänge von 60 bis 100 cm. So ist er in der Lage, in einer Nacht bis zu 100 km zurückzulegen. Die unvergleichliche Ausdauer der Art demonstrieren domestizierte Abkömmlinge, insbesondere die Schlittenhunde, wie Huskys, beim 1000-Meilen-Rennen von Alaska. Oft genügen ihnen nur vier Stunden Ruhe, um am folgenden Tag wieder mehr als 100 km durch den Schnee zu traben.

Die Ausdauer wird zunächst durch ein extrem leistungsstarkes Herz ermöglicht. Die sogenannte Reservekraft von Hundeherzen ist so groß, daß im Notfall das Schlagvolumen, also die Pumpleistung bei gleichbleibender Frequenz, um das Fünffache gesteigert werden kann.

Im langsamen Schritt gehen Wölfe selten. Die Trittsiegel liegen in beiden Gangarten gerade hintereinander wie an einer Schnur aufgereiht. Der Wolf »schnürt« – wie die meisten Hundeartigen. Alle Wölfe eines Rudels laufen übrigens exakt hintereinander. Jeder tritt in die Fußspuren des Vorgängers. Deshalb kann man an Hand der Fährte auch nicht auf die Kopfzahl der Meute schließen. Es sei denn, man trifft auf eine Kurve – dort laufen die Wölfe mehrspurig.

Der ausdauernde Läufer, der Hunde-Typ, ist mehrfach in verschiedenen Säugetiergruppen entstanden. Links die ausgestorbene Borhyäne, rechts der Wolf, unten der Beutelwolf

Den Galopp beherrschen Wölfe natürlich auch. Aber die Spannkraft aus dem gekrümmten Rumpfbogen heraus ist geringer als bei den Katzen. Die Wirbelsäule der Hundeartigen ist etwas fester gefügt, der extrem hohe Katzenbuckel damit unmöglich.

Prinzipiell lassen sich mit dem Wolf die anderen Hetzjäger der Familie vergleichen: zum Beispiel der nordamerikanische Coyote *(Canis latrans)* und andere amerikanische *Canis*-Arten.

Unser Rotfuchs *(Vulpes vulpes)* zeichnet sich nicht nur durch gute Laufeigenschaften, sondern durch Anpassungsfähigkeit und Vielseitigkeit aus. Er beherrscht den schleichenden Schritt ebenso wie Trab, Galopp und Sprung. Seine große Wendigkeit erlaubt ihm, kurze Haken zu schlagen, also in höchstem Tempo die Richtung zu ändern. (Den perfektesten Zickzacklauf zeigen die amerikanischen Großohrkitfüchse.) Dabei setzt er den buschigen Schwanz als Balancierstange und Steuer ein.

Wenn erforderlich, beweist der Fuchs auch Ausdauer. In harten Wintern ist er gezwungen, Gebiete von 50 km² zu durchstreifen; im Sommer genügt ein Zehntel dessen.

Das Paar Kaninchen – Fuchs hat oft Anlaß zu allgemeinen Überlegungen gegeben: Der schnellere sollte einen Selektionsvorteil haben. Die Geschwindigkeit beider hätte sich demzufolge aufschaukeln müssen. Doch so einfach läuft Evolution nicht ab! Der Rotfuchs baut öfter auf den Überraschungsangriff; er ist kein ausdauernder Hetzjäger wie der Wolf. Auch bei diesem Beispiel finden wir die Bestätigung für den Satz von K. Senglaub: »Die Selektion fördert weit öfter Kompromisse als einseitige Spitzenleistungen.«

Der Dauerläufer vom Hundetyp entstand übrigens mehrfach und unabhängig voneinander. In Tasmanien lebte der Beutelwolf *(Thylacinus cynocephalus)** – ein Beuteltier (!), das in der Nahrungskette einen ähnlichen Platz wie der Wolf einnahm. Eine dritte Parallelentwicklung belegen Fossilfunde der Borhyäne

* *Nach neueren Hinweisen von Eingeborenen lebt er vielleicht heute noch.*

(Prothylacinus patagonicus) aus dem Miozän Südamerikas.

Freilich sind im farbigen Puzzlespiel der Entwicklung auch »Außenseiter« entstanden. Der südamerikanische Mähnenwolf (Chrysocyon jubatus), ein hochbeiniger Hund von 75 cm Schulterhöhe, hetzt seine Beutetiere nicht. Er schreitet mit ruhigem, raumgreifendem Paßgang. (Diese Gangart beobachtet man bei Wölfen und Hunden nur ausnahmsweise.) Der Einzelgänger begnügt sich mit Kleintieren.

Geradezu dackelbeinig mutet dagegen die Gestalt des südamerikanischen Waldhundes (Speothos venaticus) an. Wie der Name sagt, bewohnt er Waldgebiete. Der niedrige, gedrungene Körper ermöglicht das Durchschlüpfen von Busch und Dickicht. Und selbst auf sumpfigem Boden sinkt er kaum ein, weil die Ballen der Mittelzehen verwachsen sind und so eine breitere Grundfläche bieten. Waldhunde jagen vor allem Nagetiere, beispielsweise die Wasserschweine. Sehr schnell sind sie allerdings nicht. Ihr Galopp macht sogar einen etwas komischen Eindruck; er erinnert an den »Schweinsgalopp«.

Die stärksten Abweichungen vom Läufertyp nach verschiedenen Richtungen hin beobachten wir bei der großen Zahl von Haushunderassen. In vielen von ihnen kann man den Stammvater kaum noch erkennen. Aber wer wird auch vom Peking-Palasthund oder vom Papillon einen Langstreckenlauf erwarten. Bei anderen wird das Erbe sichtbar. Schäferhunde halten den Wolfstrab lange Zeit durch, wenngleich sie nicht so perfekt »schnüren«. Schwergewichtige Hunderassen meiden den flotten Trab. Neufundländer zum Beispiel sind dazu nicht fähig. Sie verfallen wie die Rottweiler eher in den Paßgang. Die seitlichen Pendelbewegungen des Körpers erinnern dann an den schaukelnden Schritt der Bären.

Sehr schwergewichtige Hunde meiden auch den temposcharfen Galopp. Sie begnügen sich mit der langsameren Form, dem sogenannten »Altherrengalopp«.

Andere Hunderassen wurden auf Geschwindigkeit gezüchtet. Die Windhunde stehen seit der Antike als Symbol für Schnelligkeit und Harmonie der Laufbewegungen. Sie sind heute die Stars beim »Track Racing«, dem Bahnrennen. Dabei nutzt man die alten Reflexe des ur-

sprünglichen Jagdhundes und bietet dem Sichthetzer eine Hasenattrappe an. Die »Rennmaschinen« werden von klein auf trainiert und wie ein Hochleistungssportler für ihr Rennen vorbereitet. Sogar der Zeitpunkt der letzten Mahlzeit liegt exakt fest. Da nimmt es nicht wunder, wenn sie weit höhere Geschwindigkeiten als Urvater Wolf erreichen. Den Schnelligkeitsrekord mit mehr als 70 km/h soll immer noch der Afghanische Windhund »Muusch« halten.

Auf schnellen Hufen

Im blitzschnellen Sprint oder im unermüdlichen Lauf erjagen viele Raubtiere – Katzen, Hunde . . . – ihre Beute. Kräftige Muskeln und flinke Beine sind die Voraussetzungen für einen gut gefüllten Magen. Die Verfolgten laufen dabei schlichtweg um ihr nacktes Leben. In beiden Fällen entscheidet Schnelligkeit über Leben und Tod. Der Weg aber, den die Evolution bei den »friedlichen« Pflanzenfressern eingeschlagen hat, läuft in eine völlig andere Richtung. Während die Zehengänger Löwe, Wolf und Hyäne sich mit federnden Sohlenballen vom Boden abdrücken, stehen Hirsch, Antilope und Zebra auf harten Hufen. Wie die Abbildung zeigt, laufen die Huftiere auf den Zehenspitzen schlanker Beine.

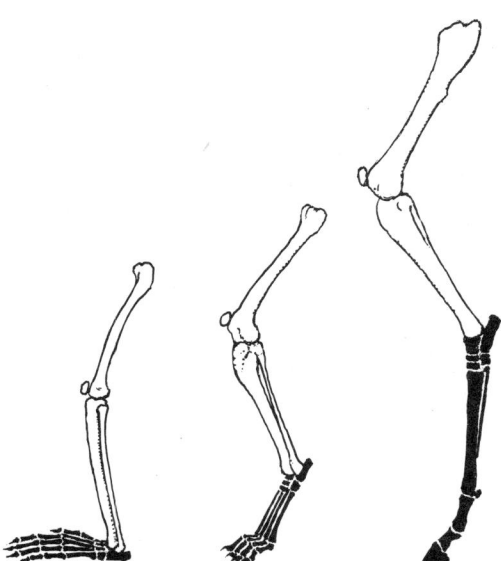

Sohlen-, Zehen- und Zehenspitzengänger. Die Knochen des Fußes sind schwarz gezeichnet.

Warum dieser grundsätzlich andere Konstruktionstyp? Wenngleich jede Art von »Ursachenforschung« in der Entwicklungsgeschichte immer problematisch ist, so bleibt sie doch interessant und notwendig. Das Gewicht der Tiere scheint auf jeden Fall eine bedeutende Rolle gespielt zu haben.

Erinnern wir uns, daß insbesondere die Katzen unter Einsatz von Rumpf- und Beinmuskulatur, mit größtem Energieverbrauch, ihren Körper innerhalb weniger Meter auf Höchstgeschwindigkeit beschleunigen. Bei einem Pflanzenfresser mit der Masse einer halben Tonne wäre solches nicht nur schwer vorstellbar, sondern energetisch unzweckmäßig. Hinzu kommt, daß ein Pflanzenfresser viele Stunden des Tages »auf den Beinen« sein muß. 4 Stunden für den Nahrungserwerb und 20 Stunden Ruhe, wie man das vom Löwen kennt – einen solchen Tagesablauf kann sich kein Zebra leisten. Und mit der anderen Ernährung hängt auch das Gewicht des Tieres zusammen. Ein Grasfresser hat mit schwer verwertbarer Nahrung zu tun. Sein Darm ist bis zu 30mal so lang wie der Körper; er faßt bei einem großen Huftier ungefähr 130 Liter. Ein Fleischfresser kommt mit einem Darm aus, der lediglich die 3- bis 5fache Körperlänge aufweist. (Eine Ausnahme bildet der Elefant – sein Darm ist relativ kurz.)

Vom Urpferdchen zum edlen Roß

Unsere Einhufer, die Pferde, berühren den Boden jeweils nur mit der Spitze der 3. Zehe. Die hornige Umkleidung des Endgliedes dieser Zehe, der Huf, stellt den Gipfelpunkt einer Jahrmillionen während Entwicklung dar. Läßt sich der Weg zurückverfolgen? Bereits vor mehr als 100 Jahren fand man die ersten Fossilien früher Pferde, und den ganz großen Erfolg hatte Professor Marsch, als er von 1872 bis 1874 Knochenreste von etwa 30 verschiedenen Pferden ausgrub. Es ergab sich folgendes Bild: Die ersten Pferde (Hyracotherium, früher Eohippus) waren kaum größer als eine Hauskatze und lebten als Laubfresser vor knapp 60 Millionen Jahren. An den Vorderbeinen besaß es 4, an den Hinterbeinen 3 Zehen. Der erste im heutigen Sinne pferdeähnliche Vorfahre war der schafsgroße Mesohippus. Alle

Füße endeten nur noch in 3 Zehen, am stärksten war die Mittelzehe ausgebildet. Fast »modern« muten die späteren Dreizeher an – *Parahippus* und *Meryhippus* –, die vor etwa 15 Millionen Jahren den amerikanischen Kontinent bevölkerten. Sie waren »schon« hoch gebaut, mit ähnlichen Bein-Körper-Proportionen, wie wir sie von unseren Pferden kennen. Und sie ästen Gras! Bedeutende Veränderungen des Gebisses und der Kaumuskeln waren einhergegangen mit der Reduktion der Zehenzahl. Schließlich – vor etwa 2 Millionen Jahren – war unser Einhufer, das Pferd der Gattung *Equus* entstanden. Aus dem kleinen, langsamen Dickichtschlüpfer *(Hyracotherium)* hatte sich in Anpassung an das Leben in der harten Grassteppe das Pferd entwickelt. Auf schnellem Huf konnte es seinen Feinden entfliehen.

Die obige Geschichte ist kein Kapitel aus dem Märchenbuch der Biologie – sie ist durch Fossilien belegt. Was wunder, wenn diese Entwicklungsreihe lange als »Paradepferd der Pa-läontologie« (Haeckel schon im Jahre 1902!) galt. Aber das schöne Bild trügt! Evolution läuft meist auf verschlungenen Wegen ab. Gelingt es, zwei Punkte eines Weges aufzudecken, so darf man sie nicht durch eine Gerade verbinden. Einer der anerkanntesten Evolutionsbiologen unseres Jahrhunderts, E. Mayr, resümiert: »Die Entwicklung der Pferde ist keineswegs eine einheitliche Reihe, sondern ein buschartig sich verzweigendes Bündel von unabhängigen Entwicklungsreihen.«

Zwei wichtige Punkte werden leicht übersehen. Erstens: Das Urpferdchen verfügte nach Simpson wahrscheinlich über einen ähnlichen Bewegungsapparat wie ein Hund und konnte auch eine ähnliche Laufgeschwindigkeit erreichen. Zweitens: Mindestens ebenso wichtig wie die Reduktion der Zehenzahl war die Um-

Die Stammesgeschichte unseres Pferdes *(Equus)*; rechts die entsprechenden Vorder- (oben) bzw. Hinterfüße.

bildung und Verstärkung des Bänderapparates im Fuß. Nur ein extrem starker Bänderapparat ermöglicht die Rückbildung des Sohlenpolsters (entscheidend ab *Meryhippus*) und damit den Übergang vom Zehen- zum Zehenspitzengang. Schließlich hatte sich der von den heutigen Pferden bekannte Springfuß herausgebildet, bei dem die elastischen Bänder die investierte Energie teilweise zurückgewinnen. Dieser Springautomatismus funktioniert freilich nur auf hartem Grasboden, so wie ein Gummiball nur von harter Unterlage zurückspringt.

Im Laufe der Entwicklung der Pferde hat das Laufen nicht einfach an Tempo gewonnen, sondern ist ökonomischer geworden. Und das bedeutet für den großen Grasfresser von heute einen Vorteil gegenüber dem um ein Mehrfaches leichteren Urpferdchen, das auf sumpfigem Boden lief und Blätter zupfte.

Wie laufen nun die heute lebenden Pferde (Equidae), die Zebras, Esel, Urwild- oder Przewalskipferde und unsere Hauspferdrassen? Pferde sind die perfekten Läufer der Ebene. Die gesamte Konstruktion des Bewegungssystems ist darauf eingerichtet. Die Muskeln der Gliedmaßen sitzen hoch am Körper. Ein kurzer Muskelzug ermöglicht eine maximale Bewegung der schlanken Beine. Auch in hohem Tempo bleibt der Leib relativ gerade und ruhig. Die Beweglichkeit der Beine ist weitgehend eingeschränkt, auf ein Vor- und Zurückschwingen ausgerichtet. Ellbogen- und Kniegelenk weisen nur einen sehr geringen Freiheitsgrad auf. Die Beine sind gleichsam in gewinkelter Stellung festgezurrt, man spricht von einem »Spannbandapparat«.

So ist das Pferdebein in der Tat nur zum (energiearmen!) Stehen, Gehen und Laufen geeignet. An die vielseitige Verwendung, wie wir sie beispielsweise von Katzen, Bären und natürlich von Affen kennen, ist überhaupt nicht zu denken. Selbst auf das Hinlegen verzichten die edlen Rosse nur allzugern, besonders die Schwergewichte. Denn das Aufstehen aus der sicher erholsamen horizontalen Seitenlage scheint gar nicht so einfach. Das Pferd streckt den Kopf als Gegengewicht nach der anderen Seite und stemmt zuerst die Vorderbeine auf. Dann folgt das Hinterteil. (Rinder stehen erst hinten auf und »knien« vorn in den Handwurzelgelenken.)

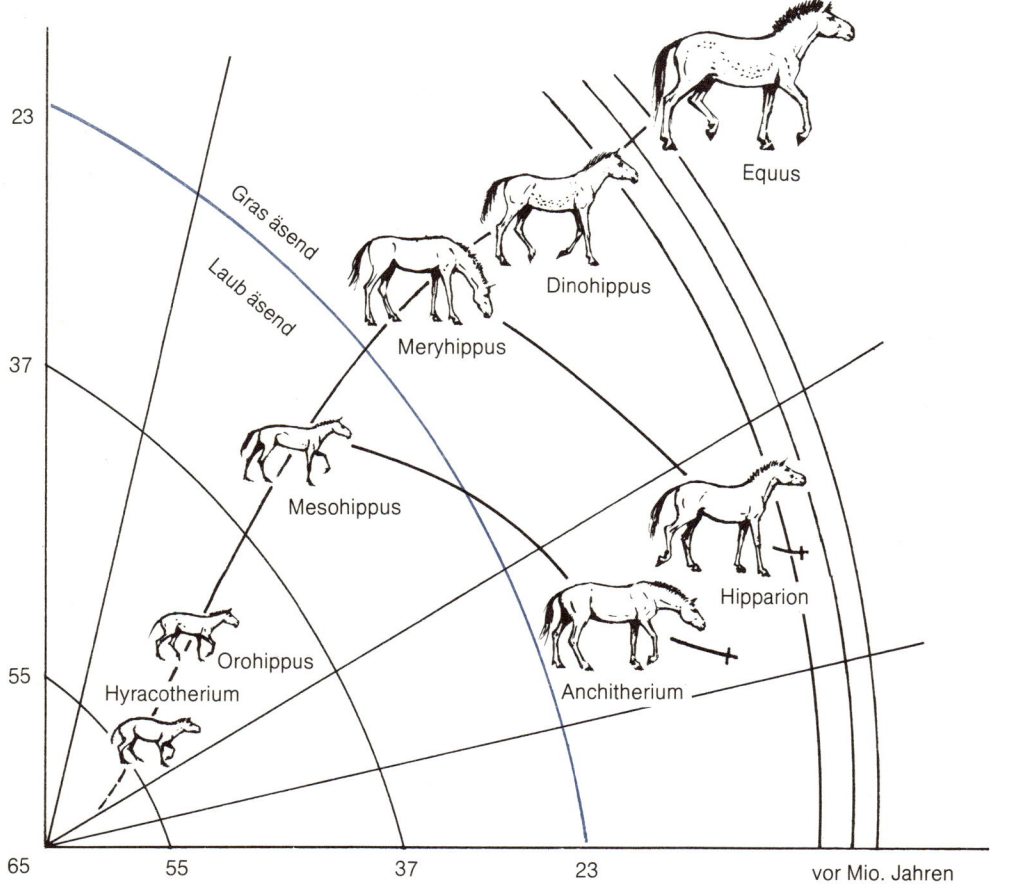

Gras äsend

Laub äsend

23

37

55

65   55   37   23   vor Mio. Jahren

Equus

Dinohippus

Meryhippus

Mesohippus

Hipparion

Orohippus

Hyracotherium

Anchitherium

Die Grundgangarten der Säugetiere – Schritt, Trab, Galopp –, sie werden von allen Pferden gezeigt, und zwar in verschiedenen Tempi. Beim Schritt bewegt das Pferd die Füße im Vierertakt. Der Körper schwingt mit jeder Beinbewegung seitlich etwas aus, synchron pendelt der Kopf. Die seitlichen Ausschwingungen unterbleiben, wenn das Pferd in den Trab wechselt, der im Zweiertakt erfolgt. Man hört immer zwei Hufschläge. Der Pferdekörper schwingt dann nach vorn oben. In der schnellsten Gangart, dem Galopp, läuft das Pferd im Dreiertakt, wobei entweder die linke oder die rechte Vorderhand zuerst fußt: Rechts- oder Linksgalopp. Ein kurzer, sehr versammelter Galopp ist der »Kanter«; dabei können manchmal alle vier Hufe gleichzeitig den Boden berühren.

Pferdekenner unterscheiden nicht weniger als 12 verschiedene Gangarten. Freilich sind manche aus der »Mode« gekommen oder werden von der Leistungsprüfungsordnung (LPO) nicht anerkannt. Das gilt beispielsweise für den Paßgang. In dieser sanften, raumgreifenden Gangart sitzt der Reiter ruhig und recht tief im Sattel. Die Hofdamen der Ritterzeit bevorzugten solche Pferde (Zelter), denen man den Paß andressiert hatte. Den lupenreinen Paßgang zeigen diese Pferde aber ebensowenig wie die Wildpferde, die ab und an in diese Gangart verfallen (Esel besonders dann, wenn sie schwer beladen sind).

Die für den Reiter angenehmste Art zu reiten ist wohl der Tölt. Man sitzt sehr tief, fast gemütlich im Sattel, neigt sich etwas nach hinten und hebt den Kopf des Tieres mit den Zügeln ein wenig an. Dadurch wölbt sich der Hals leicht nach vorn. Alle Gliedmaßen fördern gleichmäßig und unabhängig voneinander. Der englische Ausdruck »running-step« (Rennschritt) kennzeichnet den Tölt gut, der vielleicht aus einem gebrochenen Paß entstand.

Im Hinblick auf Kraft, Ausdauer und Schnelligkeit unterscheiden sich die einzelnen Hauspferdrassen beträchtlich. Da stehen auf der einen Seite die starkknochigen Kaltblüter, die den Schritt bevorzugen und in der Lage sind, schwere Lasten zu ziehen – auf der anderen Seite die Warmblüter, leichtfüßige Pferde im Trab wie im Galopp. Zu ihnen gehören die Vollblüter, die Hochleistungssprinter auf allen Trab- und Galopprennen. Das Englische Vollblut, das Rennpferd schlechthin, wird häufig etwas unschön als »Rennmaschine« charakterisiert. Es hat eine 200jährige Zuchtgeschichte. (Der Stammbaum läßt sich bis zum Hengst Eclipse, geb. 1764, zurückverfolgen.) Die Spur der Vollblüter endet schließlich im arabischen Raum, im Hochland von Nedschd verliert sie sich.

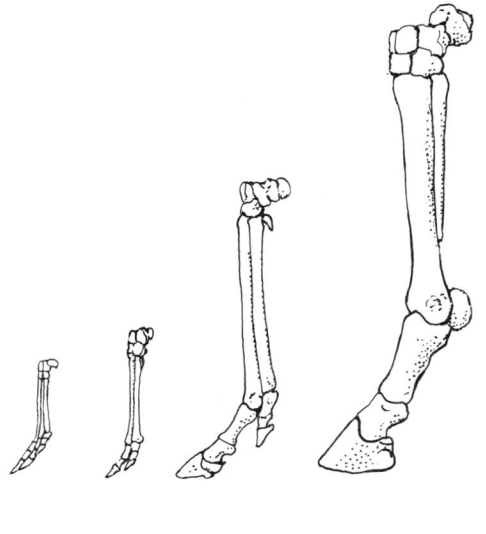

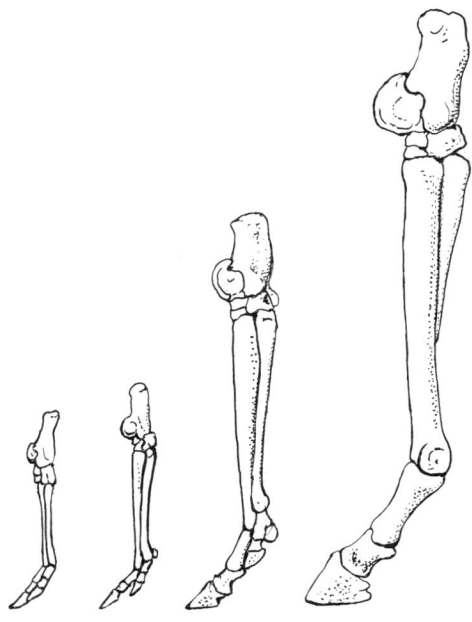

Von links nach rechts: *Hyracotherium*, *Mesohippus*, *Meryhippus* und *Equus*.

Die auf Tempo gezüchteten und trainierten Vollblüter erreichen die höchsten Geschwindigkeiten aller Einhufer. Spitzentraber laufen mit Sulky und Fahrer 48 km/h. Den Traber-Rekord hält Steady Star; das Pferd lief 1971 die Pacer-Meile in 1,25 min. Die schnellsten Galopper erreichen mit Reiter etwa 60 km/h, und das über eine Distanz von 2400 m. Kein Raubtier hält ein derartiges Tempo über einen Kilometer durch.

Interessanterweise erhöhen Pferde im Galopp ihre Geschwindigkeit nicht durch eine größere Schrittfrequenz, sondern allein durch weitere Galoppsprünge. Läuft ein Araber mit 18 km/h, so mißt ein Galoppsprung 2,60 m, sprintet er mit 42 km/h, dann beträgt die Weite eines Sprunges 4,40 m. Entsprechend verschieden ist der Krafteinsatz. Bei jedem Sprung muß ja die gesamte Körpermasse, vor allem aus der Hinterhand, beschleunigt werden. Und selbst der grazile Araber bringt mit drei Jahren schon mehr als 400 kg auf die Waage. Der Energieeinsatz kann bei stärkstem Galopp gegenüber dem Schritt bis auf das 24fache ansteigen; das Herz schlägt dann 186mal in der Minute (in Ruhe 42/min). Noch interessanter aber ist der Vergleich der Sauerstoffaufnahme. Sie steigt zwar auf die Minute gerechnet enorm (von 2,5 l auf 62 l), sinkt aber mit zunehmender Geschwindigkeit pro Wegeinheit. Das Pferd läuft also bei hohem Tempo ökonomisch.

Im langsamen Trab hingegen erreichen trainierte Pferde besonders hohe Dauerleistungen. Mit 12 km/h legen gute Traber am Tage ohne weiteres 100 Kilometer zurück.

All diese Leistungen gelten allerdings nur für die Ebene. Steigt das Gelände an, so neigen Pferde sofort dazu, in den langsamen Schritt zu verfallen. Aus interessanten Versuchen von Taylor geht hervor, daß der Sauerstoffverbrauch am Berg beim Pferd 13mal so schnell zunimmt wie bei der Maus. Die Rosse haben nicht nur Schwierigkeiten mit ihrer großen Übersetzung, sondern auch mit ihrem Gewicht.

Flinke Gazellen und andere Paarhufer

Im Gegensatz zu den Pferden, deren große
Zeit – zumindest in freier Wildbahn – längst
vergangen ist, stehen die Paarhufer – die Antilopen, Hirsche, Rinder – gegenwärtig in voller
Blüte. Die überwiegende Mehrzahl aller heute
lebenden Huftiere gehört zu dieser Säugetier-
ordnung. Wie aus der Abbildung hervorgeht,
lastet das Körpergewicht nicht wie bei den Un-
paarhufern auf dem 3. Zehenstrahl, sondern
gleichermaßen auf den Zehen 3 und 4. Die
übrigen Zehen können bei den einzelnen Arten
mehr oder weniger stark reduziert sein. Wir
werden noch sehen, daß diese Paar-Hufe – in
Verbindung mit den rückgebildeten Zehen 2
und 5 – sehr variabel gestaltet sein können
und die Besiedlung verschiedenster Lebensräume ermöglichen.
Der Blick geht zunächst nach Afrika, wo man in
den Weiten offener Graslandschaften noch
heute riesige Herden von Paarhufern beobachten kann. Die Charaktertiere der Steppen sind
die Gazellen (Gazellinae), ausgesprochen flinke und leichtgebaute Paarhufer auf schlanken
Beinen. Gazellen bevorzugen den Paßgang;
Vorder- und Hinterlauf greifen fast gleichzeitig
aus. Fritz Walther, der Afrikas Tiere »Mit Horn
und Huf« über Jahre beobachtete, hält diesen
fördernden Paßgang für die charakteristische
Bewegungsform der Paarhufer in der Steppe.

Allerdings können die Gazellen auch im normalen Kreuzschritt gehen. Sie bevorzugen ihn
bei sehr langsamem Tempo sowie bergauf.
Auch hochtragende Weibchen laufen nicht im
Paß. Bei raschem, zielgerichtetem Lauf auf ein
bestimmtes Ziel hin fallen die Gazellen in einen
eleganten Trab. Synchron heben die diagonalen Beine ab. Auf der Flucht zeigen sie einen
sehr schnellen, flachen Sprunggalopp, wobei
die Vorderläufe weit ausgreifen und den Boden
nacheinander berühren. Die Hinterläufe drük-
ken gleichzeitig ab und machen das Tier lang.
In hohem Tempo greifen sie an den Vorderläufen vorbei.

Der linke Vorderfuß verschiedener Unpaarhufer. Von
oben nach unten: Tapir, Nashorn, Pferd. Es ist aber
mehr als problematisch, von einer »Rückbildungsrei-
he« zu sprechen. Rechts verschiedene Paarhufer;
von oben Flußpferd, Schwein, Hirsch

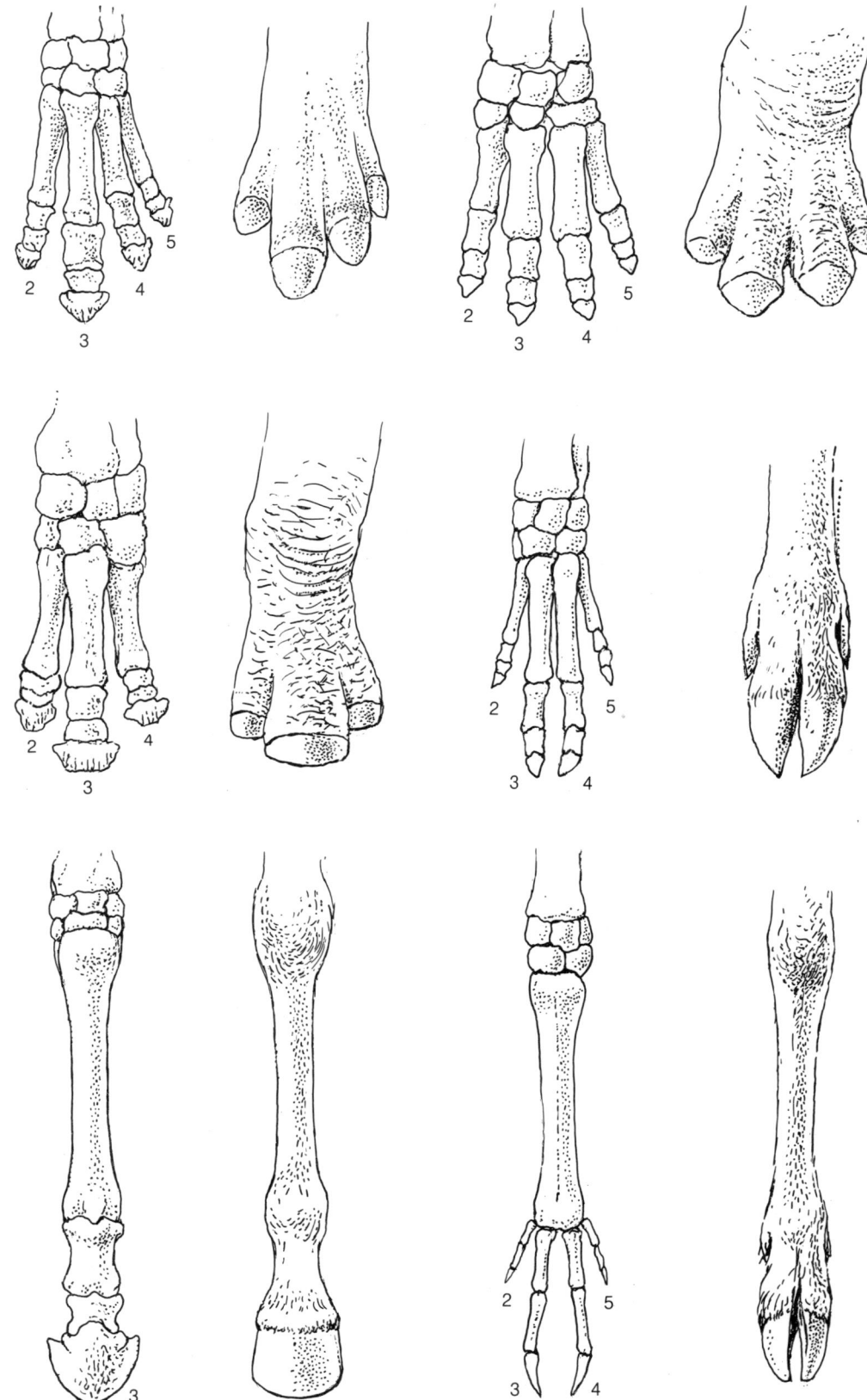

Gazellen können sich dabei stark »in die Kurve legen« und Haken schlagen, was man ansonsten bei Huftieren kaum beobachtet. Obgleich die Gazellen über ein beachtliches Sprungvermögen verfügen, machen sie davon beim Überwinden von Hindernissen kaum Gebrauch. Diese werden lieber umlaufen. Häufig aber zeigen sie den sogenannten Prellsprung (»Stotting«). Dabei schnellen sie sich aus dem Stand mit steifen Beinen hoch. Im Fluchtverhalten spielen die Prellsprünge aber kaum eine Rolle.

Wie inszeniert wirken die auffälligen Bewegungsformen aus dem Paarungszeremoniell der Gazellen: der Paarungsmarsch, das Paarungskreisen, das Stoßtreiben, der Laufschlag – der Vorderlauf des Bockes schlägt zwischen die Hinterbeine der Geiß –, der Ansprung vor der Kopulation.

Grundsätzlich sind die Bewegungsformen der anderen Paarhufer der afrikanischen Steppe mit denen der Gazellen vergleichbar. Die Unterschiede liegen im Detail. Die schönste Antilope Afrikas, die Impala *(Aepyceros melampus)* – die vollkommene Harmonie zwischen Bau und Funktion – zeigt elegante Galoppsprünge von 10 m Weite und 3 m Höhe. Im Körperbau und Laufstil an die Pferde erinnern die Pferdeantilopen *(Hippotragus)*. Die Rappenantilope *(Hippotragus niger)* gehört zu den vielen nomadisierenden Ausdauerläufern. Weite Wanderungen sind ja für die meisten afrikanischen Grasfresser lebensnotwendig, wenn es gilt, neue Weidegründe aufzusuchen. So wandern die Streifengnus *(Connochaetes taurinus)* periodisch von den Hochebenen der Serengeti zu den Ufern des Victoriasees. Einer der unermüdlichsten Wanderer der Wüstengebiete ist der Spießbock *(Oryx gazella)*. Er gehört zu den ausdauerndsten, aber auch zu den schnellsten Paarhufern überhaupt. Selbst hohe Geschwindigkeiten hält er lange durch.

Die erreichten Fluchtgeschwindigkeiten sind ja bei den verschiedenen Paarhufern keineswegs gleich – und sie spiegeln sich im Beutespektrum der großen Raubkatzen auch wieder. Die sehr schnellen Arten, wie das Kongoni *(Alcelaphus buselaphus jacksoni)*, werden vom Löwen wesentlich seltener gerissen als beispielsweise die etwas kleinere Thomsongazelle *(Gazella thomsoni)*.

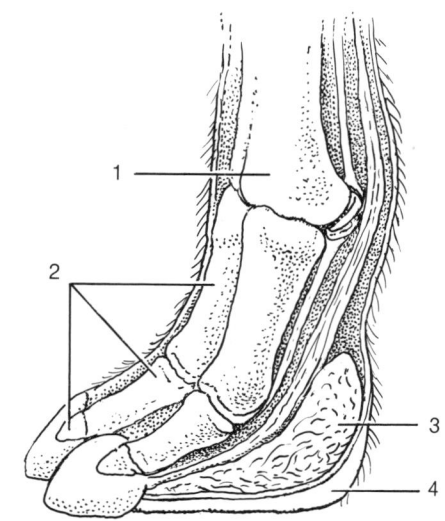

Der Fuß des Kamels; die breite Grundfläche verhindert das Einsinken im weichen Wüstensand. 1 Mittelfußknochen, 2 Zehenglieder, 3 Polster, 4 Hornsohle

Längsschnitt durch den Fuß eines Pferdes

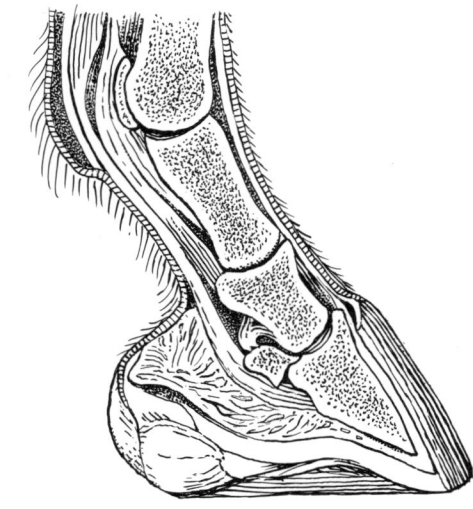

Die größten Antilopen sind übrigens nicht die langsamsten. Die Elenantilope *(Taurotragus oryx)*, fast eine Tonne schwer, demonstriert hohe Beweglichkeit. Sie dreht Pirouetten und setzt blitzschnell zu hohen Sprüngen an. Im schnellen Trab legt sie große Strecken zurück und vermag Tempo 40 (km/h) längere Zeit durchzuhalten. Die Geschwindigkeit verblüfft, wenn man bedenkt, daß die Beweglichkeit in den Gelenken deutlich geringer ist als bei der kleineren Gazelle.

Paßgänger der Wüstengebiete sind die Kamele. Die Gangart bewirkt das bekannte Schaukeln der »Wüstenschiffe«, das das Reiten nicht unbedingt zur Freude werden läßt. Wegen ihrer hervorragenden Anpassung – geringer Wasserbedarf und verschließbare Nasenlöcher – lassen sie sich indes kaum ersetzen. Wie die Abbildung links zeigt, leben sie auch auf recht großem Fuß, weshalb sie auf dem weichen Sandboden nur wenig einsinken.

Im Paßgang laufen auch die anderen »Schwielensohler« – die in Südamerika verbreiteten Kleinkamele der Gattung *Lama*. Ansonsten ist Südamerika vergleichsweise arm an Huftieren der offenen Grassteppe. Andere Tierarten besetzen dort diese Nische (vom Mähnenwolf war schon die Rede).

Der einzige Paßgänger unter den Nagetieren ist wohl nicht zufällig in den südamerikanischen Graslandschaften zu Hause: das Große Mara *(Dolichotis patagonum)*. Der schlanke Körper ruht auf langen Gliedmaßen, die hinteren sind länger als die vorderen. Auf der Flucht geht das Mara vom Paß in weiten Sprüngen zum Galopp über.

Nordamerikas auffälligster Paarhufer ist der bekannte Prärie-Bison *(Bison bison bison)*, ein Verwandter des einst in Europa weit verbreiteten Wisent *(B. b. bonasus)*. Die gewaltigen Tiere bevorzugen, wie viele Schwergewichte, den ruhigen Schritt. Den Trab sieht man selten. Der Galopp mutet besonders beim Wisent wenig elegant an. Die Zoologin Erna Mohr: »Ein älterer Stier im Galopp erinnert fatal an ein Schaukelpferd.«

Dem Namen der Überordnung – »Spreizzeher« – machen besonders die Paarhufer alle Ehre, die Sumpfgebiete bewohnen. Diese Arten – Wasserbüffel *(Bubalus)*, Sumpfantilope *(Tragelaphus spekii)*, Davidshirsch oder Milu *(Elaphurus davidianus)* – laufen auf langen, extrem spreizbaren Hufen, die das Einsinken verhindern. Selbst für den bis 800 kg schweren Elch *(Alces alces)* ist es ungefährlich, durch Sumpf und Moor zu waten. Unter der Last des Körpers spreizen sich die Zehen weit; sie enden in großen Hufen. Die tief sitzenden Afterklauen werden häufig mit abgedrückt. Das Trittsiegel des Elchs ist 16 cm lang und 13 cm breit, etwa dreimal so groß wie das des Rehs.

Über Mehrzweckhufe verfügen die Rentiere *(Rangifer tarandus)*. Auch ihre Schalen können weit gespreizt werden – günstig für den Gang durch Sumpf und Schnee. Man hat errechnet, das 1 cm² Huf nur 350 g tragen muß. Die Hufe sind scharfkantig und ermöglichen das Aufscharren von Eis und Schnee.

Die Huftiere haben aber auch die Wälder besiedelt. Die in diesem dichten Lebensraum vorkommenden Arten lassen es langsam angehen. Die rasende Flucht kann für sie kein Rezept sein. Viele bauen auf das Gegenteil: die plötzliche Erstarrung. Walther spricht von der »gebremsten Beweglichkeit«. Raubtiere, die meist auf Bewegungssehen orientiert sind, können da irritiert werden. Der Große Kudu *(Tragelaphus strepsiceros)* hält bei einem verdächtigen Geräusch sofort inne – das angehobene Bein erstarrt mitten in der Bewegung. Verständlich, daß der Paßgang, bei dem die Beine einer Körperseite fast gleichzeitig angehoben werden, von den Tieren des Waldes nicht gezeigt wird.

Im Dickicht des Unterholzes leben kleine Paarhufer, die ihren Feinden im wahrsten Sinne des Wortes »entschlüpfen«. Diese Dickichtschlüpfer fallen durch die gebogene Rückenlinie auf; beim Steppentyp beobachten wir den geraden Rücken. Die typischen kleinen Schlüpfer finden wir in der Gruppe der Ducker (Cephalophinae). Sie fallen durch die kurzen Beine

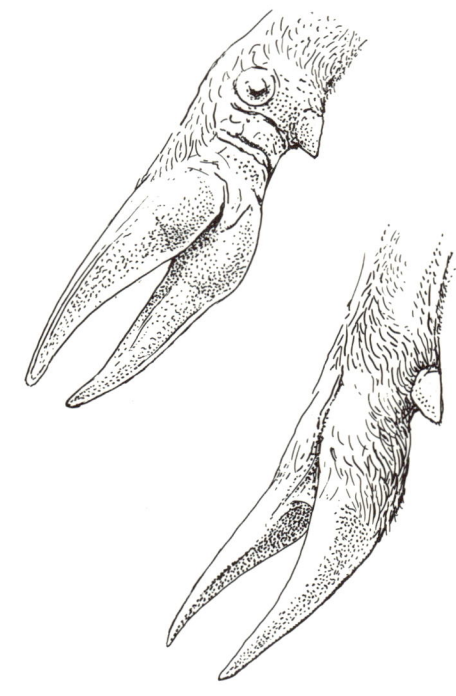

Fuß einer Sumpfantilope

Laufen in verschiedenen Lebensräumen. Tiere in Wald und Dickicht zeigen häufig eine gebogene Rückenlinie und langsame, »gebremste« Bewegungen (links Hirschferkel, Mitte Sumpfantilope). Arten der offenen Ebene bevorzugen den raumgreifenden Paßgang (Gazelle).

und den Rundrücken auf. Der in etwas steppenartigem Gelände vorkommende Kronenducker *(Sylvicapra grimmia)* zeigt »schon« einen etwas geraderen Rücken.

Auch unter den Hirschen (Cervidae) kennt man derartige Dickichtschlüpfer, zum Beispiel den südamerikanischen Pudu *(Mazama pudu)*. Die meisten Hirsche aber sind gute Läufer auf schlanken, hohen Beinen. Sie zeigen Beweglichkeit und Schnelligkeit, wenn sie rasch vom Trab in den Galopp verfallen.

Die Spezialisten besiedeln das unwegsame Gebirge. Als hervorragende Kletterer in Fels und Stein gelten die Bezoarziege *(Capra aegagrus)*, die nordafrikanische Mähnenziege *(Capra lervia)*, der Felsenmoko *(Kerodon rupestris)* Brasiliens, der Himalaja-Tahr *(Hemitragus jemlahicus j.)* und der Goral *(Nemorhaedus goral caudatus)* der Amurgebirge. In mitteleuropäischen Gefilden ist die Kletterkunst der Gemse *(Rupicapra rupicapra)* sprichwörtlich geworden. Die Hufe der Gemse, die trittsicher über Matten und Felsen läuft, zeichnen sich durch eine erstaunliche Elastizität aus. Die Klauensohlen sind weich, die Kanten kräftig und gegeneinander verstellbar. Hinzu kommt eine große Dehnfähigkeit der Fußgelenke. Sie wird deutlich, wenn Gemsen von weichem Untergrund abspringen. 10 cm hinter den Fährten der Hufe werden dann die Abdrücke der Afterklauen sichtbar.

Noch bessere Möglichkeiten der Haftung am Felsgestein bieten die kleinen Hufe der Steinböcke *(Capra ibex)*. Das Hufpaar ist nicht, wie bei der Gemse, durch eine Haut verbunden, was eine ideale Anpassung der Trittfläche an den Untergrund erlaubt. Die Sohlen schmiegen sich dem Boden weich an. So werden die halsbrecherisch anmutenden Touren für den Steinbock zum leichten Spaziergang. Eis und Schnee meidet das Steinwild ebenso wie den Gang durch die Täler.

Absolut ungefährlich ist das Leben im Gebirge aber auch für diese Spezialisten nicht. Genauere Untersuchungen, die für die Gemse in der Sächsischen Schweiz vorliegen, zeigen, daß es alljährlich zu tödlichen Abstürzen kommt – und zwar fast ausschließlich im Winter.

Den höchsten Grad der Anpassung an die Bewegung im Fels haben vielleicht die zierlichen afrikanischen Klippspringer *(Oreotragus oreotragus)* erreicht. Sie laufen mit anmutiger Leichtigkeit auf schmalstem Grat, springen auf kleinste Vorsprünge und lassen sich plötzlich

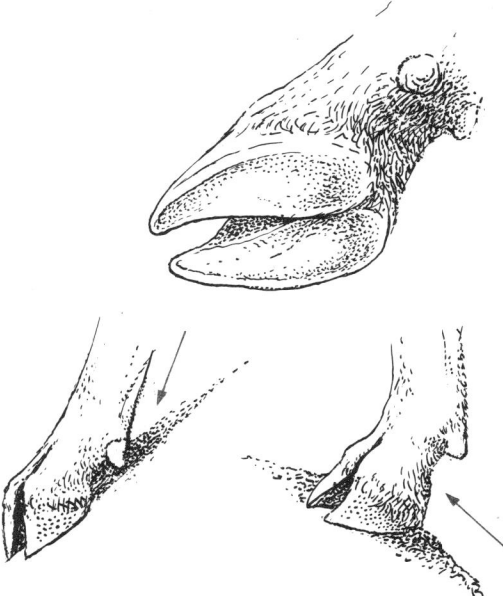

Die Kletterhufe des Steinbocks

Der Galopp der leichten Thomsongazelle im Vergleich mit der schweren Elenantilope

7 m weit in die Tiefe fallen. Sicher landen sie auf winzigen zylindrischen Hufen. Die Klippspringer sind die Balletttänzer unter den Paarhufern: Sie stehen auf der Spitze der Zehenspitze.

Hoppeln und Hüpfen

Welche Möglichkeiten bleiben den kleineren Tieren, die schon auf Grund ihrer winzigen Schrittweite kaum einem Raubtier entfliehen können? Selbst bei einer extrem hohen Schrittfrequenz (mehr als 400 pro Minute) erreicht eine Wühlmaus *(Microtus)* nur knapp 3 m/s, also etwa 10 km/h. Viele Nagetiere verlassen sich deshalb auf ihren Unterschlupf im Erdreich.

Weiter kommt ihnen ihre Vielseitigkeit zustatten; die meisten Arten können auch klettern, schwimmen und tauchen. Wenn dazu noch ein hohes Maß an Intelligenz und Vorsicht kommt, wie man das von den Ratten kennt, dann sind sie nur schwer zu fangen.

Die Hasenartigen (Lagomorpha) können sich in der offenen Landschaft bewegen und sich nicht nur auf ihre gute Tarnfärbung, sondern auch auf ihr Tempo verlassen. Bekannt sind die deutlichen Spuren, die Meister Lampe hinterläßt, wenn er im allseits bekannten »Hasensprung« flieht. Durch den kräftigen Schub der langen Hinterbeine entsteht diese Form des Sprunggalopps: Die Hinterläufe setzen je nach Geschwindigkeit weit vor den Vorderläufen auf (einen ähnlichen, sogenannten verschobenen Hasensprung beobachtet man auch bei manchen unserer schnell fliehenden Huftiere, z. B. bei Reh und Rothirsch). So erzielt der Feldhase *(Lepus europaeus)* eine große Schrittweite und kann im vollen Speed mit 65 km/h über das Feld rasen. Die Vorderläufe, die nacheinander aufsetzen, arbeiten vor allem als Landungshilfen; sie federn mit ihrer Biegsamkeit den Stoß ab. Diese Sprungfolgen bieten gegenüber dem gleichmäßigen Trab, den Hasen nicht beherrschen, die Möglichkeit des Zickzacklaufs. Günstig für eine eventuelle Flucht wirkt sich auch der schnelle Start aus. Die Langohren sitzen auf angewinkelten, also sprungbereiten Hinterläufen.

Wildkaninchen *(Oryctolagus cuniculus)* hoppeln langsamer als Hasen. Ihre Zickzacksprün-

ge sind wesentlich kürzer: maximal 1 m gegenüber 3 m beim Hasen. Deshalb werden auch Hindernisse nicht übersprungen, sondern umlaufen. Die Höchstgeschwindigkeit im freien Feld liegt bei 40 km/h. Allerdings ist das Kaninchen auf Grund seiner kleineren Übersetzung der schnellere Starter.

Wenn sie ruhig äsen, hoppeln Kaninchen nicht. Sie rutschen: Die Vorderläufe greifen so weit aus, bis der Körper gestreckt ist. Dann werden die Hinterläufe nachgezogen. Weniger bekannt ist eine eigenartige langsame Fluchtbewegung – das vorsichtige, hochbeinige »Sich-davon-Stehlen«. Müller-Using nennt es »eine Art schleichenden Schreitens«. Man beobachtet es auch bei Hasen, am häufigsten beim Schneehasen (Lepus timidus), einem Bewohner des nördlichen Eurasien, der im Gegensatz zu unseren Einzelgängern zeitweise Gruppen bildet.

Der schnellste »Hase« ist der in Südafrika lebende Springhase (Pedetes caffer). Auf der Flucht verzichtet er auf den Einsatz der Vorderbeine. Seine kräftigen Hinterbeine erlauben ihm gewaltige Sätze von 10 m Weite. Aber der Name irritiert, der Springhase gehört in die Verwandtschaft der Nagetiere. Also gibt es unter

Flüchtender Hase. Das Spurenbild zeigt die Zunahme der Zwischenräume mit steigendem Tempo.

ihnen doch Sprinter! Eine ganze Familie ist durch ihre schnelle Fortbewegung bekannt geworden – die Springmäuse (Dipodidae). Die kleinen Nager bewohnen Wüstengebiete und erreichen durch ihre weiten Sprünge eine unglaubliche Geschwindigkeit. Manche springen, Gummibällen gleich, nach hinten, zur Seite oder nach vorn.

Dieses zweibeinige Hüpfen ist auch die charakteristische Fortbewegungsart der Känguruhs, der Wappentiere Australiens. Schon die eigenartige Körpergestalt, das Mißverhältnis zwischen den kleinen Ärmchen und den gewaltigen Hinterbeinen, dazu der starke, muskulöse Schwanz lassen »Besonderes« ahnen. Man kann sich in der Tat die erstaunten Gesichter der Europäer vorstellen, die im Jahre 1790 das erste Känguruh in Europa, ausgestellt im Londoner Lyceum-Theater, bewunderten.

In Ruhe nehmen die Känguruhs entweder die Vierbein-Stellung, die Vorderbeine wirken als Stützen, oder die Dreibein-Stellung ein – der Körper ruht auf den Hinterfüßen und dem Schwanz. Im langsamen Hoppelgalopp setzt

das Känguruh die Hände nacheinander auf und zieht die Hinterbeine nach. Etwas schneller kommt es im Hoppeln voran, wobei Vorder- und Hinterbeine im synchronen Wechsel arbeiten. Die übliche Art der Fortbewegung aber ist das Hüpfen auf den Hinterbeinen (vergleichbar mit dem Springen der Springmäuse). Dabei hängen die Hände angewinkelt herab, der Schwanz wird aufgebogen und wippt im Takt. Seine stabilisierende Funktion ist von ausschlaggebender Bedeutung.

Das normale Hüpftempo der Känguruhs liegt zwischen 10 und 15 km/h. Auf der Flucht aber können kurzzeitig Spitzenwerte von 80 km/h erzielt werden. Dabei hat man für das Graue Riesenkänguruh (Macropus gigantea) Sprungweiten von 13 m und -höhen von 3 m gemessen.

Das Erstaunliche an diesem Hüpfspringen liegt nicht in der Geschwindigkeit, sondern im Bewegungsablauf überhaupt. Wir haben bei den Katzen gesehen, daß das blitzartige Nach-vorn-Katapultieren des gesamten Körpers äußerst kraftaufwendig ist und nur kurze Zeit durchgehalten werden kann. Dauerläufer wie Wölfe und viele Huftiere bevorzugen die gleichförmige Bewegung, wobei die bewegten,

schwingenden Gliedmaßen im Gewicht stark reduziert sind. Beim zweibeinigen Hüpfen aber muß der gesamte Körper nach jeder Bodenberührung erneut beschleunigt werden. Wenn das bei den nicht einmal 100 g schweren Springmäusen noch vertretbar erscheint, so glaubt man bei einem 75 kg schweren Großkänguruh an totale energetische Fehlplanung der Evolution. Unwillkürlich kommt das Bild eines ausgewachsenen Menschen auf, der nach einer durchhüpften Strecke von nur einigen hundert Metern völlig erschöpft ist.

Des Rätsels Lösung fanden vor allem Dawson und Taylor. Sie stellten in interessanten Versuchen fest, daß sich Känguruhs wie schwingende Körper an einer Feder verhalten. Und die Feder stellt die mächtige Achillessehne der Hinterläufe dar. Die Sehnen gewinnen die investierte Energie beim Aufsetzen der Füße wieder zurück. Känguruhs verfügen über einen der rationellsten Sprungmechanismen. Zwischen 7 und 40 km/h bleibt der Sauerstoff-

Laufhaltungen der Riesenkänguruhs – im langsamen, mittleren und im hohen Tempo (von oben nach unten)

Auf ihren langen Hinterbeinen hüpfen die nordamerikanischen Känguruhratten.

verbrauch fast gleich, und 70 % der Sprungenergie holen die bis 40 cm langen Achillessehnen zurück.

Die schnellsten Hüpfer der offenen australischen Graslandschaften gehören zur Gattung der Großkänguruhs (Macropus). Sie nehmen dort den Platz ein, den in Afrikas Steppen die Antilopen besetzen. Viele aber der 56 heute noch lebenden Känguruharten bewohnen ganz andere Lebensräume und weisen entsprechende Anpassungen auf. Im dichten Pflanzengewirr halten sich die kleinen Quokkas (Setonix brachyurus) auf. Sie können sich nicht auf ihren kleinen, schwachen Schwanz stützen und hoppeln meist langsam umher. Als gute Springer im Fels erweisen sich die Pinselschwanzkänguruhs (Petrogale penicillata). Sie gelten als die »Gemsen Australiens«. Die Baumkänguruhs (Dendrolagus) sind gar in der Lage, Stämme zu erklimmen und an Ästen zu hangeln. Ihre Kletterkünste werden freilich nicht von allen Beobachtern gelobt.

Renner auf zwei Beinen

Die zweibeinigen Hüpfer, Känguruhs, Springmäuse . . ., legen die Vermutung nahe, Zweibeinigkeit wäre vor allem in der Klasse der Säugetiere entstanden. Das Gegenteil ist der Fall. Unter den Reptilien kennt man eine ganze Reihe von Formen, die gern auf den Einsatz der vorderen Gliedmaßen verzichten. Fast 40 Arten aus 5 Familien werden zu Zweibeinern, wenn sie Tempo machen müssen. Die Vorteile für die Spreizgänger liegen auf der Hand: Der Lauf auf zwei Beinen erlaubt eine große Schrittweite (oft das Doppelte der Körperlänge) und durch den Verzicht auf das Rumpfschlängeln eine geradlinige Bewegung. Es leuchtet ein, daß die zweibeinigen Renner zu den schnellsten Echsen überhaupt gehören. Bei nordamerikanischen Leguanen *(Callisaurus draconoides)* hat man Spitzengeschwindigkeiten von 25 km/h gemessen.

Das zweibeinige Rennen erfolgt in Wechselschritten und läßt sich deshalb nicht mit dem zweibeinigen Hüpfen vergleichen. Gleichwohl bilden kräftige Hinterbeine und ein Balancierschwanz in beiden Fällen eine wichtige Voraussetzung. Nur derart gebaute Warane, Leguane, Agamen und Rennechsen vermögen sich bei schneller Flucht ausschließlich auf die Hinterbeine zu verlassen. Es ist fast überflüssig zu betonen, daß die zweibeinigen Flitzer ebenen Boden brauchen – Wüsten und Steppen. Die glatteste Startbahn, die Wasseroberfläche, nutzt der amerikanische Helmbasilisk *(Basiliscus basiliscus)*. Erst wenn Kraft und Tempo nachlassen, sinkt er ein und schwimmt. Doch dann ist er dem Feind schon längst entronnen.

Die größten und schwersten Zweibeiner finden wir, wie könnte es auch anders sein, unter den Sauriern – der an anderer Stelle bereits erwähnten »Krone reptilischer Schöpfung«. Einer dieser Riesen war *Allosaurus*, vielleicht der größte Räuber der Jurazeit. Spuren seiner Zähne fand man an den Knochen der gewaltigen, aber langsamen Brontosaurier. Ob die Allosaurier schnelle Raubtiere waren, darüber sind die Meinungen geteilt. Möglicherweise hatten sie Mühe, ihren 4 t schweren Körper mit dem Schwanz auszubalancieren und begnügten sich mit dem Verzehr von Aas. Allerdings ist bei Überlegungen zur Geschwindigkeit die

riesige Schrittweite – bei den großen Arten mehr als 4 m! – zu bedenken. Multipliziert man mit der Schrittfrequenz eines Menschen im Spaziergängertempo, so ergeben sich schon enorme Werte.

Doppelt so schwer wie *Allosaurus* war der 12 m lange *Tyrannosaurus rex*, nach *Tarbosaurus* vielleicht der größte landbewohnende Fleischfresser aller Zeiten. Das massige Tier von 8 t lief erwiesenermaßen auf zwei Beinen. Man muß annehmen, daß er mit seinen 75 cm kurzen Ärmchen nicht einmal zur vierfüßigen Ruhestellung in der Lage war. Vielleicht hat er ab und an, ähnlich einem Känguruh, eine Drei-Bein-Haltung eingenommen, das heißt, den riesigen Schwanz als Schemel benutzt.

Haben diese gewaltigen Tiere ihre Beute tatsächlich im schnellen Sprint verfolgt? Man muß es bezweifeln. Newman, der neuerliche Rekonstruktionen der Körperhaltung vornahm, glaubt nicht einmal an eine aufrechte Haltung. Nach seiner Auffassung ging *Tyrannosaurus* gebeugt, hielt den Rumpf fast in der Waage-

Noch heute erinnern viele zweibeinig laufende Reptilien an die große Zeit ihrer Vorfahren. Oben eine Kroneidechse auf dem Wasser, unten eine Agame der Gattung *Amphibolurus*

rechten und pendelte den Körper mit dem Schwanz und dem sehr beweglichen Kopf aus. Die Riesen schritten demnach nicht majestätisch einher, sondern watschelten etwas unbeholfen nach Entenart.

Die schnellsten zweibeinig laufenden Saurier haben wir unter weniger schwergewichtigen Formen zu suchen. Es sind die sogenannten Vogelnachahmer (Ornithomimidae). Die Tiere zeichneten sich durch feine Hohlknochen, langen Hals, lange Beine und einen Schnabel aus. Der Straußdinosaurier *Struthiomimus*, 3,60 m lang und 2,10 m hoch, lief auf drei Zehen. (Wir werden auf ähnliche Bautypen bei den Laufvögeln, S. 100, stoßen.) Ob diese Allesfresser, die offenbar die Nische besetzten, die später die Laufvögel einnahmen, blitzschnelle Läufer waren, das wird von manchen Wissenschaftlern bezweifelt.

Säugetiere scheinen das zweibeinige Laufen im Wechselschritt nicht »entdeckt« zu haben. Die hüpfenden Springmäuse zeigen diesen Laufstil nur ausnahmsweise, ebenso die Schuppentiere und Känguruhratten. Die meisten Arten richten sich nur zu einem mehr oder minder labilen Stand auf. Giraffengazellen, Ziegen, ja sogar Nilgauantilopen und andere Huftiere können dann Nahrung aus der nächst

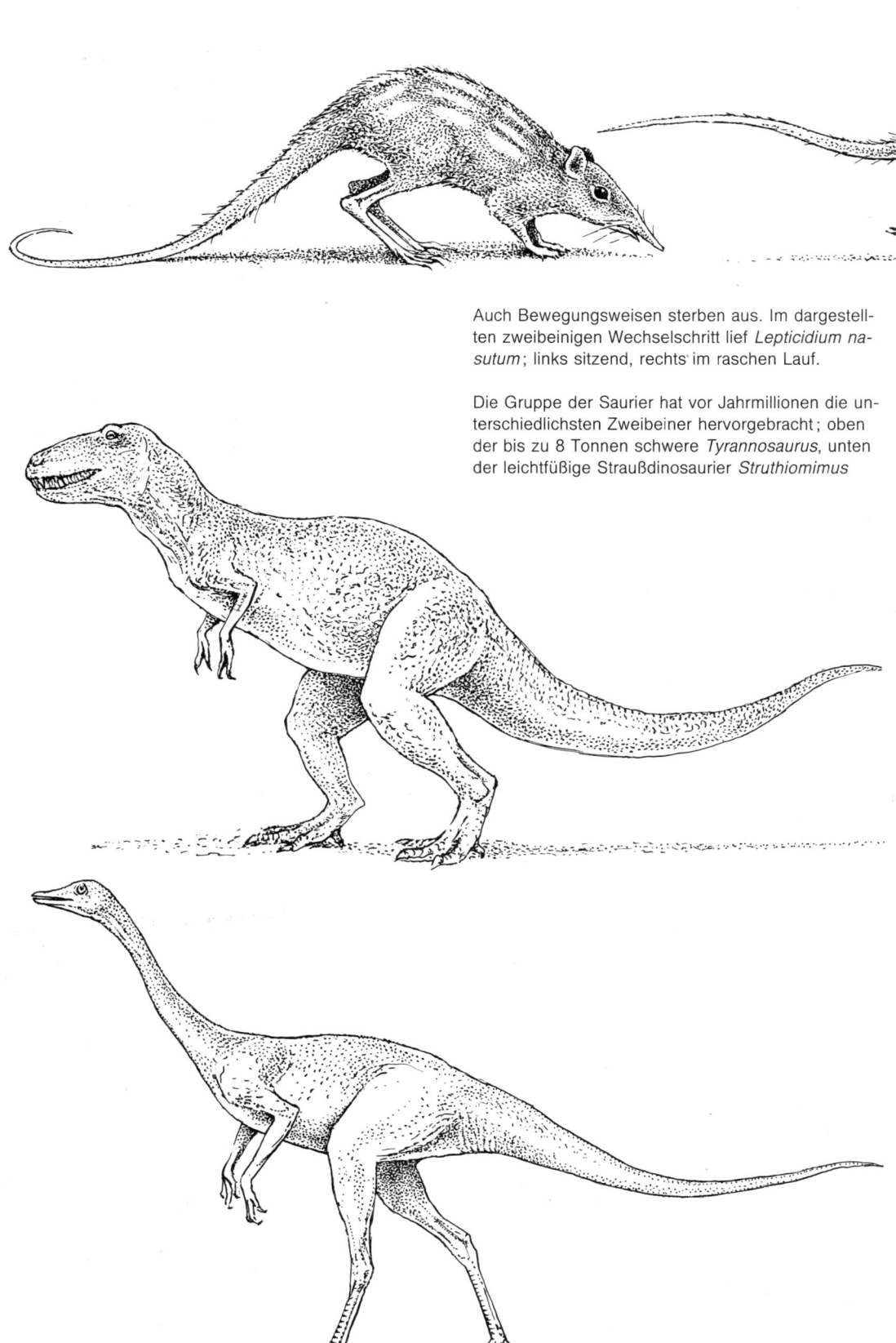

Auch Bewegungsweisen sterben aus. Im dargestellten zweibeinigen Wechselschritt lief *Lepticidium nasutum*; links sitzend, rechts im raschen Lauf.

Die Gruppe der Saurier hat vor Jahrmillionen die unterschiedlichsten Zweibeiner hervorgebracht; oben der bis zu 8 Tonnen schwere *Tyrannosaurus*, unten der leichtfüßige Straußdinosaurier *Struthiomimus*

höheren Etage holen. Auch unsere Hasen erweisen sich als gute »Steher«. An sonnigen Vorfrühlingstagen kann man beobachten, wie sich die Rivalen beim Kampf um das Weibchen hoch auf die Zehenspitzen aufrichten und mit den Vorderläufen boxen.

Raubtiere nehmen die zweibeinige Haltung fast nie ein (beim Beutelwolf ist man unsicher). Selbst Bären zeigen diese ungewöhnliche und wohl deshalb so zuschauerfreundliche Pose in ihrem natürlichen Lebensraum weit seltener als im Zoo. So scheint das interessanteste zweibeinige Säugetier der Gegenwart der Biber *(Castor fiber)* zu sein. Fotos belegen, wie er im Entengang läuft und mit den Vorderbeinen Baumaterial oder sogar ein Junges trägt!

Aber die perfektesten zweibeinigen Renner unter den Säugern, sie lebten. Die Evolution hat sie – wie vieles – hervorgebracht und wieder »verworfen«. 1985 stießen Storch und Lister bei Arbeiten in der berühmten Grube Messel bei Darmstadt auf Fossilien eines merkwürdigen Säugetiers aus dem Eozän (Periode vor 50 Millionen Jahren). Die Untersuchung ergab andere Konstellationen, als wir sie von heutigen Formen kennen: zum Beispiel das Verhältnis von Vorder- zu Hinterextremität, die kräftige Hüftmuskulatur, schlankes Becken und starker Oberschenkel; das kräftige Schienbein ist nicht mit dem schlanken Wadenbein verwachsen (wie das springende Arten zeigen). Alles in allem blieb nur der Schluß: Der archaische Messel-Säuger war ein flinker zweibeiniger Räuber! Und es ergab sich eine allgemeine Erkenntnis: Das zweibeinige Hüpfen nach Känguruhart scheint günstiger für den schnell flüchtenden Pflanzenfresser und das geradlinige zweibeinige Rennen geeigneter für den Beutejäger.

Der bekannteste und darüber hinaus auch perfekteste Zweibeiner ist natürlich der Mensch, und er hätte sich wohl nie *Homo sapiens* nennen können, wenn seine so vielseitig einsetzbaren Vordergliedmaßen noch vorrangig zum Laufen dienten. Unsere »nächsten Verwandten« sind uns auch in puncto Zweibeinigkeit unterlegen. Meist laufen sie auf allen Vieren, die Menschenaffen setzen vorn die Fingerknöchel auf. Die meisten Affen richten sich auf, wenn sie die Hände anderweitig einsetzen. Totenkopfäffchen beispielsweise laufen flink auf zwei Beinen, wenn sie Bananen wegtragen. Eigenartig sieht ein Gibbon aus, der die überlangen Arme über den Kopf hebt.

Die Besonderheiten des Menschen liegen im Bereich der Wirbelsäule und in der Becken-Bein-Konstruktion. Die totale Aufrichtung unseres Körpers unter Streckung des Hüftgelenks garantiert vor allem ein mächtiger Muskel: der große Gesäßmuskel (Musculus glutaeus maximus), der fast alle anderen kleineren Muskeln überdeckt. Außerdem gelingt es, die Beine im Knie »einzurasten« und so in energiearmer Haltung zu fixieren. Über die besseren Haltemuskeln verfügen übrigens die Frauen. Neuere Untersuchungen an Afrikanerinnen ergaben, daß der Sauerstoffverbrauch nicht ansteigt, wenn die Frauen bis zu 20 % ihres Körpergewichtes auf dem Kopf tragen.

Wann die ersten unserer Ahnen sich vollständig auf ihre Hinterbeine erhoben, läßt sich nicht genau sagen. Auf jeden Fall schritt schon die berühmt gewordene Lucy* (nicht Eva!) erhobenen Hauptes und im Sohlengängerschritt einher. Sie lebte vor 3,5 Millionen Jahren und gehörte zur Art *Australopithecus afarensis*.

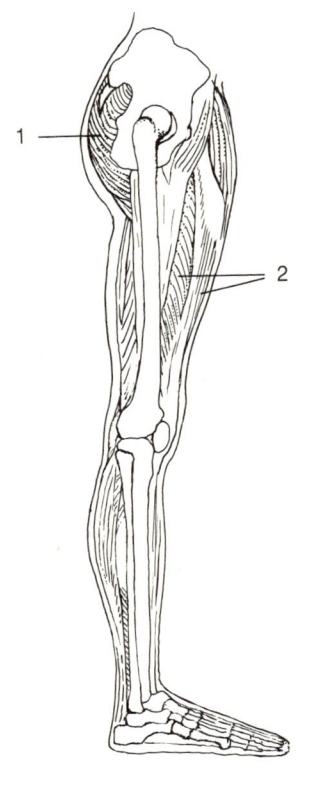

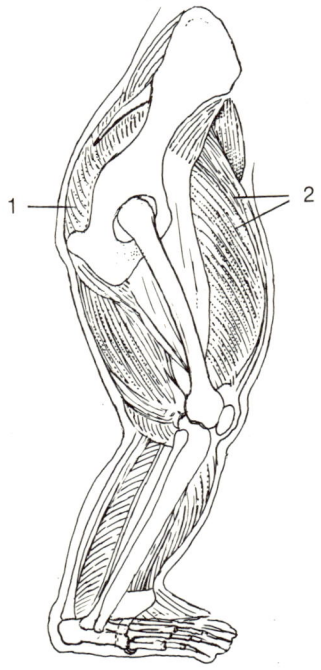

Bein von Mensch und Gorilla im Vergleich. Für den aufrechten Gang sorgt vor allem der kräftige große Gesäßmuskel. 1 großer Gesäßmuskel, 2 vierköpfiger Schenkelmuskel

Lauf-Vögel

Alle Vögel sind Zweibeiner; es bleibt ihnen auch keine andere Möglichkeit, denn die vorderen Extremitäten bilden das Grundgerüst des Flügelpaares. Aber auch die Hinterbeine weichen, wie unsere Abbildung zeigt, erheblich vom Grundbauplan der Wirbeltierextremität ab. Nur die körperfernen Teile des Fußes berühren den Boden – die Vögel gehören zu den Zehengängern.

Wie wir sehen werden, ist das Laufvermögen der einzelnen Vogelarten außerordentlich verschieden, und es gibt ausgesprochene Spezialisten. Der schnellste heute lebende Zweibeiner ist ein Vogel – der bis zu 2,75 m hohe und nicht selten fast drei Zentner schwere Strauß (*Struthio camelus*). Es sind die »hohen Wächter« der afrikanischen Steppen und Savannen. Wie bei allen flinken Bodenläufern, so beobachten wir auch beim Strauß eine Reduktion der Zehenzahl. Er läuft auf zwei kräftigen Zehen; feste Ballen bilden die Kontaktfläche zum Boden. Die Hauptlast des Körpers liegt auf der Innenzehe. Die muskulösen Beine gewährleisten vor allem durch ihre Länge eine große Schrittweite; sie beträgt bis zu 3,5 m. So ist es dem Strauß möglich, außerordentlich hohe Geschwindigkeiten zu erzielen. Während die Ansichten über die Spitzenwerte stark variieren, scheint festzustehen, daß er Tempo 60 kilometerweit durchhalten kann. Wahrscheinlich ist der Strauß *der* Langstreckenläufer Afrikas und selbst den ausdauernden Hyänenhunden überlegen. Die Flügel der für jeglichen Flug viel zu schweren Strauße sind verkümmert; sie unterstützen den Lauf, halten Balance und werden auch als Sonnenschutz für die Jungen aufgespannt. Ebenso rückgebildet sind die Knochenkämme (Carinae) am Brustbein, die Ansatzstellen für die kräftige Flugmuskulatur. Ökonomische Aspekte scheinen in der Evolution zumindest nicht unbedeutend zu sein.*
Die »südamerikanischen Strauße« sind die

---

* Wie kamen die Wissenschaftler ausgerechnet auf diesen Namen? In der Nacht nach der Entdeckung der Skelettreste ging es »hoch her«. Die Forscher tranken Bier und hörten den Beatles-Song »Lucy in the Sky with Diamonds«.

* Seit einigen Jahren gibt es allerdings Hinweise darauf, daß diese Gruppe der sogenannten Flachbrustvögel (Ratiten) sich doch schon sehr früh vom Entwicklungsweg der Vögel löste. Man stellte u. a. verblüffende Ähnlichkeiten zwischen den Knochen von Straußen und Dinosauriern fest.

Nandus *(Rhea americana)*. Der Nandu gehört auch zur Ordnung der Laufvögel, ist aber mit dem Strauß nicht näher verwandt. Der 1 m hohe Bewohner der Grassteppen läuft auf drei Zehen und zeigt damit erneut: Die Evolution hat nicht nur viele Varianten durchgespielt, sondern auch mehrere haben den Anforderungen der Umwelt standhalten können. Wir haben bei Hunden und Katzen beobachtet, daß es nicht »den besten Typ« des schnellen Raubtieres gibt. Pferde und Paarhufer zeigen: *Der* optimale Grasfresser existiert nicht.

Bei den Nandus ist die Reduktion der Flügel übrigens weniger weit gegangen als bei den Straußen; sie zeigen eine für Laufvögel beachtliche Länge und können im schnellen Speed zur Richtungsänderung als Seitenruder eingesetzt werden.

In den australischen Buschsteppen werden die großen Laufvögel durch den Emu *(Dromaius novaehollandiae)* vertreten. Hinzu kommen die großen Kasuare *(Casuarius)* und die Kiwis *(Apteryx)* Neuseelands.

Unter den ausgestorbenen Laufvögeln finden sich wahre Riesen: die riesigen Moas Neuseelands, die Elefantenvögel, die Madagaskarstrauße. Die überdimensionalen Vogeleier, die die Araber auf Madagaskar entdeckten – sie hatten einen Umfang von 1 m – bildeten die sachliche Grundlage für die großen Legenden um den Vogel Rock: den 3 m großen Madagaskarstrauß *(Aepyornis titan)*. Noch gewaltiger war der fast 4 m hohe *Dinornis maximus*, ein Moa Neuseelands.

All diese Laufvögel stammen von flugfähigen Formen ab. Und das Erstaunliche besteht darin, daß die ersten Bodenläufer schon bald nach der Herausbildung der Vögel entstanden. Kaum war der Luftraum erobert, »besannen« sich manche Arten bereits wieder auf die Erde und nahmen dort die Nischen ein, die zuvor die Dinosaurier innehatten. Wahrscheinlich verlaufen die Wege der Evolution nur selten geradlinig.

Ausgesprochene Bodentiere sind auch die Hühnervögel. Kräftige Läufe und feste Zehen mit gleich großen Gliedern befähigen unsere Hühner zu gutem und raschem Lauf – und zum Scharren im Boden. Hühnervögel suchen die Bäume nur zum Schlafen auf. Eine Ausnahme bilden die südamerikanischen Hokkos *(Cracidae)*, die auf ihren kräftigen Füßen flink

Der geschickte Einsatz des langen Steuerschwanzes erlaubt dem Rennkuckuck blitzartige Kursänderungen bei hohem Tempo.

Bei guten Schwimmern und Tauchern sitzen die Beine weit hinten; an Land muß der Körper deshalb extrem steil gehalten werden. Links Zwergtaucher, rechts Adeliepinguin

durchs Geäst klettern und nur ungern auf den Boden kommen. Die lauten Rufer des Urwaldes fliehen bei Gefahr in dichtes Gestrüpp – laufend natürlich.

Einen besonders flinken Läufer haben die Kuckucke (Familie Cuculidae) hervorgebracht. In trockenen Halbwüsten des nordamerikanischen Westens jagt der Rennkuckuck *(Geococcyx californianus)* nach Eidechsen und Schlangen. Der »Straßenrenner« (engl.: roadrunner) verläßt sich aber auch auf der Flucht auf seine schnellen Beine. Nur in Ausnahmefällen macht er von seinen Flügeln Gebrauch.

Freilich gibt es auch unter den guten Fliegern viele Arten, die am Boden flink vorankommen. In erster Linie gilt das für die große Verwandtschaft der Watvögel – die Regenpfeifer, Strandläufer, Sanderlinge . . . Viele von ihnen »rollen« einer Kugel gleich über den ebenen Sandboden. Dieser Eindruck entsteht durch die außerordentlich flinken Trippelschritte der nicht eben großen Beine. Zu den schnellsten Sprintern zählen die dreizehigen Sanderlinge *(Calidris alba)*. Oft folgen sie der zurückweichenden Welle, um dort nach Nahrung zu suchen. Andere Formen stelzen auf mehr oder weniger hohen Beinen umher, die Schnepfen *(Limosa)* zum Beispiel im seichten Wasser; in größere Tiefen kann sich dank seiner extrem hohen Ständer der Stelzenläufer *(Himantopus himantopus)* wagen. Ja, vor allem in Gewässernähe beobachten wir die unterschiedlichsten Laufstile. Anmutig schreiten die Kampfläufer daher. Weit ausholend sind die Schritte der Bekassine. Gewandt und in geduckter Haltung schlüpfen die Sumpfhühner. Auf dem Wasser scheinen die Blatthühnchen zu laufen. In Wahrheit freilich berühren ihre überlangen Zehen (es sind die längsten unter allen Vögeln) Schwimmpflanzen. Ob in Afrika, Amerika oder Asien – überall ist diese Nische besetzt worden.

Gemessenen Schrittes auf langen Beinen laufen die »Stelzvögel«, Reiher, Störche . . . Reiher verzichten meist sogar auf Bewegung. Oft stoßen sie aus dem Stand auf die Beute zu, wobei der S-förmig gebogene Hals katapultartig vorschnellt. Der Japanische Reiher *(Butorides striatus)* hat diese Jagdform perfektioniert. Er bringt selbst Köder in Form von Insekten und Beeren aus und verharrt dann bewegungslos am Ort.

Bei den Vögeln läßt sich – ähnlich wie bei den Säugern – eine abgestufte »Reihe« vom guten Läufer bis hin zum perfekten Schwimmer verfolgen. Und Vorteile in der einen werden meist mit Nachteilen in der anderen Richtung erkauft. Möwen beispielsweise können als Alleskönner gelten. Sie fliegen vorzüglich, laufen recht geschickt und haben keine Probleme, sich im Wasser zu halten. Gänse machen von ihrem Schwimmvermögen mehr Gebrauch und zeigen sich an Land auch nicht eben unbeholfen. Ihr eigenartiger Gang entsteht, weil die Beine bei jedem Schritt nicht nur nach vorwärts, sondern auch einwärts unter den Schwerpunkt des Körpers gestellt werden. Weit schwieriger aber ist das Laufen für die Enten, deren Beine hinter der Körpermitte ansetzen – sie müssen »watscheln«. Zwingt man Enten zum Rennen, stürzen sie rasch vornüber.

Ganz grob läßt sich feststellen: Die perfekten Schwimmer haben mit der Fortbewegung an Land die größten Probleme. Die Lappentaucher gehen in ziemlich aufrechter Haltung, um die hinten ansetzenden Beine unter den Körperschwerpunkt zu bekommen. Sie bieten nicht eben ein elegantes Bewegungsbild. Noch unglücklicher sehen die Seetaucher auf festem Boden aus. Sie kommen nur grätschend rutschend vorwärts. Pinguine indes haben die am Körperende einlenkenden Beine zu absolut aufrechter Haltung genutzt, und manche Art erweist sich auf dem Festland als geradezu flink. Der Gang des Adeliepinguins (Pygoscelis adeliae) ähnelt dem des Menschen am stärksten, und er kann unter Einsatz seiner Flossen sogar zu kleinen Sprints ansetzen. Wie die meisten Pinguine beherrscht er natürlich auch das Bauchrodeln.

Auch unter den Kleinvögeln ist die Anpassung an das Laufen sehr verschieden. Zu den ausgesprochen guten Bodenläufern zählen die Pieper und die Lerchen. Unsere Feldlerchen (Alauda arvensis), die Singraketen des Frühlings, können gar als die besten Läufer unter den Singvögeln gelten. (Gute Flieger sind also keineswegs immer schlechte Läufer.) Die charakteristischen Steppenvögel stehen auf kräftigen Füßen, wobei der lange Nagel der Hinterzehe (der »Lerchensporn«) auch bei Sturm einen sicheren Stand garantiert. Im schnellen Trippellauf erreichen sie etwa 4 km/h – und dies bei einer Schrittlänge von 8,5 cm.

Noch schneller sind die Lerchenarten, die vorwiegend tierische Nahrung aufnehmen, so die Ohrenlerche (Eremophila alpestris) und die Kurzzehenlerche (Calandrella brachydactyla).

Lediglich 5 cm beträgt die Schrittlänge der Bachstelze (Motacilla alba), die in raschem Lauf nach kleinen Insekten jagt. Andere wiederum begnügen sich mit weniger Tempo. Der Star (Sturnus vulgaris) schreitet unter Kopfnicken über die Wiese, und noch bedächtiger wirken die Krähen.

Unsere allgegenwärtigen Haussperlinge (Passer domesticus) demonstrieren die Gangart der meisten Singvögel, das Hüpfen. Es ist der »Lauf«-Stil der kleinen Arten, bei großen Formen beobachtet man das Hüpfen weit seltener (beispielsweise bei Milanen, bei den Balztänzen der Kraniche, bei der Beutejagd des Großstorches, Xenorhynchus asiaticus). Dieses Laufen in kleinen Sprüngen scheint nicht nur im Geäst der Bäume, sondern auch auf unebenem Boden günstiger zu sein. Der aus schnellen Wechselschritten bestehende gleichmäßige Lauf der Regenpfeifer, auf glattem Sandboden sehr zweckmäßig, wäre im dichten Unterholz nicht nur unmöglich, sondern auch lebensgefährlich. Die Amsel (Turdus merula) scheint beide Laufstile gleichermaßen zu beherrschen und je nach den Gegebenheiten einzusetzen. Der Verfasser konnte mehrfach feststellen, daß Amseln auf Asphalt rasch trippeln und augenblicklich zum Hüpfen übergehen, sobald sie ein Wiesenstück erreichen.

Die dehnbaren Gelenk- oder Intersegmentalhäute sorgen für eine gewisse Beweglichkeit des Insektenkörpers. Bei den sogenannten Honigtöpfen (»Speicher-Ameisen«) wird der Hinterleib extrem gedehnt.

Wie laufen die Kleinen?

Wenn von der großen Zeit des Übergangs vom Wasser zum Land die Rede ist, sind meist die Wirbeltiere im Gespräch, der Fischschädellurch und seine Verwandten . . . (s. S. 73). Wirbellose Tiere hatten diesen für die Evolution so bedeutenden Schritt aber schon früher vollzogen, nämlich vor mehr als 400 Millionen Jahren. Mit Belegen in Form von Fossilien freilich sind die Wissenschaftler nicht reich gesegnet, und so konnte man sich glücklich schätzen, als man 1984 in Gilboa (USA-Staat New York) einige guterhaltene Stücke aus jener längst vergangenen Zeit entdeckte: eine Milbe, eine Spinne, einige Tausendfüßer und ein Teil eines Insektenkopfes.

Die »Kleinen« waren also die ersten auf dem Lande und die erfolgreichsten obendrein. 80 % aller heute bekannten Tierarten gehören zum Stamm der Gliederfüßer (Arthropoda) – zu den Krebsen, Insekten, Spinnen, Tausendfüßern . . .

Die direkten Vorfahren der Gliederfüßer sind weitgehend unbekannt, aber es gibt eine – dem Laien verborgen gebliebene – Tiergruppe, die uns zumindest Ahnungen vermitteln kann. Gemeint sind die auf die Südkontinente beschränkten Stummelfüßer (Onychophora). Die an feuchten Orten lebenden Tiere erinnern ebenso an Ringelwürmer wie an Gliederfüßer: Sie atmen durch Tracheen, laufen auf bis zu 43 Paar ungegliederten Stummelbeinen und weisen zwei Tentakel auf, ähnlich den Schnecken. Und sie verfügen über die wohl entscheidendste Substanz der Gliederfüßer – das Chitin, den wichtigsten Bestandteil der Körperhülle oder Kutikula. Die Kutikula war die große Entdeckung der Evolution, denn sie löste beim Übergang zum Landleben zwei der wichtigsten

Intersegmentalhaut

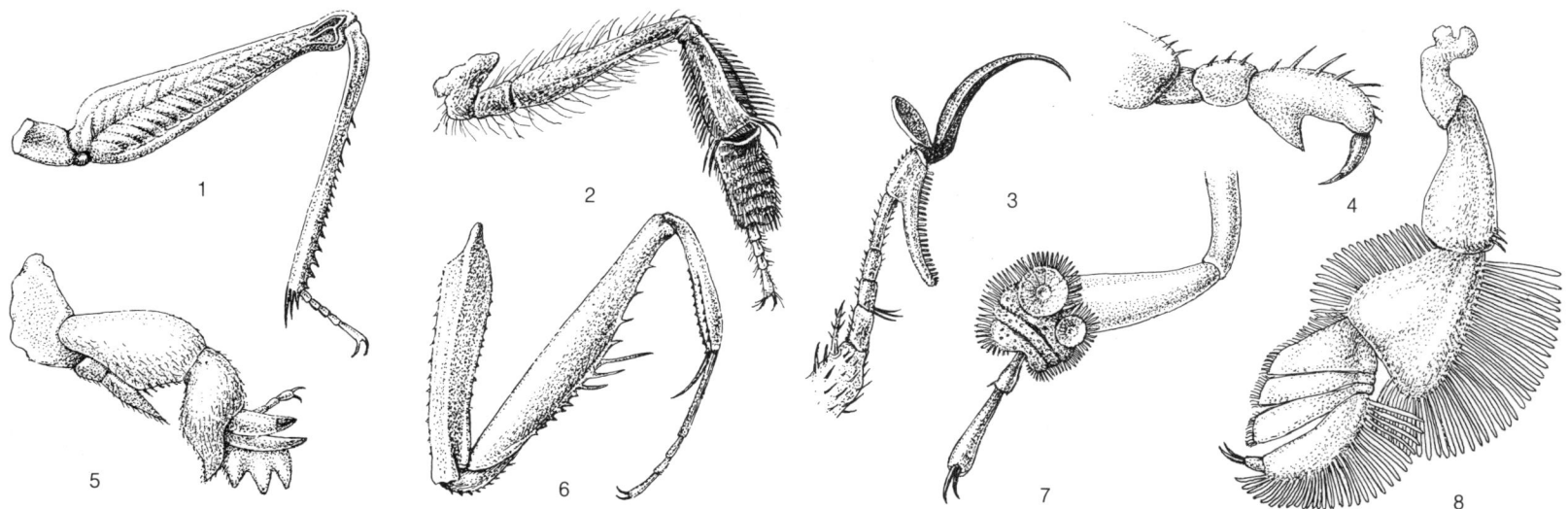

Probleme auf einmal. Sie schützte vor Verdunstung (diese Aufgabe stand obenan!), und sie bildete zugleich die Körperstütze. Die Körperhülle, das »Außenskelett«, übernimmt also bei den Gliederfüßern eine ähnliche Funktion wie das »Innenskelett« der Wirbeltiere.

Erst die hochmoderne Technik, vor allem das Transmissions-Elektronenmikroskop, hat die außerordentlich komplizierte, man ist geneigt zu sagen: »raffiniert ausgeklügelte«, Struktur der Kutikula aufklären können. Ihre hervorragenden Eigenschaften, die gern mit denen von Fiberglas verglichen werden, kommen durch die feinsinnige Verbindung von Eiweiß und stabförmigen Chitinfibrillen zustande. Doch diese feste Außenhaut steht einer guten Beweglichkeit entgegen. Die Bewegung beliebiger Körperabschnitte ist damit ausgeschlossen. Nur an ganz bestimmten Stellen ist eine Verschiebung oder Gelenkigkeit der Tiere möglich. Dort besteht die Kutikula aus zarten, membranösen Abschnitten. Bei den Gelenken der Beine handelt es sich meist um scharnierartige Verbindungen, die der Bewegung in einer Ebene den Vorzug geben.

Wenn wir über den Ursprung dieser »gegliederten« Füße nachsinnen, so sollten wir uns an die verhältnismäßig gleichmäßige Segmentierung der Ringelwürmer und anderer Verwandter erinnern. Aus paarigen seitlichen Ausstülpungen – zunächst an jedem Abschnitt – (Lauterbach spricht von »Schwächezonen« als Ausgangspunkt) könnten die ersten Extremitäten hervorgegangen sein. Viele gingen wieder

verloren, manche wurden zu Mundwerkzeugen, Waffen, Scheren, Tastern, ja selbst zu Spinnwarzen. Und einige wenige Extremitätenpaare entwickelten sich zu Laufbeinen.

Erfolgreiche 6-Füßer

Etwa drei Viertel aller heute lebenden Tierarten steht oder geht auf sechs Beinen. Es ist die Gliederfüßerklasse der Hexapoda (= Sechsfüßer) – die Insekten. Nicht nur ihre Anpassungsfähigkeit, sondern vor allem ihre geringe Größe hat zum Erfolg im Laufe der Entwicklungsgeschichte beigetragen. Das »Konstruktionsprinzip« Außenskelett läßt sich ohnedies nur bis zu einer bestimmten Mindestgröße des Tieres verwirklichen; umgekehrt haben kleine Säugetiere (mit Innenskelett) energetische Probleme wegen des ungünstigen Oberfläche-Volumen-Verhältnisses.

So haben die Insekten schier alle nur denkbaren Lebensräume erobert. Entsprechende Anpassungen zeigen die Beine. An ihnen lassen sich zum Teil schon Lebensraum bzw. Lebensweise ablesen (s. Abb.). Alle aber entspringen an der Insektenbrust (Thorax), und zwar an jedem Segment ein Beinpaar.

Wir stellen uns vor, daß das Laufen auf sechs Beinen Abstimmungsprobleme mit sich bringen sollte. In welcher Reihenfolge könnten die Gliedmaßen bewegt werden? Wie alle Tiere, so verfügen auch die Insekten über angeborene Bewegungsmuster, die ein »geordnetes« Laufen ermöglichen. Insekten müssen das Gehen nicht lernen.

Im normalen Schritt heben drei der sechs Beine gleichzeitig vom Boden ab, das 1. und 3. einer Seite mit dem 2. der Gegenseite:

$$R_3 \longrightarrow R_2 \longrightarrow R_1 \longrightarrow$$
$$R_2 \longrightarrow R_1 \longrightarrow \qquad R_3 \longrightarrow R_2$$
$$L_3 \longrightarrow L_2 \longrightarrow L_1 \longrightarrow \qquad L_3$$
$$L_1 \longrightarrow \qquad L_3 \longrightarrow L_2 \longrightarrow L_1$$

Wie man sieht, werden die Beine einer Körperseite nacheinander in den Lauf einbezogen.

Von diesem Grundmuster gibt es aber allerlei Abweichungen. So bewegt das Insekt bei sehr raschem Lauf schon das rechte Hinterbein gleichzeitig mit dem linken Vorderbein. Die Laufmuster werden auch geändert, wenn das Gelände eine gleichmäßige Bewegung nicht erlaubt, beispielsweise beim Übersteigen von Steinen, Erdklumpen usw. Auch dem Verlust von Beinen kann sich das Insekt übrigens gut anpassen. Darüber hinaus gibt es Arten, die ihre Vorderbeine nicht zum Laufen benutzen und so zu Vierbeinern wurden. Die Gottesanbeterinnen *(Mantis)* setzen das erste Beinpaar zum Beutefang ein, und in der Tat läßt sich ihr Gang mit dem der Vierfüßer vergleichen. Auf vierbeinige, kaum 2 mm kleine Insekten stößt man auch, wenn man feuchte Bodenschichten durchsucht. Die Beintastler (Protura) sind nicht nur augen-, sondern auch fühlerlos. Ihr erstes Beinpaar ist auffällig verlängert; Fühlern gleich wird es nach vorn gestreckt. Langsam schreiten sie durch die Hohlräume des Bodens.

Typische Läufer finden wir vor allem in der artenreichsten Insektenordnung, unter den 350 000 verschiedenen Käferarten. Der Name der Familie Laufkäfer (Carabidae) kennzeichnet eine Gruppe besonders guter Läufer. Kräftige und verhältnismäßig lange Beine ermöglichen den meist räuberisch lebenden Laufkäfern eine hohe Geschwindigkeit. Wegen der größeren Schrittlänge sind die großen auch häufig die schnelleren.

Den Titel »Sprinter« verdient zuerst die bis zu 3 cm lange Körnerwarze (Carabus cancellatus), die 1 m in 5 bis 7 s zurücklegt. Der kleine Putzkäfer (Agonum) benötigt für die gleiche Strecke die dreifache Zeit; er verfügt auch nur über ein Drittel der Körperlänge. Damit ist er aber immer noch schneller als der pflanzenfressende 1,5 cm lange Getreidelaufkäfer (Zabrus tenebrioides). Daß Räuber mehr Tempo machen als Pflanzenfresser, haben wir schon des öfteren festgestellt.

Auch für Insekten ist es übrigens von Belang, ob sie durch dichtes Gestrüpp laufen müssen oder freie Bahn haben (die Wissenschaftler sprechen von Raumwiderstand und Passierbarkeit). Der knapp 3 cm lange Goldschmied (Carabus auratus), ein metallisch grün glänzender Laufkäfer, rennt auf glattem Feldweg 8 m/min. Im Winterroggen schafft er nur 2 m/min, und im dichten Wiesengras kommt er in der gleichen Zeit nur noch Zentimeter voran. Biologisch gesehen ist das von Belang, weil die Größe des Jagdgebietes je nach Art des »Geläufs« entsprechend schwankt.

Sehr flinke Käfer sind auch die Kurzflügler (Staphylinidae) und viele Bockkäfer (zum Beispiel der Eichenwidderbock, Plagionotus arcuatus), während es besonders die kleinen pflanzenfressenden Arten sehr langsam angehen lassen. Einer unserer häufigsten Vertreter der Blattkäfer (Chrysomelidae), das schwarzfüßige Getreidehähnchen (Lema melanopus), begnügt sich mit 0,5 cm/s, wenn es durchs Frühlingsgrün schreitet. Nur selten nimmt es Tempo an

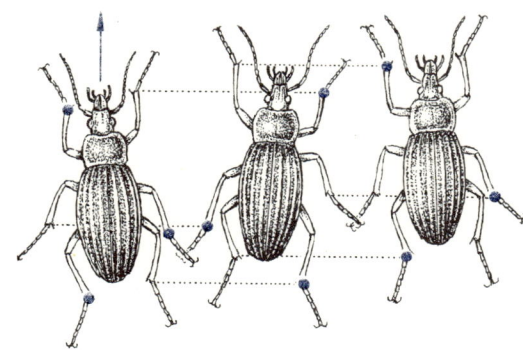

So schreitet der Laufkäfer. Die farbigen Punkte kennzeichnen die aufgesetzten Füße.

und erreicht dann mit höherer Schrittfrequenz 0,9 cm/s. Seine Schrittlänge bleibt gleich; der Fuß setzt nach knapp 3 mm wieder auf.

Auf gute Läufer treffen wir aber nicht nur bei den Käfern. Unter den Wanzen gibt es viele flinke Flitzer, zum Beispiel die Bodenwanzen (Lygaeidae), zu denen unsere prächtige Ritterwanze (Lygaeus equestris) gehört. Eine große Zahl von Fliegenarten vermag mit unglaublich hoher Schrittfrequenz zu rennen. Die Tanzfliegen (Empididae) verlassen sich bei Gefahr mehr auf die schnellen Beine als auf die Flügel. Sehr schnelle Renner sind auch die Langbeinfliegen (Dolichopodidae) und die Buckel- oder Rennfliegen (Phoridae), die durch ihre blitzschnellen und ruckartigen Zickzackläufe auf den Blättern auffallen. Flinke Kreisläufer sind die Plattfußfliegen (Platypezidae). Und die Laufgeschwindigkeit der Schaben dürfte weithin bekannt sein.

Die Dauerläufer unter den Insekten kommen aus der Ordnung der Hautflügler, es sind die »emsigen« Ameisen. Flügel tragen sie nur zum Hochzeitsflug, ansonsten verlassen sie sich ganz auf ihre schnellen sechs Beine. Alles wird zu Fuß erledigt: das Einbringen der Nahrung, die Pflege von Nest und Brut, der Transport der Puppen, die Verteidigung des Volkes, die Suche des Nistplatzes, sogar die Temperaturregulation des Nestes (z. B. durch vorheriges Aufheizen des Tieres in der Sonne).

Ameisen sind dauernd auf ihren Duftstraßen unterwegs. Die mittlere Geschwindigkeit dürfte bei den meisten Arten um 4 cm/s liegen. Derartige Tempi genügen beispielsweise den gefürchteten Kolonnen der Treiberameisen

(Eciton), in einer Nacht einen halben Kilometer zurückzulegen. Nur wenige Arten sind so langsam wie die in feuchtem Boden lebende Bernsteingelbe Ameise (Lasius flavus).

Extrem hohe Geschwindigkeiten erreichen einige Wüstenformen. Mit hochgestelltem Hinterleib rast die schwarz-rote Wüstenameise Cataglyphis bicolor über den Sand. Solche schnellen Sprinter laufen auch nicht auf Duftwegen, sondern richten sich nach dem Polarisationsmuster des Himmelslichtes.

Manche Insektenbeine taugen zum Laufen schlecht oder gar nicht. Unsere Tagfalter halten sich mit ihnen allenfalls an Blüten fest oder setzen auf dem Boden auf. Ähnliches gilt für die zerbrechlichen Beine der Schnaken. Den Libellen dienen sie als Fangkorb; zur Fortbewegung können sie nicht eingesetzt werden.

Ob sie nun laufen oder nur »stehen« (sitzen im eigentlichen Sinne können Kleintiere natürlich nicht), für die Insekten ist eine stabile Verbindung mit der Unterlage lebensnotwendig. Um in einer Wiese erfolgreich auf Blattlausjagd zu gehen, muß der kleine Marienkäfer mühelos Kräuter besteigen können, die hundertmal größer sind als er selbst. Wenn der Käfer abstürzte, käme es zwar nicht einmal zu einem Beinbruch (Käfer lassen sich bei Gefahr gern fallen), aber der Magen bliebe leer.

Für einen sicheren Tritt der Insekten sorgen zunächst die meist vier bis fünf Fuß- (Tarsus-) Glieder. Sie sind gegeneinander beweglich und so dem Untergrund anzupassen. Nicht immer werden sie alle aufgesetzt. Die verschiedensten Kombinationen sind möglich: Eine Fliege beispielsweise berührt den Boden entweder mit »allen Fünfen«, manchmal auch nur mit einem Fußglied oder auch mit den Gliedern zwei und vier. Ein Fußbeugemuskel (Musculus depressor tarsi) vermag den »Fuß« anzudrükken, ein anderer (M. levator tarsi) hebt ihn ab.

Natürlich kennt man auch bei Insekten verschieden gestaltete Füße. Nicht selten beobachtet man Verbreiterungen bestimmter Glieder. Die schon erwähnten Plattfußfliegen zum Beispiel erkennt man leicht an ihren breiten Fußgliedern des dritten Beinpaares. Bei der afrikanischen Dünengrille (Comicus) zeigen die Füße gar blattartige Verzweigungen; der »Namibclown« sinkt deshalb nicht in den weichen Sand ein.

Vor allem beim Steigen in unebenem »Gelände« erweisen sich die zwei Endkrallen an jedem Fuß als vorteilhaft. Sie werden meist als seitliche Steigeisen eingeschlagen. Eine Krallensehne zurrt sie fest.

Viele Insekten können aber auch problemlos an glatten Flächen, an Blättern, Früchten, ja sogar an spiegelglattem Glas emporlaufen. Der wissenschaftliche Streit darüber, wie das den Kleinen gelingt, entbrannte schon Ende des vorigen Jahrhunderts; berühmte Zoologen wie Friedrich Dahl schalteten sich ein. Heute wissen wir mehr. Dank unserer perfekten Technik sind wir in der Lage, uns vor allem die sogenannten Hafteinrichtungen, am Endglied des Insektenbeines gelegen, »näher« anzusehen. Der Waliser G. Walker untersuchte die Haftpolster von Schmeißfliegen (Calliphora) und kam zu folgendem Ergebnis: Die Polster bestehen aus feinsten nadelartigen oder löffelförmigen Borsten, die an der Spitze scheibenförmig aussehen und einen Durchmesser von $^1/_{1000}$ mm aufweisen. Und diese . . . zig Tausende von Minischeiben haften an dem Glas durch Adhäsion, weil sie eingefettet sind. Die Fliege hinterläßt also Tausende von Trittspuren, die aus diesen fettähnlichen (Lipid-)Sekreten bestehen. Will man die Fliege ausrutschen lassen, so braucht man sie nur vorher über eine fettlösliche Substanz laufen zu lassen. Ansonsten aber kann die Adhäsion nur überwunden werden, wenn man Kräfte anwendet, die dem 40fachen des Fliegengewichtes entsprechen.

Bei der Adhäsionsflüssigkeit handelt es sich um die gleiche Substanz, die auch das Außenskelett vor Verdunstung und gegen Feuchtigkeit schützt. Wahrscheinlich sind alle Oberhautzellen in der Lage, das Sekret abzusondern.

Der Leser mag sich im Laufe der Lektüre schon an den Begriff Ausnahme gewöhnt haben. Er ist in der Tat häufig angebracht, wenn es um »Leben« geht. Man kennt auch Insekten, die als Adhäsionsflüssigkeit einfach Speichel verwenden. Unser allbekanntes Großes Heupferd (Tettigonia viridissima) reibt seine Haftpolster an den Füßen mit Speichelflüssigkeit ein, und sie haften so gut, daß das Heupferd sogar aus dem Sprung heraus an einer Glaswand landen kann. Durch Abwinkeln der Schienen (Tibia) vermag sich das Tier wieder zu lösen.

Außenseiter Spinnen

Nicht nur Laien schlagen die Spinnen gern den Insekten zu, große Forscher der Vergangenheit, Linné und Lamarck, taten das gleiche. Aber die Verwandtschaft beider Gruppen ist so eng nicht, ihre Wege trennten sich recht früh.

Allein durch Abzählen der Beine vermag auch der Unkundige sofort das Spinnentier zu identifizieren – es läuft auf 8 Beinen. Offenbar hat die Evolution auch mit der Anzahl der Laufbeine »gespielt«, und verschiedene Varianten der Gliederfüßer haben erfolgreich die Jahrmillionen überdauert.

Im Laufmuster allerdings erinnern Spinnen durchaus an die Sechsbeiner. Sie führen den Diagonalrhythmus, in dem die Beine der rechten und linken Körperseite abwechselnd aufgesetzt werden, gleichsam fort: L_1 R_2 L_3 R_4 für die bewegten und R_1 L_2 R_3 L_4 für die ruhenden Beine.

Absolute Gleichzeitigkeit läßt sich allerdings nicht feststellen, vor allem nicht bei bedächtigen Bewegungen. Außerdem ist der Rhythmus recht variabel und kann sofort umgestellt werden, wenn Beine fehlen. Besonders einige Spinnentiere (z. B. die Kanker) leisten sich ja einen schier luxuriösen Umgang mit ihren Laufwerkzeugen. Bei Gefahr werfen sie an präformierter Stelle ein Bein ab (Autotomie), das dann durch Eigenbewegungen den Feind noch

So bewegt die Wolfsspinne ihre Beine (linke Seite gezeichnet).

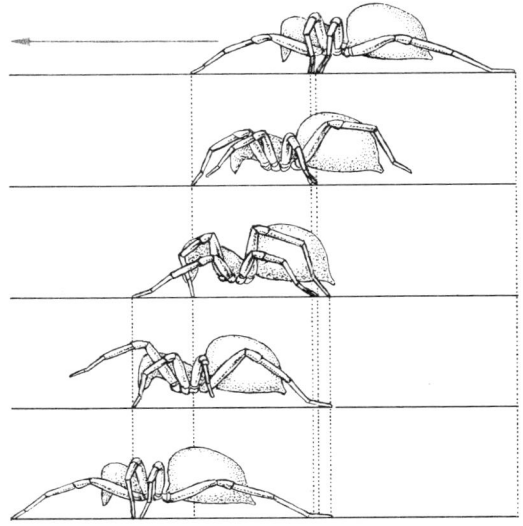

eine Weile in seinen Bann zieht. Der aufmerksame Naturfreund wird häufig Weberknechten mit sieben oder noch weniger Beinen begegnen. Selbst »Zweibeiner« vermögen ihren Körper noch über den Boden zu ziehen.

Das Spinnenbein selbst scheint zumindest nicht wesentlich von dem eines Insekts abzuweichen. Es besteht aus sieben Abschnitten, wobei das Grundglied (die Coxa) fest mit dem Vorderkörper verwachsen ist. Das Endglied trägt zwei gezähnte Klauen; netzbauende Arten verfügen über eine dritte, ungezähnte Klaue, die das Fadenhalten unterstützt. Wie bei anderen Gliederfüßern auch setzen die Muskeln innen an den Beingliedern an. Sie sorgen für Beugung und Drehung; häufig sind nur Bewegungen in einer Ebene möglich. Wie man aber seit etwa 100 Jahren weiß, gibt es für bestimmte Gelenke (z. B. zwischen Femur und Patella) keine Strecker! Dort wird das Bein hydraulisch gestreckt, vergleichbar mit einem geknickten Gummischlauch, wenn man ihn prall mit Wasser füllt. Soll ein Spinnenbein gestreckt werden, so kann der Flüssigkeitsinnendruck um den 10fachen Wert ansteigen. Der Blutdruck (exakt muß man von Hämolymphe sprechen) der kleinen Spinnen liegt in ähnlichen Bereichen wie der des Menschen.

Diese eigentümlich funktionierenden Beine, die die Spinnentiere als Sonderlinge unter den Gliederfüßern ausweisen, ermöglichen in der Regel einen blitzschnellen Start und hohe Geschwindigkeiten auf den ersten Zentimetern. Spinnen sind Lauerjäger, die ihre Beutetiere überraschen – am Fangnetz, am Lassofaden oder aber am Boden. Selbst die bekannten Wolfsspinnen (Lycosidae) verfolgen die Beute nicht über längere Strecken, sondern springen das vorbeikommende Kleintier aus Nahdistanz an. Speispinnen (Scytodidae) schießen auf ihre Nahrung aus 1 bis 2 cm Entfernung. Und perfekt getarnt, kaum von der Blüte zu unterscheiden, warten die Krabbenspinnen (Thomisidae) geduldig, bis eine Schwebfliege neben ihnen Platz genommen hat. Der Zugriff geschieht dann in Sekundenbruchteilen. Im übrigen, der Name Krabbenspinne täuscht: Sie laufen nur sehr selten seitwärts wie die Krabben. Eigentümlich ist lediglich die unterschiedliche Schrittfrequenz der Beinpaare. Die wesentlich kürzeren Paare 3 und 4 laufen »schneller«.

Als Kurzstreckensprinter müssen wir die Spinnen charakterisieren. Sie erreichen aus dem Stand ein hohes Tempo, ermüden aber sehr schnell. Man ist geneigt, sie mit den Katzen zu vergleichen. Ausdauerläufer, wie wir sie unter vielen Insekten antreffen, suchen wir unter den Spinnen vergebens. Dafür zeichnen sie sich durch große Wendigkeit aus. Sie sind gute Kurvenläufer; in der Rechtskurve vergrößern sie die Schrittlänge links. Sogar schnelle Wendungen am Ort sind möglich. Im Rückwärtslauf übertreffen Spinnen die Insekten ohnehin (unter diesen praktizieren das nur wenige Larven, z. B. die der Kamelhalsfliegen). Die Springspinnen (Salticidae) beispielsweise sind rückwärts ebenso schnell wie vorwärts. Der Diagonalrhythmus wird einfach umgekehrt.

Viele Spinnenarten übertreffen die Insekten in puncto Höchstgeschwindigkeit. Manche Wolfsspinnen und unsere allbekannten Winkelspinnen können ohne weiteres in einer Sekunde einen halben Meter zurücklegen. Die Schrittlänge wächst dann um das Doppelte an, erreicht bei der Winkelspinne den erstaunlichen Wert von 2 cm!

Als allgemeine Tempo-Regel mag gelten, daß schnelle Bodenläufer über lange und gleichmäßig ausgebildete Beine verfügen. Spezialisten am Netz sind am Boden meist langsamer. Die Baldachinspinnen (Lyniphiidae) beispielsweise laufen sehr flink bauchoben unter ihren hübschen Deckennetzen entlang. Am Boden aber bringen ihre dünnen Beinchen sie nur mühsam voran.

Wie die Abbildung zeigt, verstehen sich Spinnen darauf, den eigenen Faden als Kletterseil zu benutzen. Oft dient er ihnen auch als Sicherungsleine; beim Sturz in die Tiefe wird er dann um die 4- bis 5fache Länge gedehnt und bremst damit den Fall. (Ein Spinnenfaden hat eine Belastbarkeit von 40 Joule/cm³!)

Dank ihrer gelenkigen und am Ende mit Krallen versehenen Beine können Spinnen geschickt zwischen Kraut und Strauch umherklettern. Manchen Arten gelingt es sogar, an glatten Glaswänden emporzulaufen – wozu unsere Hausspinnen bei Aufbietung aller Kraft nicht in der Lage sind. Ähnlich wie bei den Insekten wird die Haftung durch Adhäsions- und Kapillarkräfte gewährleistet. Ein »Haftbesen« besteht bei Vogelspinnen aus 100 Millionen Einzelhaa-

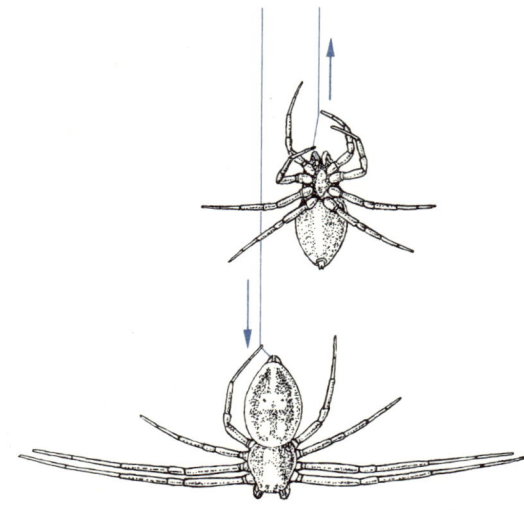

Das Abseilen und Klettern am eigenen Faden

ren, die sich am Ende nochmals aufzweigen. Der Göttinger Wissenschaftler H. Homann errechnete die entstehenden Haftkräfte. Für einen Haftbesen ergibt sich eine Tragfähigkeit von 9 g (für 8 Beine 72 g) – hinzu kommen weitere Haftpunkte. Eine 60 g schwere Vogelspinne verfügt also über genügend Sicherheitsreserven.

Wozu hat die Evolution solch komplizierte Haftvorrichtungen geschaffen? In der Natur gibt es keine Glaswände. Eine gewisse Erklärung liefern die sogenannten Bananenspinnen, tropische Arten, die mit Früchten eingeschleppt werden. Solche Spinnen klettern an den Bananenblättern nach oben, wobei sie den zarten Wasserfilm als Steigbahn nutzen.

Ohne Netz und Faden müssen sich die Weberknechte ganz auf ihre Beine verlassen. Viele ihrer Vertreter laufen auf extrem langen Gliedmaßen, die die Körpermaße manchmal um das Vielfache übertreffen.

Die biologische Bedeutung der überlangen Kankerbeine wird klar, wenn man sich ihren Lebensraum betrachtet: die Kraut- und Strauchschicht. Der räuberisch lebende Weberknecht muß nicht dauernd halmab und halmauf klettern, wenn er auf Nahrungssuche geht. Die ausgesprochenen Bodenformen unter ihnen haben denn auch die kürzesten Beine.

Für einen sicheren Halt im Gezweig sorgen die bis zu 100gliedrigen Füße (Tarsen); Vergleichbares gibt es unter den Gliederfüßern

nicht noch einmal. Diese flexiblen Tarsen können lassoartig ausgeworfen und um Halme und Zweige geschlungen werden. Sie lassen sich sogar zum Beutefang einsetzen. Sicher ist, daß zumindest einige Arten (z. B. *Rilaena triangularis*) mit den Füßen des 2. Laufbeinpaares fliegende Insekten aus der Luft schlagen.

An dieser Stelle ist es auch an der Zeit, darauf hinzuweisen, daß die Beine der meisten Gliederfüßer bei weitem nicht nur der Fortbewegung dienen. Oft dürfte ihre Bedeutung für die Erkundung der Umwelt – durch Tasten, Riechen usw. – mindestens ebenso groß sein. Vergegenwärtigen wir uns, daß ein Insekt ebensowenig wie eine Spinne sieht, wohin es tritt. Das »multifunktionelle« Bein einer Fliege oder eines Weberknechtes läßt sich kaum mit dem Laufbein des Pferdes vergleichen.

Fallen die Weberknechte durch ihre Größe auf, so ihre Verwandten, die Milben (Acari), durch ihre Kleinheit. Die meisten erreichen kaum 1 bis 2 mm; Milben stellen mit Arten von 0,8 mm Größe die kleinsten Gliederfüßer überhaupt. Entsprechend ihrer sehr unterschiedlichen Lebensweise in allen erdenklichen Lebensräumen sind auch die Bewegungsformen vielfältig. Man kennt parasitische Arten mit reduzierten oder sehr kurzen Extremitäten. Die winzigen Gallmilben (Tetrapodili) laufen auf vier Beinen, und zwar erstaunlich flott. Zu den schnellsten Milben zählen die räuberisch lebenden Arten. Manche Raubmilben (z. B. *Biscirus*) sind schnell genug, Springschwänze zu fangen. Auch bei den »roten Pünktchen«, die man des öfteren auf Blättern umhersausen sieht, handelt es sich um Milben (meist um Laufmilben der Familie Trombidiidae). Aber selbst eine unvorstellbar hohe Schrittfrequenz erlaubt wegen der minimalen Schrittweite nur sehr bescheidene Geschwindigkeiten. An die Überbrückung großer Entfernungen ist da nicht zu denken. Milben wissen das nicht, handeln aber dennoch oft sinnvoll. Sie steigen auf schnellere »Gefährte« um (die Wissenschaftler sprechen von Phoresie). Mit Aas- und Mistkäfern, Bienen, Ohrwürmern, Asseln und Weberknechten scheinen Milben besonders gern mitzufahren. Manche Milbe freilich läßt sich nicht nur transportieren, sondern betätigt sich auch als Schmarotzer. Passagier oder Parasit? – die Grenzen sind oft schwer zu finden.

Auf 1000 Füßen?

Nein, Tausend-Füßer gibt es nicht, und wahrscheinlich hat es sie auch nie gegeben. Die Biologen waren bei der Benennung offenbar sehr großzügig, denn den absoluten »Bein-Rekord« halten tropische Arten, die auf 500 Beinchen laufen. Gleichwohl hat sich der Name Tausendfüßer (Myriopoda) erhalten. Er wird im engeren Sinne angewandt für eine Gruppe der Gliederfüßer, die vielleicht noch am nächsten an den ursprünglichen »Typ« erinnert. Der oft wurmförmig anmutende Körper ist vielgliedrig und trägt bei den Doppelfüßern (Diplopoda) pro Segment zwei Beinpaare. So entsteht die außerordentlich hohe Beinzahl; unsere heimischen Schnurfüßer (Julidae) laufen auf mehr als 200 Füßchen.

Die Evolution hat bei vielen Gliederfüßern Segmente abgebaut oder verschmolzen und Beine reduziert; für die Insekten blieben 6, für die Spinnen 8 Beine, für die Krebse unterschiedliche Zahlen (z. B. Flußkrebse 10, Asseln 14). Die Tausendfüßer aber überdauerten die Jahrmillionen auch.

Natürlich werden die vielen meist sechsgliedrigen Beinchen der Doppelfüßer nach einem exakten Schema bewegt. Betrachtet man einen Schnurfüßer, so sieht man Wellen von hinten nach vorn über die Beine laufen. Dieser optische Eindruck entsteht durch eine winzige Phasendifferenz zwischen benachbarten Beinchen, wobei das Vorderbein immer ein wenig nachhinkt. Außerdem werden die Füße nicht gerade nach vorn geführt; auf Grund der geringen Bodenfreiheit würden sie schleifen. Sie pendeln bogenförmig nach vorn. Beide Beine eines Paares arbeiten dabei synchron. Unsere Schnurfüßer zeigen im Lauf fünf bis sieben Wellenberge.

All diese Doppelfüßer kommen auf ihren Füßchen nur langsam voran. Sie legen im Durchschnitt nur einige Millimeter in der Sekunde zurück (der Sandschnurfüßer, *Schizophyllum sabulosum*, nach eigenen Messungen auf ebener Fläche 4,2 mm/s). Aber hohes Tempo ist auch unnötig; die meisten Arten ernähren sich von Pflanzen, Abfall oder Aas. Besonders für die im Boden lebenden Formen ist Kraft wichtiger als Geschwindigkeit. Man könnte sie scherzhaft als »Erdbohrer mit Vielrad-

antrieb« bezeichnen. Kurze, dicke Muskeln bewegen die Beine der steifen Körper und treiben das Tier in den Boden. Die Stemmphase der Gliedmaßen ist dabei wesentlich länger als die Schwingphase. Bei den schnelleren Oberflächenarten beobachten wir umgekehrte Verhältnisse.

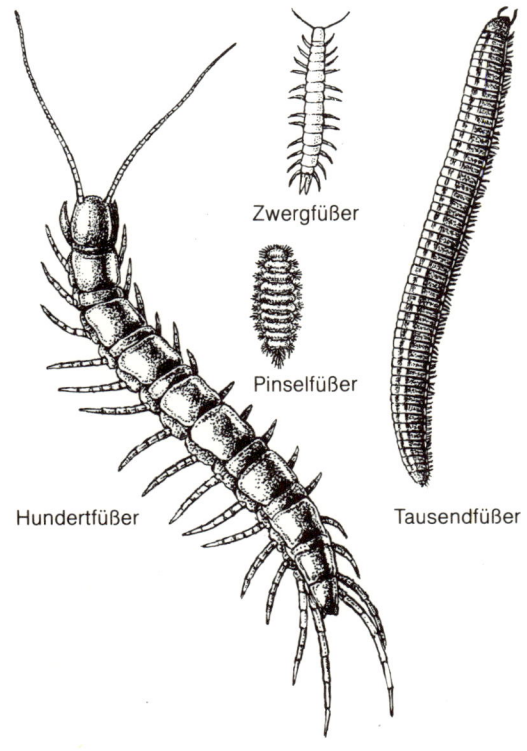

Zwergfüßer

Pinselfüßer

Hundertfüßer

Tausendfüßer

Vielfältig sind Form und Anzahl der Beine in der Verwandtschaft der Tausendfüßer.

Die Lauftypen der Hundertfüßer. Links der Stelzenlauf (z. B. bei *Crytops*) und rechts der Kriechsohlenlauf (z. B. bei *Lithobius*). Beim Stelzenlauf treten alle Füße einer Körperseite in die gleichen Fußstapfen (farbig), beim Kriechsohlenlauf nur ein Teil der Füße. Die hell gezeichneten Beine werden angehoben und nach vorn geführt.

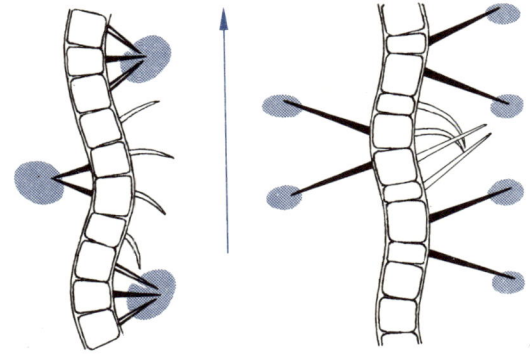

Verwandte der Tausend- oder Doppelfüßer sind die Hundertfüßer (Chilopoda). Auch bei ihnen täuscht der Name. Die Anzahl ihrer Laufbeine ist recht unterschiedlich: Unser Gemeiner Steinläufer (*Lithobius forficatus*) verfügt über 15 Paar, manche Erdläufer (Geophilidae) laufen auf 340 kurzen Beinchen.

Alle Hundertfüßer leben räuberisch, und man ist geneigt, ihre vergleichsweise größeren Laufgeschwindigkeiten mit dieser Lebensweise in Verbindung zu bringen. Die Verhältnisse sind aber komplizierter. Hundertfüßer können ihre Beute gar nicht sehen und verfolgen. Sie müssen sich fast ausschließlich auf ihre ausgezeichneten Tastsinne verlassen, die ihnen beim Lauern oder beim Umherstreifen Beutetiere anzeigen.

Die ersten genaueren Untersuchungen über die Laufbewegungen unternahm Erich von Holst. Er setzte schon im Jahre 1933 eine Zeitlupenkamera (32 Bilder/s) ein, ließ die flinken Hundertfüßer über berußte Flächen laufen und baute sogar kleine Tretmühlen. Noch heute haben die Erkenntnisse von Holst's nichts an Gültigkeit verloren.

Unsere Steinläufer (*Lithobius*), die bis zu 3 cm/s schnell sein können, laufen nach dem sogenannten Kriechsohlenprinzip. Die Koordination der Beinbewegungen ist perfekt und läuft nach strengen Regeln ab. Bestimmte Beine treten immer in die gleichen Fußstapfen, zum Beispiel das 1., 5., 9. und 13. Bein (das letzte Beinpaar läuft nicht mit, es dient als Waffe). Andere Hundertfüßer (z. B. *Crytops*) zeigen den »Stelzenlauf«, wobei alle Beine einer Körperseite in die Fußstapfen des 1. Beines treten. Die ungeordnetsten Verhältnisse beobachtet man bei den Erdläufern. Aber solch vielbeinige Tiere stehen immer noch sicher, wenn 20 oder 30 Beine den Boden nicht berühren.

Hundertfüßer erhöhen die Geschwindigkeit oft durch Schlängelbewegungen des Körpers. Ähnlich wie wir das bei Echsen feststellten, kann dadurch die Schrittweite vergrößert werden. Ferner läßt sich die Stemmphase verkürzen. Zu den schnellsten Arten überhaupt zählen die Spinnenläufer (*Scutigera*). Obgleich sie auf das Körperschlängeln verzichten, erreichen die langbeinigen Räuber Geschwindigkeiten von etwa 50 cm/s! Beim Fliegenfang nutzen sie die Beweglichkeit ihrer vielgliedrigen Füße.

Übrigens haben die schnellen Spinnenläufer auch nur 15 Laufbeinpaare, weit weniger als die langsamen Erdläufer. So mag bis hin zu den verwandten Tausendfüßern die Regel gelten: je weniger Beine, um so schneller das Gliedertier. Das trifft in gewisser Weise sogar für die Zwergfüßer (Symphyla) zu, die sich trotz ihrer Winzigkeit sehr lebhaft auf ihren 24 Beinchen bewegen. Sehr unterschiedlich flink scheinen andere Verwandte zu sein: die meist auf 18 Beinen laufenden Wenigfüßer (Pauropoda).

Über all diese im »Verborgenen« lebenden Gliederfüßer ist aber wenig bekannt. Nicht allzuviele Wissenschaftler sind ihnen auf der Spur. Das Internationale Zentrum für Tausendfüßerkunde (»Centre international de Myriapodologie«) mit Sitz in Paris hat vielleicht weniger Arbeit, als ihm lieb sein kann.

Akrobaten im Baum

Die Baum- und Strauchschicht unseres Planeten bietet einer großen Zahl von Tieren reichlich Wohnraum an für ein Leben zwischen Himmel und Erde. Unter dem Schutz des grünen Blätterdaches läßt es sich gut jagen, ruhen, aber auch verstecken. Voraussetzung freilich ist die Kunst zu klettern. Für die meisten der kleinen Tiere, insbesondere das große Heer der Gliederfüßer, scheint das schon auf Grund ihres geringen Gewichtes kein Problem zu sein. Sie besiedeln denn auch zu Tausenden die Welt der Bäume und Sträucher. Wie wir bei Insekten und Spinnen gesehen haben, stellen selbst glatteste Flächen kein Hindernis dar. Derartige Adhäsionskräfte (also molekulare Kräfte) wachsen linear mit der zur Verfügung stehenden Grenzfläche. Das Gewicht des Tieres aber steigt in der 3. Potenz und damit viel steiler an.

Das heißt: Haftmechanismen eignen sich nur für kleine, leichte Tiere. Die Geckos dürften schon an der äußersten Grenze liegen. Ihre Haftpolster – prinzipiell mit dem der Käfer vergleichbar – bestehen aus Wellenstrukturen, die sich aus aufgefaserten Büscheln zusammensetzen. Die feinsten Endverzweigungen sind kleiner als ein Tausendstel Millimeter.

Gleichwohl, auch vielen größeren Tieren bleibt die »zweite Etage« des Festlandes nicht

Anpassung an das Klettern am Stamm in ganz unterschiedlichen Vogelgruppen: oben Spechtpapagei, unten Buntspecht

verschlossen. Sie nutzen bewegliche Gliedmaßen, Klammerfüße – und ihre Muskelkraft.

Viele Echsen klettern sehr geschickt (im Gegensatz zu unserer Zauneidechse). Von den Kletterkünsten der Schlangen haben wir uns bereits überzeugt (S. 78). Aber auch viele Säugetiere erklimmen einen Baum mühelos. Leoparden schleppen sogar ihre schwere Beute mit nach oben, um sie ungestört vor schlechten Kletterern wie Hyänen und Schakalen zu verzehren.

Im Gegensatz zur Familie der Katzen tun sich die Hunde in der Vertikalen schwer. Sie sind Bodenläufer; eine gewisse Ausnahme bildet der nordamerikanische Graufuchs (*Urocyon cinereoargenteus*), der manchmal sogar als »Baumfuchs« bezeichnet wird. Dagegen zeigt

sich die gesamte Bärenverwandtschaft am Stamm sehr geschickt. Besonders gern klettert der kleine Malaienbär (*Holarctos malayanus*). Andere sind durch ihre Kletterkünste hinreichend bekannt: die Marder, Eichhörnchen, Schläfer.

Den großen Huftieren indes bleibt dagegen nur der Blick von unten. Es gehört schon viel Phantasie dazu, sich ein Pferd im Geäst vorzustellen. Die Spezialisten der Ebene haben schon Mühe am Berg, ganz gleich, ob der Weg nach oben oder nach unten führt.

Die Affen

Unsere Urahnen stiegen vom Baum, sie wurden zu zweibeinigen Läufern der offenen Landschaft. Noch heute erinnert manches an das Leben im Geäst – die vorn stehenden Augen, die durch Überdecken des Sehfeldes ein genaues Distanzieren ermöglichen, der schlechte Geruchssinn, vor allem aber die allseits beweglichen Arme mit der Greifhand.

Wir beobachten das geschickte Klettern und Hangeln am besten bei unseren Verwandten im Zoo. Am Boden gehen die Menschenaffen meist im exakten Kreuzgang, wobei sie vorn die Fingerknöchel aufsetzen.

Die Kletterkünste der einzelnen Primatenarten sind sehr unterschiedlich ausgeprägt. Die häufig massigen Gorillas haben schon auf Grund ihres Gewichts Probleme, fallen öfter metertief durch das Geäst nach unten. Selten am Boden sieht man die bedächtig kletternden Orang Utans (*Pongo pygmaeus*) – und die Gibbons (*Hylobates*). Sie sind die Meister unter allen Akrobaten und die besten Schwinghangler überhaupt. Flieger ohne Flügel – das sind die Gibbons.

Der Engländer W. C. Martin schrieb über ein Gibbonweibchen vor 150 Jahren: »Es ist fast unmöglich, in Worten wiederzugeben, mit welcher Behendigkeit und Grazie es sich bewegt. Man könnte es fast einen Bewohner der Luft nennen, denn kaum scheint es bei seinen Turnübungen die Zweige zu berühren, zwischen denen es umherspringt.« Zum perfektesten Schwinghangler wird der Gibbon vor allem durch die langen Arme (die im Schultergelenk sehr beweglich sind) mit den Greifhänden und dem ausgezeichneten Blick für Entfernungen.

Millimetergenau treffen sie den meterweit entfernten Ast. Dazu kommt ein blendender Gleichgewichtssinn, der es dem Gibbon ermöglicht, zweibeinig auf dünnen Lianen zu laufen.

Es ist unmöglich, all die verschiedenen Affen unter dem Blätterdach vorzustellen, die scheuen blattfressenden Guerezas, die vielen buntgesichtigen Meerkatzen, die sich oft flink und geschickt durchs Geäst schleudern, die bedächtigen Pottos . . .

Nur wenige Arten aus der Affenverwandtschaft sind zu Bodenbewohnern geworden: die Makaken und die Paviane (Papio). Eine gewisse Wehrhaftigkeit war offenbar die Voraussetzung, auf das schützende Blätterdach zu verzichten. Die ebenfalls gut an die Ebene angepaßten Husarenaffen (Erythrocebus) setzen bei Gefahr auf ihre Tarnfärbung oder auf ihre hohe Laufgeschwindigkeit.

In Südamerika, im Reich der Neuweltaffen, kennt man keine ausgesprochenen Bodenaffen. In großen Teilen des Kontinentes könnten sie sich ohnehin nicht halten, wenn man bedenkt, daß allein der Amazonas alljährlich 65 000 km² Wald- und Buschland überflutet. So scheint es nicht verwunderlich, wenn eben in dieser Region die »Affen mit der 5. Hand« zu Hause sind. Typisch für sie ist das Halten und Klettern mit dem Greifschwanz. Während der Schwanz vielen Tieren als Balancierstange dient, benutzen ihn die Neuweltaffen als zusätzliches Greiforgan. Die Affen hängen sich gern an ihrem Schwanz auf, er allein vermag das Tier zu halten. (Aber auch kleine Gegenstände können damit getragen werden.)

Die Spezialisierung scheint bei den kleinen, intelligenten Kapuzinern (Cebus) »stehengeblieben« – ihr Schwanz »trägt« nur kurze Zeit. Das Schwanzende ist auch noch nicht völlig nackt. Bei den perfekten Greifschwänzen bleibt die Schwanzunterseite am Ende unbehaart, Querfurchen verstärken die Haftwirkung. Die korpulenten Wollaffen (Lagothrix) zeigen einen wohlausgebildeten Greiffleck. Aber auch die schwersten 5-Hand-Arten, die Brüllaffen (Alouatta), verfügen über einen hervorragenden Greifschwanz. Fast gleitend bewegen sie sich durch die Bäume; meist greifen 4 oder 5 »Hände«. Ihre Verwandten, die eigentlichen Klammeraffen (Ateles), sind die elegantesten

Mühelos kann sich ein Klammeraffe am Schwanz aufhängen.

Der Potto in zwei charakteristischen Bewegungsphasen

Akrobaten des Amazonasgebietes. In Körperbau und Lebensweise erinnern sie an die Gibbons. Finger und Mittelhand bilden ein hakenartiges Greiforgan. Die Bewegung hoch in den Baumkronen ist oft mit der von Artisten unter der Zirkuskuppel verglichen worden. Bis zu 10 m weit schwingen sie sich durch die Luft und landen sicher. Mit seinem außerordentlich biegsamen, feinsinnigen Schwanz vermag der Früchtefresser Gegenstände von Erbsengröße zu greifen.

Doch Ausnahmen auch hier! Nicht alle südamerikanischen Affen weisen einen Greifschwanz auf. Der kurzschwänzige Uakari (Cacajao) mit dem traurigen Blick bewegt sich langsam auf allen Vieren oder hängt sich an den Füßen auf.

Vögel an Stamm und Ast

Nicht zu unrecht verbindet man mit dem Begriff Vogel die Vorstellung von flötenden Sängern in Baum und Strauch. Die Mehrzahl der Gefiederten lebt im Geäst unter dem Blätterdach. Viele bauen dort auch ihr Nest, suchen ihre Nahrung, ruhen sich auf dem Ast aus. Selbst im Schlafe fallen sie nicht von der »Stange«. Den Vögeln kommt ein wunderbarer Halteapparat zustatten, der ohne Kraftverbrauch arbeitet (s. Abb. S. 110). Die beweglichen Zehen und die gelenkigen Beine wirken sich dabei günstig aus. So können die Rohrsänger sich sogar am schwankenden Schilfhalm halten – gleichsam am senkrechten »Ast«.

Wie wir das von unseren Singvögeln kennen, weisen dabei 3 Zehen nach vorn, die 1. Zehe greift nach hinten. Von dieser Hauptvariante gibt es freilich allerlei Abweichungen. Die flink durchs Dickicht kletternden, springenden, schwingenden Mausvögel (Coliidae) können die 1. Zehe nach vorn und die 4. nach hinten nehmen. Manchmal strecken sie auch alle Zehen nach vorn und hangeln. Bei den Trogons (den sogenannten Verkehrtfüßern) weisen 1. und 2. Zehe nach hinten, die anderen nach vorn.

Die hängende Haltung am Ast, die rein statisch gesehen die stabilere wäre, zeigen nur wenige Vögel. Das indonesische Blaukrönchen (Loriculus galgulus) schläft ähnlich den anderen Fledermauspapageien kopfunter.

Als die perfekten Kletterer am Stamm gelten die Spechte (Picidae); nur selten sieht man sie auf dem Ast oder am Boden. Die recht schwachen Flieger sind in mehrfacher Hinsicht hervorragend angepaßt: Hackschnabel, erschütterungssicherer Schädel, Riesenzunge, Kletterfuß und Stützschwanz. Wir beobachten eine besondere Haltung der Zehen: zwei vorn – zwei hinten. Dabei werden die Zehen 1, 2 und 3 von einer Sehne versorgt, während die 4. Zehe durch eine eigene Sehne bewegt wird. Sie kann nach hinten gerichtet oder auch (an glatten Flächen) seitlich abgespreizt werden. Durch den Sehnenzug ziehen sich die Zehen gegeneinander, und die scharfen Krallen schlagen wie Steigeisen in den Stamm ein. Die Zehen selbst berühren den Baum meist nicht.

Ein spezieller Stützschwanz unter»stützt« die Spechte. Er besteht aus 12 steifen Steuerfedern, von denen die äußeren aber klein bleiben und kaum sichtbar sind. Die außerordentliche Bedeutung des Schwanzes im Leben der Spechte zeigt sich in der Mauser. Die Schwanzfedern werden in einer solchen Reihenfolge gewechselt, daß die Stützfunktion immer erhalten bleibt. Das Steißbein beteiligt sich an der Aufgabe des Schwanzes, es wurde zu einer Tragplatte mit Längskamm.

Kurioserweise kennt man verschiedene Abweichungen vom »idealen« Spechtfuß. Wie der Name sagt, muß der Dreizehenspecht (Picoides tridactylus) mit 3 Zehen auskommen; nur eine Zehe weist nach hinten oder wird seitlich abgespreizt. Und bei den südostasiatischen Kurzschnabelspechten (Meiglyptes) übernimmt die 1. Zehe kaum noch Halteaufgaben. Reduziert ist sie auch bei den in der gleichen Region lebenden Stummelspechten (Dinopium).

Können diese Arten auf die vierte Zehe verzichten, weil sie sich offenbar nur kurze Zeit an einer Stelle festklammern? Der Dreizehenspecht widerspricht einer solchen Denkmöglichkeit. Er hackt sehr lange am selben Platz.

Die Kletterkünste der Spechte sind also recht verschieden, und es ist schwer, eine allgemeine Formel zu finden. Sie könnte lauten: Gute Kletter- und Klammerspechte zeigen ruckartige Bewegungen, Bodenspechte wirken harmonischer und geschmeidiger. Und die besseren Hacker (Hackspechte) sind oft die schlechteren Kletterer.

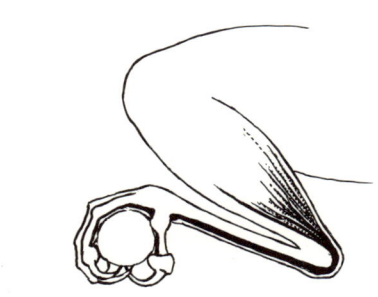

Der automatisch funktionierende Haltefuß; auch schlafende Vögel fallen nicht vom Ast.

Durch seine unüberhörbaren Pfiffe macht ein Stammkletterer ganz anderer Art auf sich aufmerksam – der Kleiber (Sitta). Obgleich ähnlich perfekt an die Bewegung am Baum angepaßt, unterscheidet er sich doch erheblich von den Spechten. Er vermag sogar kopfabwärts zu laufen. Sein kurzes Schwänzchen wird ohnehin nicht als Stütze genutzt. Die Füße setzt er nicht parallel – einer steht immer höher als der Nebenfuß; und der unterste Fuß ersetzt beim Aufwärtsklettern den Stützschwanz. Die Körperachse des Kleibers steht etwas schief zu den Füßen. In schräger Linie bewegt sich der Kleiber meist auch um den Stamm.

Ebenfalls auf die Schwanzstütze verzichten die Mauerläufer (Trichoderma muraria). Sie klettern in steilen Felsen der Hochgebirge (z. B. Alpen). Auch sie fallen durch ruckartige Bewegungen auf, begleitet von flatterndem Flügelschlag.

Tiere im Sprung

Wenn Tiere springen, stoßen sie sich plötzlich vom festen Untergrund ab. Die Muskelkräfte werden dabei in Bruchteilen einer Sekunde wirksam und schleudern das Tier durch die Luft.

Vergleicht man die Sprungleistungen verschiedener Arten, so stellt man erstaunt fest, daß es keine klaren Relationen zwischen Körper- und Sprunghöhe gibt. Das nur zentimeterhohe Hermelin (Mustela erminea) springt »aus dem Stand« 1 m hoch, wozu der um ein Zigfaches höhere Mensch (die Spitzensportler ausgenommen) kaum in der Lage ist.

Was geht in die Rechnung ein? Die Muskelkraft (die vor allem vom Muskelgewebe bestimmt wird) und die sogenannte Federstrecke. Sie wiederum hängt ab von der »Ausholbewegung«; je tiefer man also vor dem Strecksprung in die Knie geht, um so höher kann man springen. In der Federstrecke wird dem Körper so viel Bewegungs- (kinetische) Energie verliehen, daß er die Schwerkraft überwinden kann. Es leuchtet ein, daß die zu hebende Masse ebenfalls in die Gleichung eingeht; kleine Tiere haben dort ihre Vorteile. Das genannte Hermelin wiegt maximal 350 g, der kräftigere und größere Mensch aber mit 75 kg mehr als das 200fache. Die Gleichung für die Sprunghöhe eines Tieres lautet:

$$\text{Höhe} = \frac{\text{Beinkraft} \times \text{Federstrecke}}{\text{Gewicht}}$$

Den guten Springer wird man an den kräftig bemuskelten und vergleichsweise langen Hinterextremitäten erkennen. Die Frösche haben das besonders deutlich vor Augen geführt (S. 34). Aber für die »Kleinen« gilt das gleiche. Auffällig sind die stark bemuskelten Beine der Heuschrecken, die den Körper aus dem Kniegelenk fast 1 m weit nach vorn katapultieren. Ihre Larven springen noch nicht so gut. Die Springer unter den Käfern sind die »Erdflöhe« aus der Familie der Blattkäfer; sie erreichen aber nur 25 cm. Nach anderer Art springen die Zikaden (sowie die Blattflöhe). Bei ihnen vermißt man die kräftigen Oberschenkelmuskeln. Zikaden arbeiten mit einer Art Schnappmechanismus, das heißt, die Energie wird aufgestaut, um dann plötzlich und mit einemmal freigesetzt

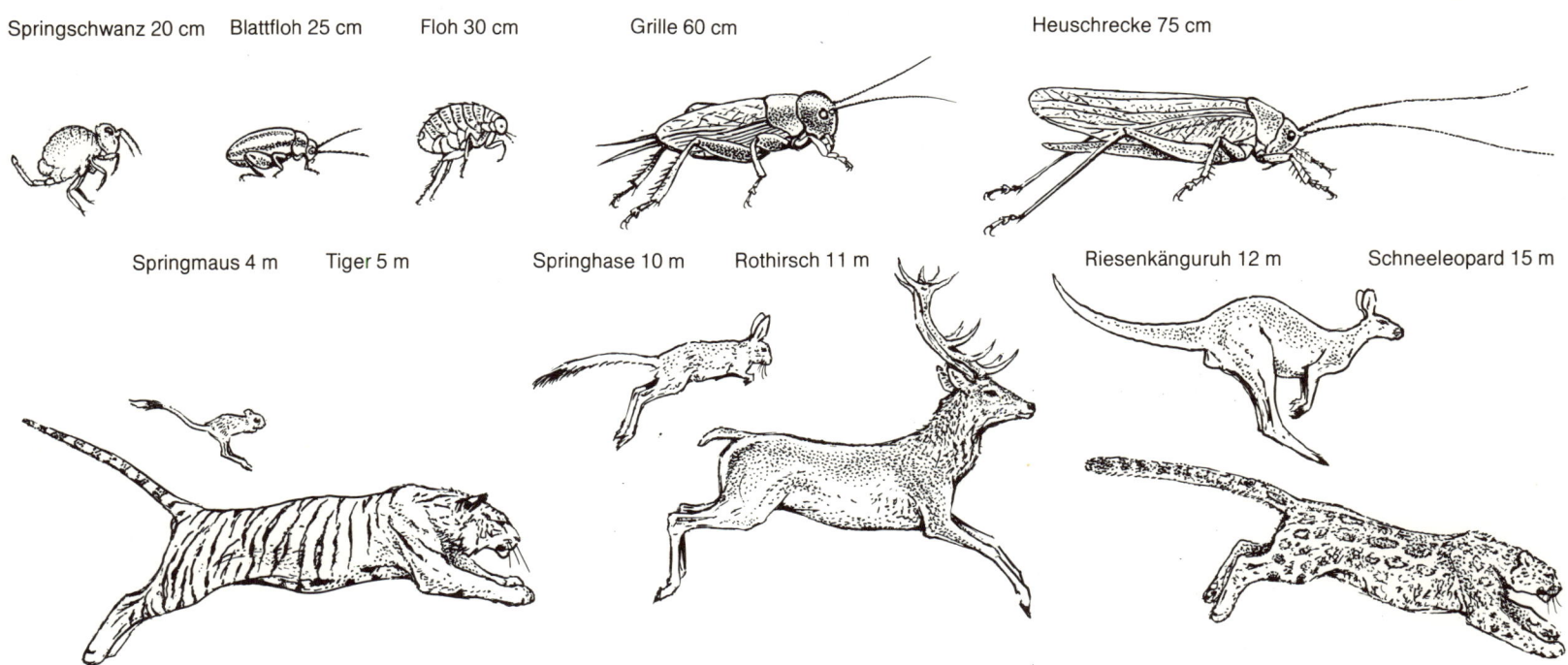

Springschwanz 20 cm   Blattfloh 25 cm   Floh 30 cm   Grille 60 cm   Heuschrecke 75 cm

Springmaus 4 m   Tiger 5 m   Springhase 10 m   Rothirsch 11 m   Riesenkänguruh 12 m   Schneeleopard 15 m

zu werden (vergleichbar mit dem Fingerschnipsen). Die Muskelmasse liegt verborgen im Brustraum; deshalb springen Zikaden auch aus dem Hüftgelenk heraus.

Viele gute Springer kennt man aus der großen Gruppe der Säuger. Der Galopp ist ja eigentlich eine Aneinanderreihung von Sprüngen. Mit Leichtigkeit springen die meisten Antilopen, mit unbändiger Kraft die Katzen und Marder, Pferde dagegen springen ungern. Beim Sprung über ein Hindernis müssen sie ihren Bewegungsablauf völlig umstellen. Vorder- und Hinterbeine werden im Gegensatz zum Galopp synchron an den Körper gezogen. Das »Verweigern« trainierter Springpferde ist eine durchaus natürliche Reaktion. Wildpferde würden Gatter nicht überspringen, sondern umlaufen.

Ausgesprochen schlechte Springer sind viele Sohlengänger, die ja den Schritt bevorzugen. Niemand wird erwarten, daß ein Igel einen Zaun überspringt (Eisbären indes springen recht gut). Auch der Dachs trottet gemächlich dahin. Er springt nie seine Beute an, sondern sucht mehr nach seiner Nahrung. Auf hohe Sprünge verzichten auch die Sumpfbewohner (Elch) und Dickichtschlüpfer (Tapire, Pekaris, Wasserschweine). Sie übersteigen im Weg liegende Hindernisse.

Weitsprungrekorde einiger Tierarten

Die Koboldmakis verfügen durch den extrem verlängerten Mittelfuß über einen zusätzlichen Hebel, der die »Federstrecke« verlängert. Die rattengroßen Nachttiere überspringen meterweite Entfernungen zwischen den Ästen.

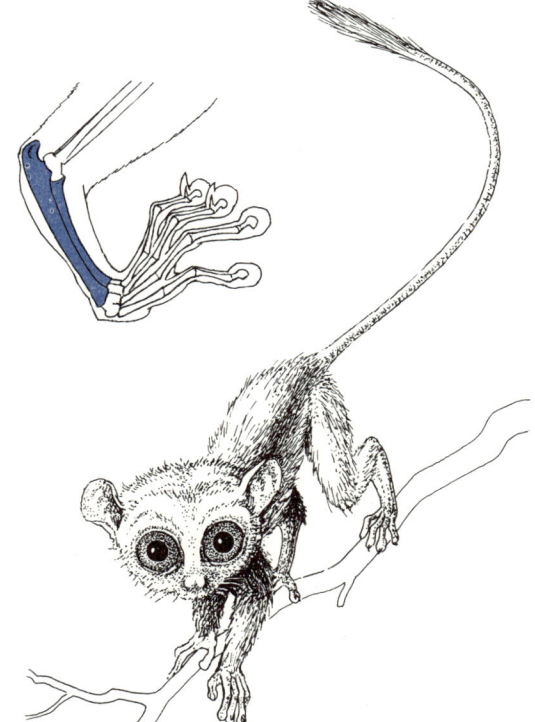

Die meisten dieser Nichtspringer erkennt man nicht nur am ruhigen Wesen, sondern auch an den kaum verlängerten Hinterbeinen. Wie Carsten Niemitz an Koboldmakis (Tarsius) eindeutig nachweisen konnte, ist die springende Lebensweise mit der Verlängerung der hinteren Extremität gekoppelt. Die Känguruhs demonstrieren das ja deutlich. Aber auch andere Arten zeigen ähnlich spezielle Anpassungen. Die afrikanischen Zwerggalagos (Galagoides demidovii) erreichen ihre guten Hebelverhältnisse durch extreme Verlängerung von Fußwurzelknochen (Fersen- und Kahnbein). Es entsteht der Eindruck, als hätte das Bein drei Abschnitte. Mit Sprunghöhen von 4 m gehören die Kleinen zu den besten Springern überhaupt. Freilich haben sie nur 70 g Körpermasse hochzukatapultieren.

Spezialisten

Die Sprungkraft des Flohs ist sprichwörtlich geworden, und die kleinen flügellosen Parasiten haben für die unsinnigsten Vergleiche herhalten müssen: Wenn ein Mensch sich mit dem etwa 3 mm großen Insekt messen wollte, müßte er in einem Satz weit über ein Fußballfeld hinaus springen. Denn viele Flöhe springen mehr als 30 cm weit. Wir haben oben dargelegt, daß derartige Vergleiche ebenso anschaulich wie falsch sind. Gleichwohl lohnt es sich, diese Meister des Sprungs unter die Lupe zu nehmen. Ein Forscherteam um Miriam Rothschild hat den Rattenfloh *(Xenopsylla cheopis)* genau untersucht.

Ähnlich wie eine Katze bereitet sich der Floh auf den Sprung vor. Er duckt sich an die Unterlage, die Beine extrem gewinkelt, den Kopf gesenkt. Auch beim Floh kommt der entscheidende Schub aus dem hinteren Beinpaar, die Vorder- und Mittelbeine dienen als Körperstütze. Den Sprung löst dann ein Muskel aus, der die Hüfte hebt. Gleichzeitig entspannt sich ein hochelastisches Eiweiß (Resilin) in den Seitenwänden des Körpers. Zuerst wird der Schenkelring vom Boden abgedrückt, dann strecken sich die Beine durch. Der Floh hebt ab (s. Abb.) – und zwar mit einer Beschleunigung von 1350 ms^{-2} (also etwa 140 g!). Er nutzt beim Sprung Muskel- und Koordinationssysteme, die seine Vorfahren einst für die Bewegung von Flügeln benötigten.

Eine andere Gruppe der Insekten, die Springschwänze, verläßt sich beim Sprung nicht auf die Beine, aber auch nicht auf den Schwanz, wie der Name suggerieren möchte. Die meist um 1,5 mm kleinen Winzlinge springen mit einer Sprunggabel (Furca). Normalerweise liegt sie ruhig in einer Halterung (Retinaculum) unter dem Hinterleib, gespannt wie eine Feder. Bei Gefahr wird sie ausgeklinkt, schnellt gegen den Boden und drückt den Springschwanz nach oben. Noch bevor der Kleine auf den Beinen landet, rastet die Sprunggabel wieder ein.

Man darf davon ausgehen, daß ein Angreifer durch die wechselnden Sprünge irritiert wird. Lediglich für eine einzige Gattung (*Lepidocyrtoides* aus Südamerika) konnte bisher ein zielgerichteter Sprung nachgewiesen werden.

So hebt der Menschenfloh ab. Er gehört zu den recht guten Springern unter den 1500 heute lebenden Flocharten.

Springschwänze – Spezialisten im Sprung. Je nach Lage des Schwerpunktes führen die verschiedenen Arten dabei Salti rückwärts (im Bild ein Vertreter der Sminthuridae) oder vorwärts aus (Familie Hypogastruridae). Der Sprung währt nur 0,04 s und katapultiert den Kleinen bis zu 20 cm weit.

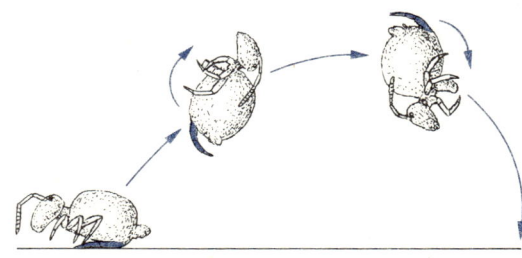

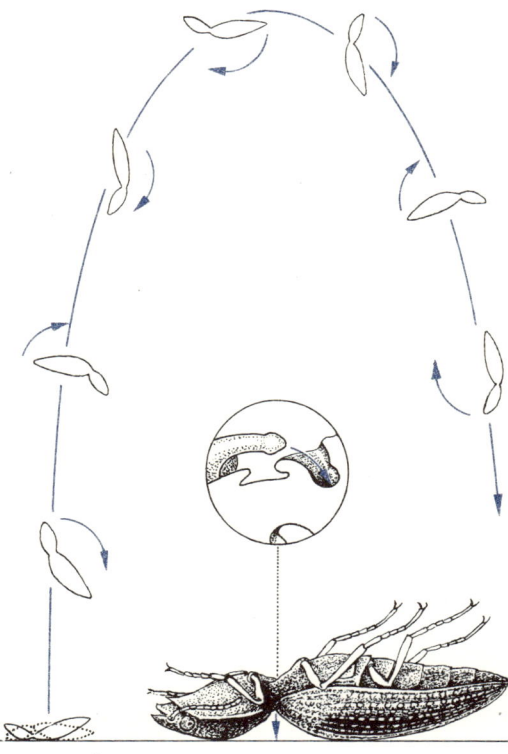

Die »Sprungkurve« des Schnellkäfers

Springschwänze sind Bodentiere, und es ist interessant zu verfolgen, wie die Sprungfähigkeit mit der Tiefe und Dichte abnimmt. Die weit »unten« lebenden Arten zeigen überhaupt keine Sprunggabel mehr. Dagegen hüpfen andere sogar auf dem Wasserspiegel umher. Ihre Sprunggabeln sind verbreitert, wodurch das Durchschneiden des Oberflächenhäutchens verhindert wird. Als beste Springer gelten übrigens die *Sminthurus*-Arten der Krautschicht; für sie ermittelte Christian Sprunghöhen von maximal 97 mm.

Einen Sprungmechanismus ganz anderer Art zeigen die Schnellkäfer (Elateridae). Ein Schnappapparat zwischen Vorder- und Mittelbrust schnellt das Tier in die Höhe. Die kurzbeinigen Käfer sind so imstande, aus der Rückenlage wieder auf die Füße zu kommen – was durchaus nicht immer gelingt. Gerade für die Käfer muß ein derartiger Mechanismus nützlich sein, denn sie lassen sich bei Gefahr gern fallen und stellen sich tot.

Nicht alle der 8000 bekannten Schnellkäferarten schnellen gleich gut. Manche zeigen diesen Spezialsprung gar nicht (so die Art *Lacon murinus*), andere dagegen schnipsen sich sogar aus der Bauchlage hoch.

Wenn Tieren kräftige Beine, Sprunggabeln oder Schnappmechanismus fehlen, dann wird das Springen oft zum unlösbaren Problem. Nur wenige hüpfen dennoch. Die knapp 1 cm langen Larven der Käsefliege *(Piophila casei)* schnellen sich auf seltsame Weise bis zu 25 cm hoch. Sie schließen ihren Körper zu einem Ring und verhaken Vorder- und Hinterende. Wird die Verbindung plötzlich gelöst, springt die Larve wie ein gespanntes Stahlband weg.

Noch kurioser muten die springenden Kokons bestimmter Schlupfwespen an. Vielleicht hüpfen die Parasiten vor ihren Hyperparasiten davon. Und geradezu jahrmarktreif sind hüpfende Pflanzensamen – bestimmte Wicklerraupen springen samt ihrem Gehäuse, einem Wolfsmilchsamen.

55 Die Windhunde sind zum Symbol von Ausdauer und Schnelligkeit geworden. Das erste Rennen auf einer Bahn mit »künstlichem Hasen« fand 1876 in England statt.

56 Schlangen im Baum sind kein seltenes Bild. Viele Arten haben sich auf das Klettern sogar spezialisiert, und nicht wenige tarnen sich mit Grün.

57 Die trägen, bedächtigen Chamäleons verlassen sich ganz auf ihre Klammerfüße, ihren Farbwechsel und ihre schnelle Zunge.

58 Auch bei den Lurchen (im Bild die rasch laufende Kreuzkröte) wird der Leib kaum vom Boden abgehoben.

59 Echsen laufen im Spreizgang: Oberarm und Oberschenkel werden waagerecht gehalten (im Bild die schnelle Perleidechse).

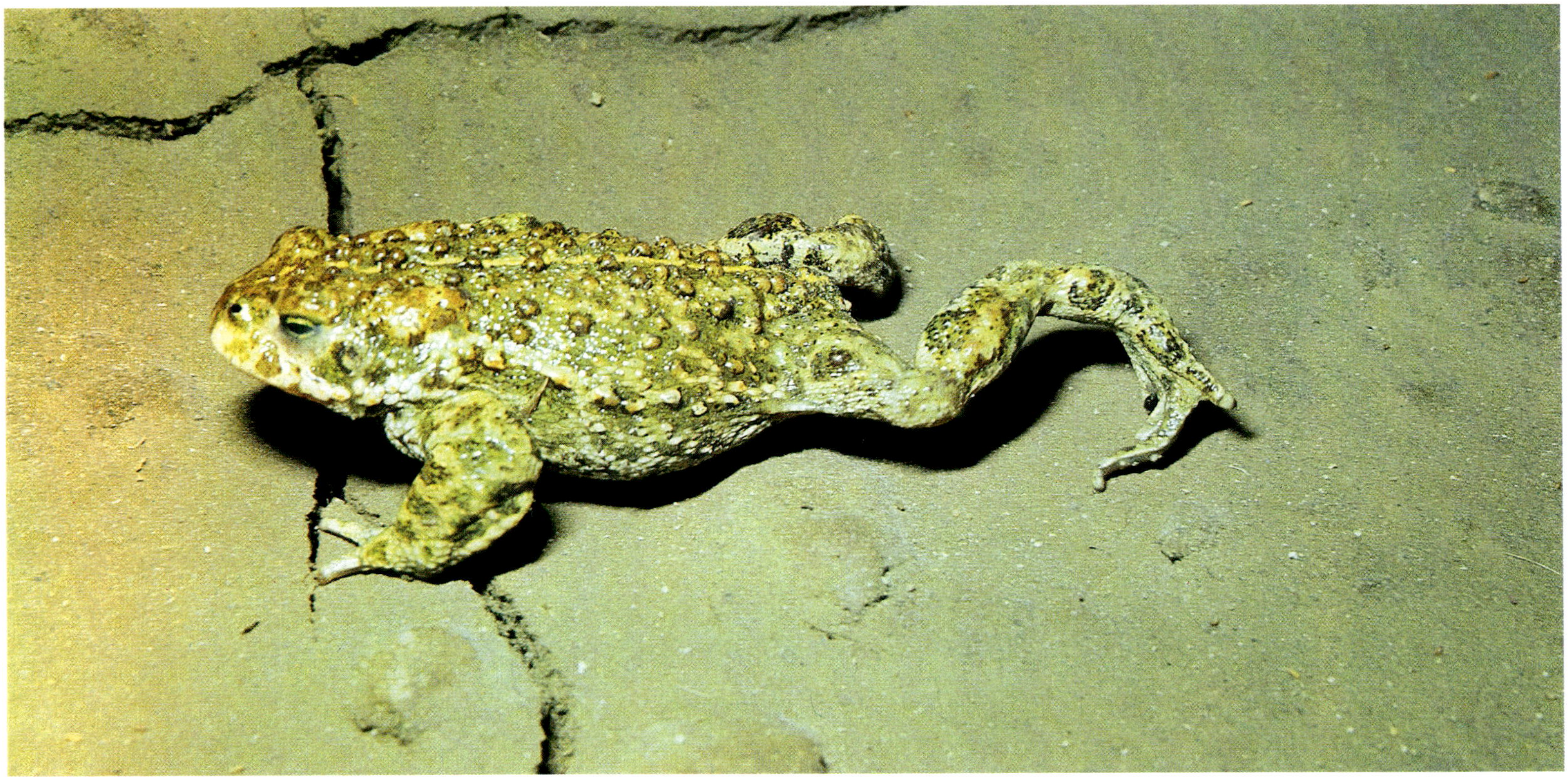

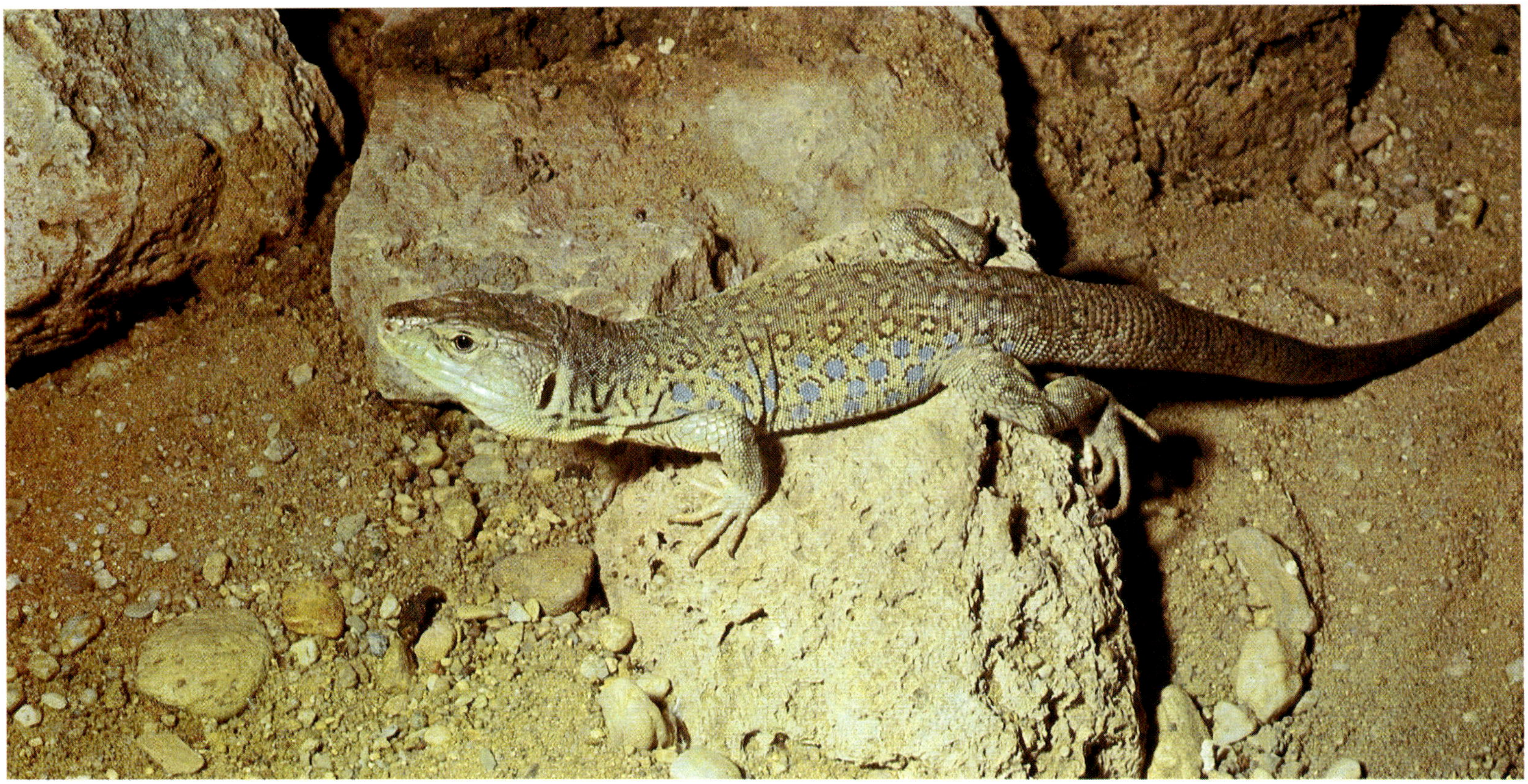

60 Die Weinbergschnecke gleitet über ein scharfes Rasiermesser, ohne sich zu verletzen. Das Schleimband wirkt als Puffer.

61 Zur Rückbildung von Beinen ist es im Laufe der Entwicklung öfter gekommen; nicht nur bei Schlangen, sondern auch bei Echsen (im Bild unsere harmlose Blindschleiche).

62–64 Sprung, Trab, Galopp. An der Beinhaltung erkennt man deutlich, daß der Sprung der Pferde nicht aus dem Galopp hervorgeht.

65 Reh im Galoppsprung; er kostet im tiefen
Schnee das Mehrfache an Kraft. Auf festem Boden
springen Rehe bis zu 6 m weit und 1,5 m hoch.

66 Der Hase »hoppelt«; die bekannten Trittbilder
entstehen bei jeder Geschwindigkeit, weil die Hinter-
pfoten nebeneinander vor den hintereinander gestellten Vorderpfoten aufsetzen.

67–69 Im raumgreifenden Paßgang: der Afrikanische Elefant, das südamerikanische Mara und rechts die Elenantilope

70 Der Nandu bildet das südamerikanische Gegenstück zum afrikanischen Strauß.

71/72 Viele Strandvögel suchen laufend ihre Nahrung; unten der Säbelschnäbler, rechts der Austernfischer.

LAUFEN · KRIECHEN · KLETTERN

73/74 Riesenkänguruh im Sprung. Bei weitem nicht alle der mehr als 50 heute lebenden Känguruharten sind solch gute Springer.

75 Diese kämpfenden Bengalwarane mögen uns daran erinnern, daß gerade die Reptilien so viele und mächtige Zweibeiner hervorgebracht haben.

76–79 Die Entwicklung der Gliederfüßer war auch ein Spiel mit den Beinen. Links oben der »uralte« Stummelfüßer, rechts oben der selten 100füßige Hundertfüßer, links unten die Grasgrüne Huschspinne, ein schneller 8-Füßer, rechts unten ein Vertreter (Lederlaufkäfer) der großen Gruppe der 6-Füßer.

80 Mit ihren extrem langen Beinen übersteigen die Kanker riesige Abgründe im Kräuterwald. Die am Boden lebenden Kankerarten (z. B. Brettkanker) sind meist kurzbeinig.

81/82 Der Schwanz als 5. Hand. Links oben der australische Fuchskusu, rechts oben der südamerikanische Wollaffe

83 Das Faultier lebt fast ständig kopfunten, es gehört zu den sichersten Kletterern.

84 Baumkänguruhs gehören nicht zu den geschicktesten Kletterern.

85 Gibbons beherrschen die »Brachiation«, die Fortbewegung ausschließlich mit den Armen. Sie scheinen durch die Bäume zu fliegen.

86 Der Alpensteinbock läuft fast nur im Schritt oder
Galopp. Der vorzügliche Kletterer meidet das Tal und
den Gletscher.

87 Gemsen im Fels. Auch das 4 Wochen alte Kitz
bewegt sich schon sicher.

88 Solche Sprünge zeigen Schweine nicht eben
häufig; unser Wildschwein »zieht« meist rasch oder
läuft im ausdauernden Trab.

89 Der Iltis, ein guter Springer, Kletterer und Schwimmer

90 Das Hermelin (hier im Winterfell), seine übliche Bewegungsart ist der Zweisprung.

91 Kräftige Sprungmuskeln sucht man bei Springspinnen (links oben) vergeblich, sie springen »hydraulisch«.

92 Eine Smaragdeidechse (rechts oben) entschließt sich zum Sprung.

93 Heuschrecken (links unten) springen dank stark bemuskelter Hinterbeine.

94 Wechselkröte im Absprung (rechts unten)

95 Gewandter Kobold der Nacht: der Siebenschläfer

FLIEGEN · SEGELN · GLEITEN

Der Flug der federleichten Vögel

Wie alt mag er sein, der ewige Traum des Menschen, sich in die Luft zu erheben und den Vögeln gleich im lichten Blau dahinzufliegen? Seit mindestens 800 Jahren haben die Kühnsten der Kühnen sich im Fluge versucht; sie alle endeten wie der berühmteste unter ihnen, der Schneider von Ulm im Jahre 1811. Heute wissen wir: Sie mußten scheitern, denn der Körper des Menschen taugt zum Fliegen nicht. Er ist viel zu schwer, und die Muskeln zum Bewegen der »Flügel« müßten wohl das Vielfache unserer Brustmuskeln ausmachen. Ein Brustbeinkamm als Ansatzstelle sollte dann meterweit hervorragen. Beinchen wie Bleistifte wären die nächste Konsequenz; und die Startgeschwindigkeit eines 75 kg schweren Menschen müßte mehr als 53 km/h betragen.

Der erste, der begriff, daß man den Vogelflug studieren, nicht aber imitieren muß, war Otto Lilienthal. Er schrieb 1889: »Es kann und darf die Fliegekunst nicht für ewig dem Menschen versagt sein.« Er war denn auch der erste fliegende, zumindest »gleitende« Mensch. Heute kennt man mehr als 60 muskelgetriebene Fluggeräte. Man besinnt sich dabei vor allem auf die Kraft der Beine, und so ähneln diese Flug-Zeuge mehr Flug-Rädern als Vögeln. Die erreichten Leistungen lassen sich mit denen der Vögel zwar ebensowenig vergleichen wie die Form der Flugmaschinen; sie sind aber dennoch erstaunlich.

Der Überflug über den Ärmelkanal allein aus menschlicher Muskelkraft gelang erstmals am 12. 6. 1979. Der Amerikaner Bryan Allen durchradelte mit seinem Gossamer Albatros die Luft, und er gewann den ausgesetzten Preis von 100 000 englischen Pfund.

Vom Urvogel zur Schwalbe

Wann und wie lernten die Vögel fliegen? Eine außerordentlich schwierige Frage, an deren Beantwortung den Biologen viel liegt. Und sie können sich mehr als glücklich schätzen, daß ihnen Funde aus jener alten Zeit vorliegen – als alles begann! Man verfügt heute über sechs »Exemplare« und eine Feder des Urvogels (Archaeopteryx). Ein Tier, das offensichtlich Merkmale von Reptilien und den späteren Vögeln in sich vereinte, eine jener Zwischenformen (»missing links«), nach denen man so nachdrücklich und oft so vergeblich suchte. (Bis heute kennt man weder Ur-Wal noch Ur-Fledermaus . . .)

Der Urvogel war denn auch das erste Fossil, das zum Gegenstand einer wissenschaftlichen Konferenz wurde. Im September 1985 nahmen 100 Biologen an der »Internationalen Archaeopteryx-Konferenz« im bayrischen Eichstätt teil. In manch wichtigen Fragen wurde man sich rasch einig, und als sicher kann man folgende Punkte ansehen:

1. Der Urvogel stammt von zweibeinig laufenden Reptilien (wahrscheinlich von Archosauriern) ab.
2. Zweibeiniges Laufen war eine Voraussetzung, nicht aber das Ergebnis der Eroberung des Luftraumes.
3. Urvögel zeigen, verglichen mit den heutigen Vögeln, sehr »moderne« Merkmale: Aufbau und Anordnung der Federn (bis zur aerodynamisch wichtigen Asymmetrie der Schwungfedern), hohle Knochen (die sich aber auch bei anderen Sauriern finden), faltbare Flügel (durch spezielle Beugung im Handgelenk, die »ulnare Abduktion«).
4. Die Feder hat sich aus der Reptilienschuppe

entwickelt und fungierte zunächst als Hitzeschild (man findet vergleichbare federartige Strukturen bei tagaktiven Spinnen heißer Wüsten und sogar bei einigen Kakteen!). Die Feder wäre demnach ein vortreffliches Beispiel einer Voranpassung (Präadaption) für einen anderen biologischen Zweck.

Die große Frage aber »Flog er oder flog er nicht?« bleibt, und hier trennen sich auch die Auffassungen. Manche Wissenschaftler meinen, der Flug habe sich am Boden aus einem Hüpf-Laufen entwickelt. Der Urvogel verfügte über typische Lauffüße, ähnlich wie unsere Hühner. Welchen Vorteil sollte ein derartiges Flattern aber gebracht haben?

Andere Biologen bauen auf die »Baum-Variante«. Danach hätte der Urvogel Bäume erklettert, wozu er offensichtlich in der Lage war, und wäre dann im Gleitflug herabgeschwebt. (Kurzstreckengleitern werden wir auf S. 157 begegnen.) Aus einem Gleitflug, der Energie spart, läßt sich aber schwerlich ein Schlagflug entwickeln. Sobald die Flügel flattern, gleitet das Tier schlechter. Ulla Norberg hat eigens ein mathematisches Modell aufgestellt, um die knifflige Situation zu klären. Sie hält es für möglich, daß die ersten »Vorvögel« Gleitflieger waren und ihren Schwebeflug mit extrem langsamen Flügelschlägen (zwei Schläge je Sekunde) unterstützten, wobei der Flügel nach oben sehr langsam bewegt wurde. Allerdings: Kein heute lebender Gleitflieger zeigt diese Methode.

Gegen die Baum-Gleit-Theorie spricht noch eine andere Tatsache. Dort, wo offenbar alles begann, am Jura-Meer (im Raum Solnhofen), standen vor 140 Millionen Jahren gar keine Bäume. Da müßte man denn die ersten Flugversuche, weit ab von den Fundstellen der Fossilien, ins Landesinnere verlegen.

FLIEGEN · SEGELN · GLEITEN

Man weiß heute viel über den Urvogel, der wahrscheinlich kein direkter Vorfahr von Amsel, Drossel, Fink und Star war. Aber es bleiben viele, viele Fragen, und 130 Jahre nach dem Münchner Paläontologen Andreas Wagner haben wir immer noch Verständnis dafür, daß er das Tier zwischen Reptil und Vogel *Griphosaurus* – Rätseltier – nannte.

Ultraleichtbau – die Konstruktion

Der schwerste unserer flugfähigen Vögel ist die afrikanische Riesentrappe *(Ardeotis kori).* Sie bringt 12,6 kg auf die Waage. Die Mehrzahl der Gefiederten bleibt weit unter dieser Marke, die vielleicht auch in der Nähe des möglichen Maximums liegt. Unser 63 cm großer Rotmilan erreicht 1 kg; unter den Singvögeln gehört die Amsel mit 100 g schon zu den Schwergewichten, Haussperlinge wiegen knapp 30 und Blaumeisen gar nur 11 g.

Eines wird offenkundig: Masse- bzw. Gewichtsersparnis schien das oberste Prinzip bei der Entwicklung der gefiederten Wirbeltiere gewesen zu sein. Und in der Tat: Vögel scheinen nach einem Ultraleichtbauverfahren gebaut. Statt des mit massiven Zähnen ausgestatteten Kiefers findet sich der leichte Hornschnabel. Selbst die riesigen Schnäbel der Nashornvögel und Tukane sind hohl bzw. schwammig und deshalb ausgesprochen leicht. Als luftig im wahrsten Sinne des Wortes erweisen sich auch die Knochen; sie schwimmen auf dem Wasser (im Unterschied zu Knochen von Säugetieren). Auf das duftige Federkleid kommen wir noch zu sprechen.

Ein Vogel darf aber nicht nur leicht, sondern muß vor allem sehr stabil sein! Das gilt zumindest für die rasch und kraftvoll bewegten Flügel. Die dabei entstehenden Zug- und Druckkräfte sind enorm und würden einen hohlen Knochen »üblicher« Bauart sofort zerbrechen. Wie löste die Evolution die Probleme? Sie fand im Spiel der Varianten die gleiche Lösung wie die Klassiker des Flugzeugbaus: die X-Verstrebungen. Vor allem bei den verhältnismäßig schweren Greifvögeln finden wir diesen Konstruktionstyp der Knochen. Kleinvögel kommen mit einer noch weniger materialintensiven Methode aus, dem »Stützbälkchen«. Vor allem die hohen Belastungen ausgesetzten Oberarme

Rekonstruktion des Urvogels. War er ein Baumwesen? Waren seine offensichtlich bescheidenen Flugleistungen vielleicht ein Vorteil auf der Flucht vor räuberischen Reptilien?

Skelett eines Urvogels und einer heute lebenden Taube

zeigen diesen Bau. Das Knochenmaterial selbst ist bei Vögeln reich an Kalksalzen und deshalb sehr hart, aber spröde.

Besonders kräftig ausgebildet sind die wichtigsten Flügelknochen, Ober- und Unterarm (Elle und Speiche) sowie der Handteil mit dem speziellen Fensterstück (»Carpometacarpus«). Die Finger werden weitgehend rückgebildet. Eine sehr wichtige Funktion für den Flug hat lediglich der abspreizbare 2. Finger, fälschlich als Daumen (»Daumenfittich«) bezeichnet.

Das Skelett des Vogelrumpfes bildet das feste Widerlager zu den bewegten Flügeln. Anders als wir das beispielsweise bei Katzen beobachteten, nimmt die Wirbelsäule an der Bewegung nicht teil. Jede Verformung würde zusätzlich statische Probleme mit sich bringen und die Stabilität gefährden. Eine Ausnahme bildet der Hals des Vogels. Er kann aus bis zu 25 Einzelwirbeln bestehen und garantiert eine hohe Beweglichkeit des Kopfes. So gleicht er die Starrheit des Rumpfes aus.

Zwischen kompaktem Körper und bewegten Flügeln vermitteln Zug- und Druckstäbe in Form von Schulterblatt, Rabenschnabel- und Gabelbein. Über diese statischen Sicherheiten hinaus gibt es Vorkehrungen gegen ungeschickte, gefährliche Flügelbewegungen. Obgleich das Grundmuster des Flügelschlages erblich fixiert ist, kommen doch Lernvorgänge hinzu. Bei ihren ersten Flugversuchen machen die Vögel ja durchaus noch keinen sicheren Eindruck; der Landeanflug zum Beispiel wird bei Sturmböen schon zum Problem. Aber extrem ungünstige Flügelverdrehungen sind nicht möglich; man spricht von einer Parallelschienenführung, vergleichbar mit dem als »Storchschnabel« bekannten Zeichengerät.

Berücksichtigt man weiter die »Bruchreserve« der Gesamtkonstruktion, so darf man feststellen: Auch eine junge, ungeübte Graugans, die mit den komplizierten Windverhältnissen im Tal keineswegs optimal zurechtkommt, kann sich nicht zu Bruch fliegen.

Das Spitzenprodukt der Vogelentwicklung stellt zweifellos die Feder dar. Das ursprünglich als Wärme- und Körperschutz fungierende Horngebilde vereint hervorragendste Eigenschaften. Überschwenglich äußerte sich der amerikanische Aerodynamiker und ehemalige Segelflugweltmeister Paul McCready: »Allein

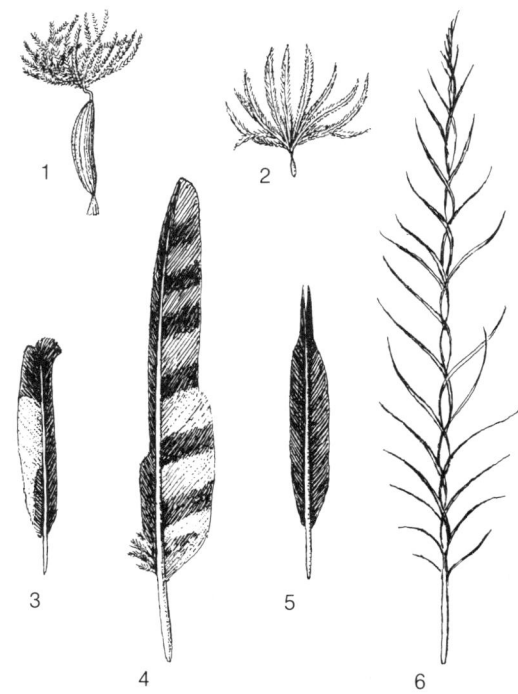

Die Feder hat in Anpassung an die Funktion vielfältige Abwandlungen erfahren: 1 Puderdune, 2 Pelzdune, 3 Schwinge als Schmuckfeder, 4 asymmetrische Handschwinge, 5 Schwanzfeder, 6 Schmuckfeder

Der Feinbau einer Schwinge

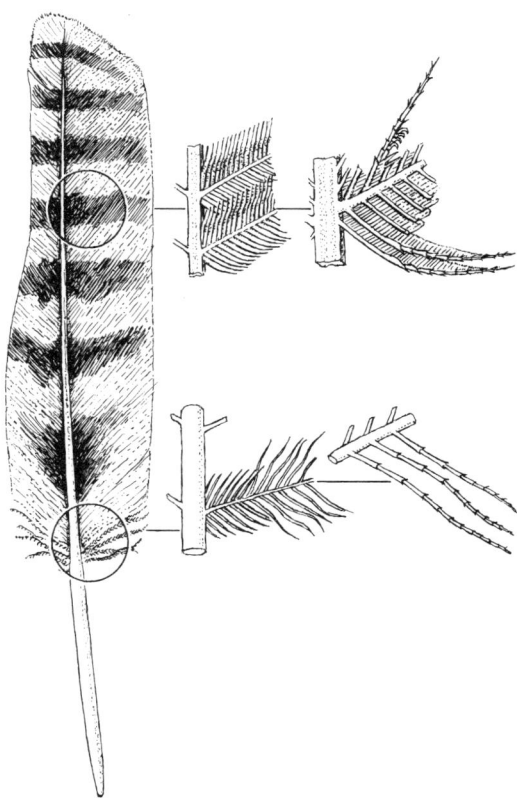

eine einzelne Geierfeder hat derart phantastische aerodynamische Qualitäten, daß es eine Million Dollar kosten würde, das nachvollziehen zu wollen.«

Die Zahl der Federn eines Vogels schwankt je nach Größe und Lebensraum der Art. Die kleinen tropischen Vögel, die wenig Wärmeschutz brauchen, tragen nicht einmal 1000 Federn, beim Zwergschwan (Cygnus bewickii) zählt man dagegen 26 000. Welche Rolle der Wärmeschutz dabei spielt, zeigt unser allbekannter Spatz (Passer domesticus). Er trägt im Sommer ca. 3100 dieser zarten Gebilde und hüllt sich im Winter in 3600 Federn ein. Das Gesamtgewicht des Federkleides beträgt nicht einmal 2 g. Eine Sperlingsfeder wiegt nur 0,0006 g!

Die wichtigste Aufgabe erfüllen die Federn im Fluge. Die Hand- und Armschwingen vor allem sind es, die, gemeinsam mit den anderen »Konturfedern«, den Flügel zum perfekten Bewegungsinstrument werden lassen. Der hohle Schaft mit seinen verhakten Seitenstrahlen 1. und 2. Ordnung läßt eine biegsame Fläche entstehen, die Festigkeit und Flexibilität aufs beste vereint. Der entscheidende Vorzug der Feder liegt in den reversiblen Verbindungen. Sollte es trotz aller Vorkehrungen zu Überlastungen kommen, dann lösen sich einige Verbindungen an ihren Trennstellen auf. Die aufgegangenen »Reißverschlüsse« schließt später der geschickte Schnabel.

Es läßt sich denken, daß der Vogel diesem wunderbaren Instrument Feder viel Aufmerksamkeit schenken muß. Die Gefiederpflege nimmt bei vielen Arten einen breiten Raum ein; besonders die Wasservögel (z. B. die Taucher) bringen mehrere Stunden des Tages damit zu. Schon die Jungen üben sich in Putzbewegungen. Das Sekret der Bürzeldrüse dient ihnen dabei als kosmetisches Mittel, das die Feder schützt und geschmeidig hält. Nur intakte Federn sind wasserdicht. Bei anderen Vögeln (z. B. Reihern und Tauben) spielt die Bürzeldrüse kaum noch eine Rolle. Die Verteilung des Sekrets wäre ohnehin schwierig, weil Reiherhälse auf die Bewegung nach vorn spezialisiert sind. Reiher verfügen über Puderdunen, die einen talkumartigen Staub freigeben. Die Röhrennasen (z. B. Albatrosse) pflegen das Gefieder mit einem speziellen Magenöl.

Um das gesamte Gefieder zu fetten, zu säubern, zu kämmen und zu glätten, nehmen die Vögel alle möglichen Körperhaltungen ein. Schwimmende Arten kullern sich sogar auf den Rücken. Im Fluge aber kümmern sich nur wenige um das Federkleid.

Das pflegende und reinigende Wasserbad schätzen auch viele Landvögel – Stare, Amseln, Tauben, Greife ... Andere, wie Hühner und Lerchen, kommen gänzlich ohne Pflege durch Wasser aus.

Trotz aller Kosmetik: Belastungen, Wind und Wetter hinterlassen an den Federn ihre Spuren. Aber die kostbaren Gebilde müssen auch nicht ein Vogelleben lang halten. Sie werden meist jährlich gewechselt – der Vogel »mausert«. Die nachgeschobene neue Feder ist fertig ausgebildet und wächst deshalb rasch, beim Kranich fast 1 cm am Tag. Manche Wasservögel leisten sich sogar eine radikale Mauser, durch die sie zeitweilig ihr Flugvermögen einbüßen.

Mit schlagenden Flügeln

Wer wüßte es nicht: Vögel schlagen mit den Flügeln, um in der Luft voranzukommen und nicht abzustürzen. Anders als der Schneider von Ulm hat der moderne Mensch nicht versucht, diese spezifische Flugtechnik zu imitieren. Schlagende Flügel, die gleichzeitig Auf- und Vortrieb erzeugen, kennt man nur aus dem Reich der Tiere. Wie funktionieren sie?

Betrachtet man den Flügel einer Taube, so fällt auf, daß es sich nicht um eine ebene Fläche handelt. Flügel sind wie die »Trag«-Flächen eines Flugzeuges nach oben gewölbt. Die konvexe Krümmung ergibt sich durch die nach vorn und hinten abfallenden Spannhäute sowie eine ungleichmäßige Anordnung der Deckfedern. Der gewölbte und an der Vorderkante versteifte Flügel ist *die* entscheidende

Der Vogel im Ruderflug

Am gewölbten Vogelflügel streicht die Luft oben schneller vorbei als unten; der entstehende Sog (obere Pfeile) ist größer als der Druck (untere Pfeile) – der Vogel »hängt« in der Luft. Ähnlich wie der »Vorflügel« eines Flugzeuges (zweites Bild von unten) verhindert der »Daumenfittich« des Vogelflügels (unten) das Abreißen und Verwirbeln der Strömung (2. Bild von oben).

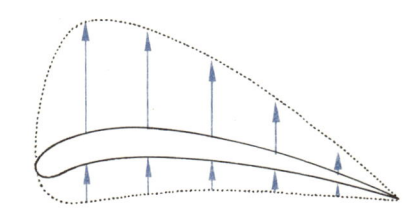

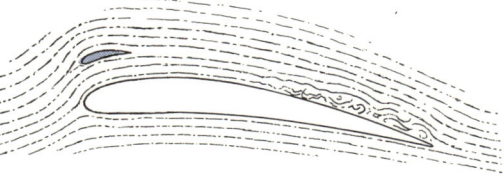

Voraussetzung für den Auftrieb. Die anströmende Luft muß oben einen weiteren Weg zurücklegen als an der Unterkante. So entsteht oberhalb ein starker Unterdruck und unterhalb ein mäßiger Überdruck. Der Vogel hängt also in der Luft.

Das Ganze funktioniert natürlich nur, wenn die Luftteilchen den Flügel auch schnell genug umströmen. Um nicht abzusinken, muß der Vogel also eine Mindestgeschwindigkeit einhalten. Für die 400 g schwere Taube wären das 22 km/h (für einen Jumbo-Jet von 50 t : 160 km/h). Vögel müssen also durch Flügelschlag selbst für die nötigen Luftkräfte sorgen. In diesem Punkt hat die Evolution auch nicht sparen können. Mächtige Brustmuskeln, die an einem starken Brustbeinkamm ansetzen, kennzeichnen alle guten Flieger (im Gegensatz zu den typischen Läufern, den sogenannten Flachbrustvögeln). Bei den meisten Vögeln macht die Brustmuskulatur ein Fünftel des Gesamtgewichtes aus. Für den Abschlag sorgt vor allem der mächtige große Brustmuskel, der dabei die stabile Flügelvorderkante abkippt. Den nicht so kraftaufwendigen Aufschlag gewährleistet der kleine Brustmuskel. Die Evolution kam dabei nicht ohne einen Kunstgriff aus, denn ein Flügelheber muß ja *oben* am Flügelknochen ansetzen. Ähnlich wie der Mensch beim Flaschenzug nutzt die Natur eine Art Rolle zur Richtungsänderung der Kraft. Ein »Umlenkband«, bestehend aus einer stabilen Sehne, wird eingeschaltet; es führt durch das sogenannte Dreiknochenloch nach oben.

Natürlich schlägt die Taube ihre Flügel nicht einfach auf und ab. Im Geradeausflug werden sie von hinten oben nach vorn unten geführt, wobei jeder Punkt des Flügels eine elliptische Bahn beschreibt. Am Ende des Abschlags dreht der Vogel den Handteil mit der Wölbung nach vorn. Vor allem dadurch wird der nötige Vortrieb erzeugt; der Armteil des Flügels sorgt fast ausschließlich für den Auftrieb (Hub). Unser Bild zeigt die verschiedenen Stellungen des Flügels während des Schlages und macht deutlich, daß die Wind- und damit die Kräfteverhältnisse laufend wechseln. Während es mit den heutigen Zeitlupenkameras (1600 Bilder/s) kaum noch Schwierigkeiten bereitet, die Verformungen des Flügels auf seiner Bahn zu verfolgen, stellen die entstehenden Kräfte die Wissenschaftler vor erhebliche meßtechnische Probleme.

So nimmt es nicht wunder, wenn einer der führenden Experimentatoren, W. Nachtigall, noch im Jahre 1987 schreiben muß: »Weiterhin ist nicht einmal als selbstverständlich anzunehmen, daß auch beim Aufschlag förderliche Luftkraftkomponenten (also Hub und Vortrieb) erzeugt werden. Es könnte allerdings so sein, daß während einzelner Schlagphasen ungünstige Luftkraftkomponenten erzeugt werden, die während anderer Schlagphasen durch günstige ›überkompensiert‹ werden.« Unklar ist auch die Funktion der im abschlagenden Flügel so stark gebogenen und aufgespreizten Handschwingen.

Was steht fest? Durch den komplizierten Schlag der Flügel schaffen die Vögel selbst die Luftströmungen, um mit 100 km/h und mehr dahinzujagen. Und so wie sich am Boden verschiedene Lauftypen entwickelt haben, unterscheiden sich auch die mehr als 8000 fliegenden Vogelarten in ihren jeweiligen Flugformen erheblich.

Dem Beobachter fällt zunächst auf, daß große, schwere Vögel ihre Flügel langsamer bewegen als kleine Arten. Der Schwan kommt mit 2, die Taube mit 6 Flügelschlägen pro Sekunde aus, der Sperling braucht 12. Die Riesen nutzen dabei nicht nur relativ große Anströmflächen für die Luft, sondern auch das bessere Verhältnis von Masse bzw. Volumen zu Oberfläche. Die Kleinen mußten eine eigene Flugtechnik entwickeln, um mit der vergleichsweise großen bremsenden Oberfläche auszukommen. Sie setzen vor allem auf Vortrieb. Deshalb ist bei ihnen auch der Handteil der Flügel besonders stark ausgebildet. Wie Propeller ziehen die schnell schlagenden Flügel den Kleinvogel nach vorn. Dann wird eine Pause eingelegt, wobei das Tier die Flügel anlegt und dadurch den Luftwiderstand verringert.

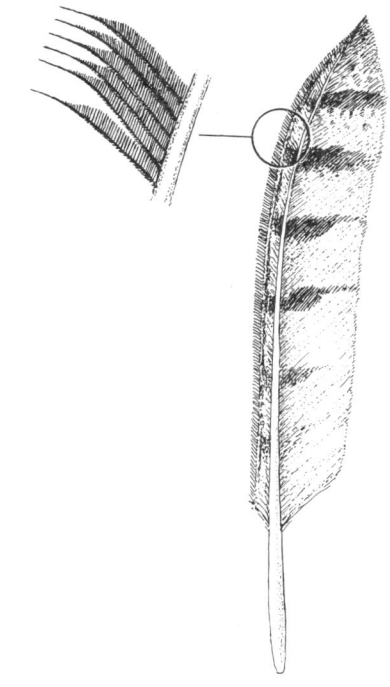

Eulen verfügen über fein aufgefaserte Handschwingen; sie dämpfen die Fluggeräusche.

So entstehen keine geraden Flugbahnen, sondern die typischen Bogen dieses Bolzenfluges. Wir können das Auf und Ab bei jedem Spatz beobachten. Bei den winzigen Meisen sind die Flugbögen noch kürzer und steiler. Neuerdings konnten weitere Vorteile des Wellenfluges nachgewiesen werden. Während der Schlagpausen erneuert sich das energetische »Kleingeld«, das ATP im Muskel. Vielleicht sind die Gleitphasen, die auch manche große Vögel einschieben, unter diesem Aspekt zu sehen. Ein seichter Wellenflug ganz anderer Art kennzeichnet dagegen die Spechte – gute Kletterer und schlechte Flieger. Für Stare und Drosseln ist der geradlinige Flug charakteristisch.

Fast majestätisch und elegant mutet da der Flug der Großen an, wobei sie in mittleren Geschwindigkeiten am wenigsten Kraft verbrauchen. Niedrig und bedächtig fliegen beispielsweise die Trappen. Eine Bewegung ohne jede Hast. Pfeilschnell jagen die Falken dahin, zu denen mit dem Wanderfalken (Falco peregrinus) der schnellste Vogel überhaupt gehört. Die Geschwindigkeitsangaben reichen bis zu 450 km/h. Wie ein Geschoß stürzt er sich auf seine Beute. Falken zeigen nicht nur einen ro-

busten Bau und harte, feste Federn, sondern spitze Flügel von Hippenform. Der spitze Flügel erweist sich als günstig für die Verwirbelung der Ausgleichsströmungen, die zwischen Flügelober- und Flügelunterseite entstehen. Der Widerstand bleibt so gering.

Spezialisten ganz anderer Art sind die Eulen. Die stillen Jäger der Nacht verfügen über ein seidenweiches Gefieder, und die äußeren Schwungfedern sind mit einem Fransenkamm versehen. Dadurch wird jedes Fluggeräusch vermieden, das bei der Orientierung nach Gehör natürlich stören würde. Wenn trotz aller Dämpfung Töne entstehen, so liegen sie bei 1 kHz; Eulen orten ihre Beute aber mit 6 bis 9 kHz.

Geräuschvoll fliegen dagegen viele Hühnervögel, geradezu polternd das Auerhuhn (Tetrao urogallus). Hühner gehören zu den Kurzstreckenfliegern, wechseln zwischen raschen Schlagfolgen und Gleitphasen. Bei anderen Vogelarten ist man fast geneigt, von einer Vor- oder Zwischenstufe des Fliegens zu sprechen. Der Eulenpapagei (Strigops habroptilus) wurde zum behäbigen Bodenvogel. Das plumpe Tier ist lediglich zu einem kurzen, schwerfälligen Flattern vom Ast herab in der Lage. Natürlich fehlt ihm auch der starke Brustbeinkamm, an dem ansonsten die großen Brustmuskeln ansetzen.

Ihr Flugvermögen völlig verloren haben vor allem manche Inselbewohner. Der Kormoran der Galapagosinseln (Nannopterum harrisi) symbolisiert diese Gruppe.

Im Gleit- und Segelflug

Wenn über der afrikanischen Steppe der Tag anbricht, wölbt sich über ihr oft ein klarer, blauer Himmel. Keine Wolke und kein großer Vogel sind zu sehen. Wenige Stunden später ändert sich das Bild. Am Himmel zeichnen sich die Silhouetten der Geier ab. Sie haben gewartet, bis die Sonne das Land aufgeheizt hat und die warme Luft in Säulen nach oben stieg. In diesen Aufwinden lassen sich die Geier in riesige Höhen tragen. 2 km über der Steppe richten sie ihre scharfen Augen auf das Land.

Nicht alle Vögel beherrschen dieses Thermiksegeln, den »Flug ohne Arbeit«. Ein Spatz beispielsweise ist dafür einfach nicht gebaut.

Die wichtigste Voraussetzung für das Segeln sind gute Gleiteigenschaften. Wenn ein Vogel sich von erhöhtem Punkt fallen läßt und dabei die Flügel streckt, dann wird der durch den Fahrtwind entstehende Auftrieb nicht das Sinken verhindern, sondern nur zum Teil kompensieren. Der Vogel gleitet also immer abwärts. Am weitesten werden die Arten gleiten, deren Flügel einen relativ großen Armteil aufweisen – er vor allem sorgt ja für den Auftrieb. Außerdem darf die Flächenbelastung, der Quotient zwischen Körpergewicht und Flügelfläche, nicht zu hoch sein. Die guten Segler, die Bussarde, Adler, Geier, Störche, Pelikane, »bestehen« eben zum großen Teil aus Flügel. Wenn die aufwärts gerichteten Luftströmungen schnell genug sind, kann die Sinkgeschwindigkeit sogar überkompensiert werden, und die Vögel steigen. Die Gefiederten verstehen sich übrigens genau wie ein Segelflieger darauf, diese Thermikschläuche auszumachen und bewußt anzufliegen. Da die aufsteigende Warmluft sich in großer Höhe abkühlt, scheidet sie Wasser ab und bildet dort Haufenwolken; sie gibt auch den Vögeln weithin sichtbare Zeichen!

Die Vorteile des Segelfluges liegen auf der Hand. Kraftsparend, ohne einen Flügelschlag können die Geier kreisen, vermag sich der Adler hoch in die Lüfte zu schrauben, um dann, den Schwung nutzend, das Beutetier am Boden zu überraschen. Andere machen von Segelfähigkeiten auch auf dem Zug Gebrauch. Störche überqueren bekanntlich auf dem Wege nach Süden das Mittelmeer nur an den engsten Stellen, am Gibraltar und am Bosporus. Dort lassen sie sich von Hangwinden gern nach oben tragen und gleiten dann tief ins Land hinein. Andere, Flamingos und Krähen, haben sich auf den Wechsel zwischen anstrengendem Schlagflug und Gleiten geradezu spezialisiert; sie praktizieren das Gleitrudern.

Bussarde und Weihen verblüffen uns durch lange Gleitflüge direkt über dem Boden. Im tiefen Suchflug schaukelt die Wiesenweihe *(Circus pygarcus)* und hält nach kleinen Beutetieren Ausschau. Solche Bodengleiter nutzen ein ganz anderes Naturphänomen. Sie schweben auf einer Art Luftkissen, das sich infolge des erhöhten Staudruckes unter ihren Schwingen bildet. Weihen stabilisieren ihren Flug noch durch die für sie typische V-Stellung der Flügel.

Noch höhere Gleitzahlen (Quotient aus geflogener Weite zu Starthöhe) als die Landsegler erreichen die besten Gleiter über den Meeren. Während man für Adler und Geier Werte um 10 ermittelt, mißt man für die Albatrosse 20!

Albatrosse, seit Jahrhunderten von den Seefahrern bewundert und in ihrer Flugtechnik noch bis vor 50 Jahren ein Rätsel. Tagelang konnte ein solcher Dauersegler ohne einen Flügelschlag auskommen. Nach exakten Berichten aus dem Jahre 1940 soll ein Albatros den englischen Kreuzer »York« vier Tage lang im Segelflug begleitet haben. Er legte dabei 1700 Seemeilen zurück. Wie war das möglich?

Der Vergleich des Flügels mit dem eines Landseglers offenbart deutliche Unterschiede. Albatrosse und andere gute Seesegler haben lange, schmale Flügel mit großem Armteil. Sie verfügen über 37 Armschwingen, die meisten anderen Vögel nur über 9 oder 10. So ergibt sich viel Anströmfläche und damit eine gute Auftriebsmöglichkeit. Denn große Thermiksäulen entstehen über Wasser, das sich nur langsam erwärmt, nicht. Der Albatros muß also von horizontalen Winden profitieren. Und sein Geheimnis besteht darin, daß er die Geschwindigkeitsdifferenzen der Luft in verschiedener Höhe ausnutzt. Der Wind wird ja an der Wasseroberfläche gebremst. Leicht gelingt es dem Albatros, gegen den zunehmenden Wind Höhe zu gewinnen, um dann im Gleitflug Tempo anzunehmen. Im Steigen und Fallen, Schweben und Gleiten, im dauernden Wechsel der Bewegung liegt der Schlüssel zum Erfolg.

Andere Seevögel nutzen die Hangwinde, die entstehen, wenn der Wind zum Beispiel an einer Steilküste nach oben gelenkt wird. Auf Helgoland beobachtet man Möwen, die sich über den Kanten stundenlang ohne einen Flügelschlag halten können. Als ähnlich geschickte »Steher« erweisen sich die Turmfalken an Hochhäusern der Großstadt; auch dort ergeben sich spezielle Umströmungen. Die Kraft des Sturmes für einen energiesparenden Flug setzen die Eissturmvögel um. Bei Flaute ziehen sie den Vogelfelsen vor.

Landsegler (oben Rotmilan, darunter Gänsegeier) zeigen breite, oft sogar brettähnliche Flügel. Lange schmale Flügel kennzeichnen die Seesegler. Sie nutzen mehr anströmende Luft, nicht die Aufwinde.

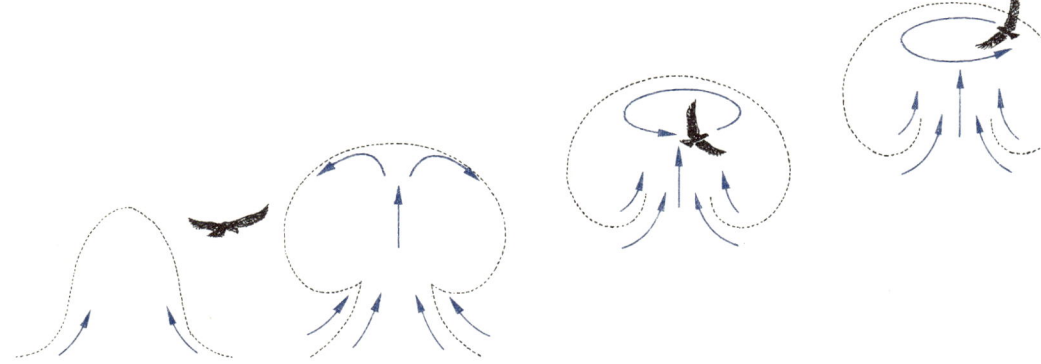

Die großen Landsegler nutzen geschickt die Kraft der aufsteigenden Warmluft.

Albatrosse verwerten als Spezialisten unter den Seeseglern die Differenzen der Windgeschwindigkeiten über den Wellen.

Mit Hilfe von Zeitlupenkameras hat man vor allem die Flugmanöver des Gartenrotschwanzes *(Phoenicurus phoenicurus)* genauer untersucht und festgestellt, daß die Flügel nicht nur für den Antrieb, sondern auch als Steuer dienen. Je nachdem, welche Schlagbahn sie einnehmen, ändert sich auch die Gesamtluftkraft. Dreht der Rotschwanz seine Flügelbahn vorn nach oben, so wird er gebremst oder fliegt gar rückwärts. In bestimmten Grenzen können die Kleinen ihre Flügel auch unabhängig voneinander bewegen. So vermag beispielsweise der linke Flügel zu beschleunigen, während der rechte bremst. Der Vogel fährt dann eine scharfe Rechtskurve, ähnlich wie ein Ruderer, der links nach vorn und rechts nach rückwärts rudert. Man hat berechnet, daß der Rotschwanz mit dieser Methode in der Lage ist, seine Flugrichtung innerhalb von $1/8$ s um 180° zu ändern.

Zur Änderung der Schlagrichtung kommt die Verstellung des Anstellwinkels. Wird er vergrößert, so wächst der Widerstand, und die Fahrt wird gebremst. Wichtig für den Vogel ist die blitzartige Koordination aller Bewegungen. Sie wird durch Teile des Kleinhirns gewährleistet, das bei dieser Tiergruppe durch seine enorme Größe auffällt.

Bei all den erstaunlichen Flugmanövern kommt den Kleinvögeln ihre geringe Masse zustatten. Die Trägheitsmomente und die Fliehkräfte in den Kurven sind bei Rotschwänzen von 15 oder Schwalben von 20 g unvergleichlich kleiner als bei einer Saatgans, die das 200fache auf die Waage bringt. Scheinbar mühelos steuert die Schwalbe den Leitungsdraht an, und punktgenau läßt sich der Gartenrotschwanz auf der Spitze eines Zaunpfahles nieder.

Die Schwergewichte haben mehr Probleme, ihre Massen zu manövrieren. Für viele ist eine große Wendigkeit aber auch nicht vonnöten. Wasservögeln, den Tauchern, Enten, Gänsen, genügt ein rascher, geradliniger Flug zur Bewältigung großer Entfernungen.

Viele der guten Segelflieger kommen mit winzigen Korrekturen aus, wenn sie ihre Kreise ziehen. Oft genügt ihnen ein leichtes Bremsen mit dem Innenflügel; sie vergrößern den Anstellwinkel. Manchmal knicken sie den Handteil auch nur etwas ab.

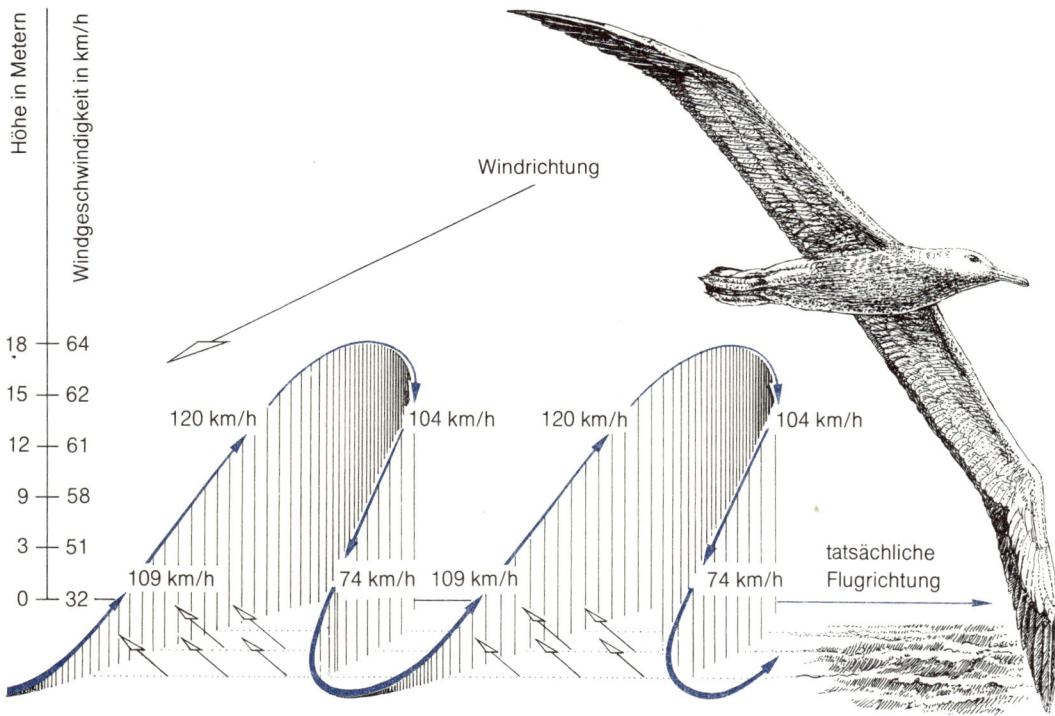

Windrichtung

Höhe in Metern

Windgeschwindigkeit in km/h

120 km/h   104 km/h   120 km/h   104 km/h

109 km/h   74 km/h   109 km/h   74 km/h

tatsächliche Flugrichtung

Wie die Vögel die Richtung des Windes, der für sie eine so bedeutende Rolle spielt, feststellen, ist eine noch nicht vollends geklärte Frage. Auf jeden Fall wirken Luftstöße beschleunigend auf den Vogelkörper. Sie können über das sogenannte Labyrinth (mit dem Gleichgewichtsorgan des Statolithenapparates) registriert werden.

Kurve, Start, Landung

Nobelpreisträger Tinbergen hat einmal ermittelt, daß ein Schwalbenpaar pro Stunde etwa 3500 Insekten fängt. Jede Schwalbe muß also im Abstand von 2 Sekunden erfolgreich sein. Für eine derartige Jagdleistung genügen guter Vor- und Auftrieb nicht – außergewöhnliche Steuerkünste sind vonnöten!

Werden die Kurven schneller geflogen, so muß der Vogel die Oberseite nach innen neigen, um die Fliehkräfte auszugleichen. Beobachtet man die Saatkrähen auf ihrem morgendlichen Ausflug oder auf dem Rückflug in die Großstadt am Abend, so kann man auch die Rolle des Schwanzes als Steuerorgan erkennen. Je nachdem, in welche Kurve der Vogel fliegen will, dreht er den Schwanz ein – im Uhrzeigersinn bei der Linkskurve.

Kleinere Lagekorrekturen können die Vögel aber auch mit den Füßen vornehmen. Normalerweise werden sie ja eng an den Körper gelegt, um den Luftwiderstand zu verringern. Es läßt sich nun denken, daß eine Gans nach rechts steuert, wenn sie ihren rechten Fuß bremsend herabhängt. Selbst die Bewegungen des Kopfes bleiben nicht ohne Einfluß auf die Flugrichtung. Wenn eine Möwe nach links sieht, so muß sie die Lageänderung anderweitig wieder ausgleichen. Arten mit großen Schnabelaufsätzen (Nashornvögel) halten deshalb den Kopf im Flug starr nach vorn.

Was nützten den eleganten Fliegern und Steuerkünstlern ihre Fähigkeiten, wenn sie nicht in der Lage wären, sich überhaupt in die Luft zu erheben. In der Tat stellt der Start hier viele Arten vor Probleme. Am wenigsten Mühe haben offensichtlich die kleinen Leichtgewichte. Spatz und Amsel heben leicht vom Boden ab, die Lerche steigt aus dem Feld fast senkrecht in luftige Höhe. Selbst den Krähen genügt noch ein Schub aus den Laufgelenken, um mit raschem Flügelschlag genügend Luft unter die Schwingen zu bekommen. Sind die Beine aber, gleichsam in Anpassung an das Leben in der Luft, verkümmert, kommt eine solche Startmethode nicht in Betracht. Einer unserer schnellsten und wendigsten Flieger, der Mauersegler *(Apus apus)*, ist aus diesem Grunde nicht in der Lage, sich von ebener Erde zu erheben. Solchen Arten bleibt nur die einfachste Startform – vom erhöhten Punkt aus.

Startprobleme ganz anderer Art haben die großen, schweren Vögel. Sie sind keine Blitzstarter, sondern brauchen ein bestimmtes Ausgangstempo, um abheben zu können. Rüppell ermittelte für den afrikanischen Sekretär *(Sagittarius serpentarius)*, einen gleichermaßen guten Läufer wie Flieger, eine Startgeschwindig-

Der Hornvogel hält seinen Kopf strikt geradeaus. Der Kopfaufsatz stabilisiert den Flug.

keit von 30 km/h! Anderen, Reihern und Störchen, genügen meist ein paar Schritte, um in die Luft zu gehen. Noch schlechter eignen sich die hervorragenden Segelflügel der Geier zum Start, und ihre kurzen Beine erlauben einen schnellen Startlauf auch nicht. Für sie wären Hunderte von Starts, wie sie für unseren 30 g leichten Spatz die Regel sind, nicht möglich.

Noch schwieriger erscheint der Start vom Wasser aus, also von einer Fläche, die nachgibt. Nur wenige Wasservögel sind in der Lage, sich »auf der Stelle« vom Wasser zu lösen und in den Flug überzugehen: die Schwimmenten beispielsweise und natürlich die Möwen, jene

Schwimmenten (links) heben mühelos von der Wasseroberfläche ab, Tauchenten (rechts) brauchen einen Anlauf.

Alleskönner. Die Spezialisten, Tauchenten, Lappen- und Seetaucher, brauchen einen weiten Anlauf. Sogar der kleine, wendige Zwergtaucher benötigt einen derartigen Startlauf von 10 bis 30 m. Bei den stark flächenbelasteten Seetauchern setzen sich die Probleme sogar noch im Fluge fort. Da sie nur langsam an Höhe gewinnen, müssen sie viele Spiralen fliegen, um einen Waldsee zu verlassen.

Viele Wasservögel nutzen auch geschickt den Gegenwind. Albatrosse laufen gegen ihn an, wenn sie vom Wasser aus starten wollen; ansonsten schwingen sie sich von hoher Klippe herab. Bei absoluter Windstille gelingt ihnen das Abheben vom Meer kaum. Auch für die Lummen ist dies nur unter bestimmten Bedingungen möglich. Fehlt die Welle als Startrampe und ein »Anblaswind«, so muß die Lumme warten . . .

Die Landung stellt wohl das komplizierteste Flugmanöver dar; das ist bei Vögeln nicht anders als bei Flugzeugen. Der Jungvogel kann sich dabei auf die angeborenen Bewegungsmuster allein nicht verlassen, er muß hinzulernen. Nach seinem ersten Rundflug versucht ein junger Baumfalke deshalb gar keine genaue Punktlandung, sondern läßt sich einfach ins Geäst fallen.

Die Kleinen haben bei der Landung ähnliche Vorteile wie beim Start. Ihr geringes Gewicht und die verhältnismäßig große Oberfläche von

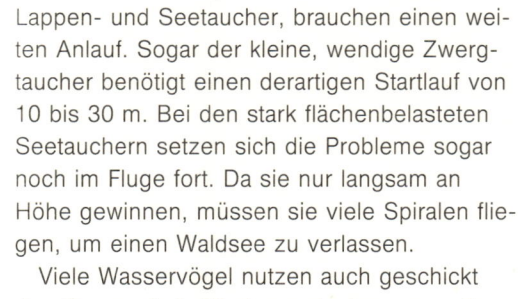

Der komplizierte Schwirrflug des Kolibris

Flügel und Körper garantieren einen kurzen Bremsweg. Der Spatz steuert mit vielleicht 30 km/h einen Zweig an, breitet die Flügel aus und stoppt die Fahrt Zentimeter vor der Landung mit einigen bremsenden Flügelschlägen. Großen, rasch fliegenden Vögeln fällt das Landen weit schwerer. Schon das Abbremsen erweist sich als kompliziert und muß früh eingeleitet werden. Dabei wird der Anstellwinkel der Flügel extrem erhöht. Vorsicht scheint hier geboten, denn die Luftströmung könnte abreißen und das Tier einfach durchsacken. Die Evolution mußte entsprechende Vorkehrungen treffen – ähnlich wie der Flugzeugingenieur. Die rauhe Federstruktur schafft energiereiche Turbulenzen, die sich nicht so leicht lösen. Und in prekären Situationen dient der auf Seite 139 erwähnte Daumenfittich als Vorflügel, der durch Erhöhung der Strömungsgeschwindigkeit für das Andrücken der Luft sorgt.

Oft setzen die Großen mit solcher Art Bremsgleiten zur Landung an, stabilisieren ihre Fluglage durch V-Stellung der Flügel und spreizen den Daumenfittich ab. Der Schwanz wird am Schluß breitgefächert und dient als Landeklappe. Den Restschwung kann der Vogel durch ein paar Laufschritte abfangen.

Ganz andere Landemöglichkeiten bieten sich den Wasservögeln. Gänse und Enten gleiten mit der typischen Glockenstellung der Flügel an und nutzen den Restschwung einfach für eine Strecke Wasserski. Mit nach vorn gestellten Schwimmfüßen rutschen sie übers Wasser. Bei den Seetauchern sitzen die Füße zu weit hinten, um nach vorn ausgefahren zu werden. Sie müssen deshalb flach anfliegen und eine Brust-Bauch-Landung in Kauf nehmen. Um Saltos zu vermeiden, müssen die hochgestellten Flügel bremsen und stabilisieren. Für Seetaucher kommt eine Landung auf festen Boden natürlich nicht in Betracht. Aber das Wasser gibt nach. Manche Rallen lassen sich deshalb einfach hineinplumpsen und verzichten auf das »Auslaufen«.

Ganz allgemein kann man feststellen: Gute Starter sind auch gute Lander; so leicht wie die Möwe abhebt, so sanft setzt sie auch wieder auf. Und was für den Start günstig ist, erleichtert auch die Landung – der Gegenwind. Gänse beispielsweise landen fast immer gegen den Wind, und sogar die Saatkrähe fliegt gern noch eine Schleife, um sich von der Luftströmung bremsen zu lassen. Ohne Flügelschlag setzt sie dann weich und sicher auf.

Kunstflieger Kolibri

»Sie schweben, stürzen, wirbeln vorwärts, aufwärts und zur Seite, sie fliegen auf der Stelle, werfen sich auf den Rücken, stehen kopfüber und kopfunter in der Luft, daß man seinen Augen nicht zu trauen glaubt . . . Das Fesselnde an seinem Flug auf der Stelle ist das stoßfreie, luftschraubenähnliche Schwirren seiner Flügel . . . Blüten können von vorn, oben oder unten abgeerntet, Blätter von allen Seiten untersucht werden.« Das sind die schwärmerischen Worte Scheithauers, eines der besten Kenner der südamerikanischen Vogelzwerge.

Ja, der Kolibri ist in der Tat eine Ausnahmeerscheinung, ein »Meisterstück der Natur«, wie George Buffon vor mehr als 200 Jahren schon erkannte. Enten drehen sich beim Landeanflug manchmal kurzzeitig auf den Rücken, Kiebitze zeigen schöne Loopings, die den Kolibris verwandten Mauersegler biegen mit mehr als 150 km/h millimetergenau um einen Mauervorsprung, aber kein Vogel erreicht die Manövrierfähigkeit dieser prachtvollen Winzlinge.

Kolibris zeigen eine von allen anderen Arten abweichende Flugtechnik. Sie sind »Schwirrflieger«. Wie die Zeichnung zeigt, rotieren die kleinen Flügelchen in einer ebenen Bahn. Auf- und Abschlag werden zu Vor- und Rückschlag. Beide Bewegungen sind gleichberechtigt, in beiden Fällen wird Hubkraft erzeugt. Die Be-

sonderheit spiegelt sich im Bau des Flügels. Die ansonsten so typische konvexe Wölbung der Oberseite sucht man beim Kolibriflügel vergebens. Die Nutzung günstiger Winde, Gleit- oder Segelflug, all das kommt für Kolibris nicht in Betracht. Propellern gleich schaffen sie ihre Luftströmungen. Im Flug auf der Stelle stehen sie gleichsam auf selbst erzeugtem Luftstrahl, den die Propeller von oben ansaugen und nach unten beschleunigen.

Die Änderung der Flügelschlagebene führt zur Richtungsänderung und ermöglicht die obengenannten wunderbaren Manöver. Hinzu kommt die große Variabilität der Schlagfrequenz. Im Tempoflug von mehr als 100 km/h oder beim Blitzstart schlagen die Flügel bis zu 200mal pro Sekunde, im »Stand« vor der Blüte genügen meist 50 bis 60 Schläge. Mit dieser hohen Schlagfrequenz mag es auch zusammenhängen, daß die Flügel am unauffälligsten gefärbt sind.

Bei all ihren eleganten Flugmanövern kommt den Kolibris ihr geringes Gewicht zustatten. Die kleinsten Arten wiegen nicht einmal 2 g. Diese Kleinsten der Kleinen erweisen sich denn auch als die besten Kunstflieger. Die schwersten Kolibris bringen die 10fache Masse auf die Waage und sind entsprechend weniger wendig.

Die Kraft zum Fliegen

Die enormen Ausdauerleistungen der Vögel setzen den flugunfähigen Menschen nicht weniger in Erstaunen als ihre geschickten Manöver. Viele Zugvögel legen alljährlich riesige Strecken zwischen Winter- und Sommerquartier zurück. Unsere Schwalben, Grasmücken, Nachtigallen . . . überwintern in Afrika; 5000 km und länger ist ihr Zugweg. Aber derart ausgiebige Wanderungen der Vögel kennt man nicht nur aus unseren Breiten. Steinschmätzer *(Oenanthe oenanthe)* fliegen sogar von Grönland und aus Teilen Kanadas nach Afrika.

Andere pendeln zwischen Nord- und Südamerika, Wanderregenpfeifer *(Pluvialis dominica d.)* beispielsweise zwischen Alaska und Brasilien. Der Millionensturmtaucher *(Puffinus tenuirostris)* legt auf seiner jährlichen 8er-Bahn über dem Pazifik 32 000 km zurück. Den »Weltrekord« im Streckenflug aber hält die 110 g schwere Küstenseeschwalbe *(Sterna paradisea).* Sie fliegt fast von Pol zu Pol, also zweimal nahezu 20 000 km!

Wie sind solch außergewöhnliche Leistungen möglich? Erinnern wir uns, daß der »König der Tiere« nach einem Sprint von 200 m erschöpft zusammenbrach. Der gesamte Organismus des Vogels ist auf den Flug bestens eingerichtet. Von der Leichtbauweise war bereits die Rede. Selbst mit dem Wasser gehen Vögel »ökonomisch« um. Sie verfügen ja nicht über Schweißdrüsen, sondern hecheln allenfalls. Auch die Nahrung verbleibt nur kurze Zeit im Körper; Beeren werden innerhalb von 10 min verdaut.

Das Atmungssystem der Vögel stellt etwas Besonderes dar. Die relativ kleinen Lungen stehen mit den Luftsäcken in Verbindung, so daß sie beim Ein- und Ausatmen mit Frischluft versorgt werden. Bei solchem Durchströmungsprinzip bleibt keine Restluft, wie wir das von den Säugetieren her kennen.

Mit Hochleistungsmotoren könnte man die Vogelherzen vergleichen. Bei den kleinen Arten rasen sie so schnell, daß man den einzelnen Herzschlag nicht mehr wahrnehmen kann.

Herzschlagfrequenz (pro Minute)

Gans	114
Huhn	312
Amsel	350
Sperling	bis 850
Kanarienvogel	bis 1000
Kolibri	bis 1200!

Relativ zum Körpergewicht haben die Vögel unter allen Wirbeltieren die schwersten Herzen; beim Kolibri sind es 28 % des Körpergewichts, bei Mauerseglern 16,5 % und beim Weißstorch 8 % (beim Hund 1–1,2 %, beim Pferd 0,85 %, beim Rind 0,4 – 0,5 % und beim Schwein 0,3 %).

Die »Hochleistungsmaschine« Vogel arbeitet mit einer gleichbleibend hohen Betriebstemperatur. Sie liegt zwischen 38 und 42 °C; Körper-

temperaturen von 43 °C und mehr hat man aber auch schon gemessen (z. B. bei Lerchen). Die hochempfindlichen Enzymsysteme sind auf diese extremen Bedingungen eingestellt.

Als Energiereserve dient den Vögeln Fett. Es ist leicht, und sein Brennwert ist fast 4mal so hoch wie der von Kohlenhydraten. Fetthaltige Sämereien dienen denn auch vielen Arten als Nahrungsquelle; eine ballaststoffreiche Ernährung können sich Vögel nicht leisten.

Der Energieverbrauch während des Fluges ist im Vergleich zu anderen Wirbeltieren minimal. Vorausgesetzt, die Gefiederten befinden sich auf dem Zuge, wobei sie eine gleichmäßige, optimale Reisegeschwindigkeit beibehalten. Sie beträgt bei Kleinvögeln etwa 35 km/h, bei Staren 50 km/h. Enten und Falken fliegen meist mit 80 bis 90 km/h, Brieftauben 60 bis 100 km/h, mit 40 g schwerer Post nur 50 km/h. Die Superleistung erreicht der Goldregenpfeifer *(Pluvialis apricaria),* der von Hawaii bis zu sei-

Bevorzugte Flughöhen der Vögel

nem Brutort in Alaska im Nonstopflug 35 Stunden benötigt.

Genauere Berechnungen zeigten, wie rationell die Gefiederten dabei chemische Energie in Bewegungsenergie umsetzen. Kleinvögel verbrauchen pro Flugstunde etwa 0,8 % ihrer Körpermasse. T. und J. Williams haben das einmal auf einen Automotor umgerechnet: Das Superfahrzeug mit dem Wirkungsgrad eines Vogels würde mit 1 l Benzin 270 000 km weit kommen, also fast 7mal um den Erdball. Vor diesem Hintergrund wird verständlich, wie es ein vollgefressener 23 g schwerer Streifenwaldsänger *(Dendroica striata)* schafft, mit 40 km/h 4000 km übers freie Meer zu fliegen. Wenn er in Südamerika landet, wiegt er allerdings nur noch die Hälfte. Die Reserven der kleinen Kolibris reichen zwar nicht so weit, gestatten aber einigen Arten immerhin die Überquerung des Golfs von Mexiko (ca. 800 km).

Viele Vögel tanken allerdings während ihrer großen Reise auf. Wie man vor wenigen Jah-

ren erst feststellte, überfliegen durchaus nicht alle Afrikabesucher die Sahara ohne Halt. Eindeutig belegt ist das für unsere Gartengrasmücke *(Sylvia borin)*. Sie macht an Oasen Zwischenstation. Aber wahrscheinlich suchen auch andere Arten zwischendurch nach einem schattigen Platz. Denn die unwirtliche Sahara mißt an ihrer schmalsten Stelle immerhin noch 1600 km.

Für alle Zugvögel aber stellt der große Zug ein enormes Risiko dar. Nicht selten sterben sie an Erschöpfung oder werden, total ermattet, eine leichte Beute von Greifvögeln – in der Sahara zum Beispiel wartet der Lannerfalke *(Falco biarmicus)*.

Nur einige große Arten haben den kraftsparenden Formationsflug entwickelt. Gänse und Kraniche beispielsweise nutzen die Aufwindwirbel, die der Flügel des schräg vor ihnen fliegenden Vogels erzeugt. Die meist zu rasch schlagenden Flügel der Kleinen eignen sich dafür nicht. Ihnen gibt der Aufenthalt im Schwarm nur ein Mehr an Sicherheit. Denn das Fliegen im Windschatten praktiziert kein Vogel. Einen gut angeströmten Flügel brauchen sie alle.

Fliegende Drachen aus uralter Zeit

Die größten und faszinierendsten Flieger, die je den Luftraum eroberten, starben vor 65 Millionen Jahren aus. Lange Zeit hatten diese fliegenden Reptilien, die Flugsaurier (Pterosaurier), den Lebensraum Luft beherrscht. Vor mehr als zweihundert Jahren fand man die ersten Skelettreste, und zum Erstaunen kam Ratlosigkeit. Für viele war die Einordnung in bestehende Tiersysteme undenkbar. Th. Hawkins sortierte sie gar aus dem Tierreich aus und schuf die »Gedolim Taninim« – Seeungeheuer aus dem ersten Buch Moses. Schließlich war es kein Geringerer als der französische Altmeister Georges Baron de Cuvier, der die Flugechsen per Skelett erkannte und den Fund treffend Flugfinger *(Pterodactylus)* nannte. Denn *das* entscheidende Merkmal ist der extrem verlängerte 4. Finger der Vordergliedmaßen, an dem die Flughäute angeheftet sind. Die übrigen drei Finger bildeten einen Klammerapparat.

Wie bewegten sich Flugsaurier am Boden? Diskutiert werden die dargestellten Varianten: oben *Dimorphodon* (Lias), darunter im Flug und am Boden *Rhamphorhynchus* (Oberjura).

Wie bei den Vögeln auch, waren also die vorderen Gliedmaßen zu Flugarmen umgebildet worden. Anstelle von Federn freilich stand die Flughaut, die sich zwischen Arm bzw. Finger, Rumpf und Bein ausspannte, versteift durch Sehnenstränge. Ansonsten aber stellen wir viele ähnliche, offenbar notwendige Anpassungen an das Leben im Fluge fest: mehr oder weniger gut pneumatisierte Knochen, Rückbildung des Gebisses, ein kräftiges Brustbein für den Ansatz der Flugmuskeln, ein gut entwickeltes Koordinationszentrum der Bewegungen (vergleichbar mit entsprechenden Teilen des Kleinhirns, das ja bei Vögeln auffällig vergrößert ist). Wahrscheinlich waren die Flugsaurier auch in der Lage, ihre Körpertemperatur unabhängig von der Umgebung relativ konstant zu halten. Die schon früher vermutete Behaarung des Körpers konnte 1970 bestätigt werden, als A. G. Scharow ein völlig bepelztes Exemplar ausgrub.

Die bisherigen Funde lassen bereits darauf schließen, daß die Flugsaurier auch eine große Formenvielfalt hervorgebracht haben. Man kennt Arten von Spatzengröße bis hin zu wahren Flugriesen. Jüngste Funde der Art *Quetzalcoatlus northropi* (1975) in Texas deuten auf eine Spannweite von 15,5 m und eine Masse von 86 kg.

Wie lebten die Flugsaurier – und wie flogen sie? Alle bisherigen Fossilfunde deuten auf ein Leben am Meer hin, und die Gebisse weisen die Flugsaurier als Insekten- und Fischfresser aus. Sogar Exemplare mit Fischresten im Magen wurden gefunden.

Man geht heute im allgemeinen davon aus, daß die Flugsaurier ihre Beute aus vollem Flug heraus erjagten; für manche langschwänzigen Arten wird sogar ein Stoßtauchen für wahrscheinlich gehalten. Eine solche Lebensweise ist nur mit ausgefeilter Flugtechnik möglich. Viele Flugechsen müssen demnach wendige und schnelle Flieger gewesen sein, die den kraftvollen Ruderflug ebenso beherrschten wie den Gleit- und Segelflug. Wichtige anatomische Voraussetzungen dafür war ein Knochen (Spann- oder Pteroidknochen), den man nur aus dieser Tiergruppe kennt. Über diesen gelenkig verbundenen Knochen konnte der »Flügel« verdreht und der Grad seiner Wölbung verändert werden. Ein Einknicken des Arms

nach Art der Vögel kam ja nicht in Betracht, da die Flughaut ständig voll gespannt sein mußte.

Zwei Gruppen (Unterordnungen) von Flugsauriern lassen sich deutlich unterscheiden. Zwischen Obertrias und Oberjura lebten die *Rhamphorhynchus*-Verwandten, gute Ruderflieger mit langem Wirbelschwanz und endständigem Schwanzsegel. Aus dieser Gruppe kennt man Arten mit spitz zulaufenden, sichelförmigen Flughäuten (z. B. die Art *Eudimorphodon ranzii* mit 1 m Spannweite). Diese Formen waren offensichtlich schnelle, wendige Flieger. Der Vergleich mit ähnlich gebauten Vogelarten – zum Beispiel den Mauerseglern – erscheint durchaus gerechtfertigt.

Später, im Oberjura, tauchte die zweite Gruppe der Flugsaurier auf; die kurzschwänzigen *Pterodactylus*-Verwandten. Sie brachten am Ende, in der Kreidezeit, die bereits erwähnten Fluggiganten hervor. Man geht sicher nicht fehl, wenn man die langflügligen Formen in ihrer Flugweise mit entsprechenden Arten unserer Vögel vergleicht. Senn nimmt sogar an, daß die großen, bis zu 20 kg schweren *Pteranodon*-Arten in ihrer Lebensweise unseren Albatrossen sehr ähnelten.

Rechnerische Rekonstruktionen für die Art *Pteranodon nigens* mit einer Spannweite von 7 m und einer Körpermasse von 16,6 kg ergaben eine durchschnittliche Fluggeschwindigkeit von etwa 30 km/h. Bei entsprechend günstigen Winden sollten die Riesensegler aber auch noch gemächlicher dahingeflogen sein.

Die Rekonstruktion der komplizierten Manöver Start und Landung gehört zu den schwierigsten Aufgaben. Ein Aufsetzen der Füße nach Art der Vögel kam wohl nicht in Betracht, wenn man sich die Beinstellung vergegenwärtigt. Um so bedeutender wird der oben erwähnte Langsamflug; nur er konnte ein gefahrloses Landen ermöglichen. Vorstellbar ist ein langsames Eindrehen und Niedersinken gegen den Wind, wobei die Kurzschwanzsaurier vielleicht kurz vor der Bodenberührung ihren großen Flugfinger zurückschlugen und »vierfüßig« aufsetzten. Denn eine Form vierfüßigen Laufens an Land konnte durch Fährtenfunde eindeutig belegt werden. Der Start gegen den Wind sollte ebenso möglich gewesen sein wie das Abfliegen aus einer hängenden Position von der Klippe.

Unproblematischer müßten Landen und Starten für die älteren Langschwanzsaurier gewesen sein. Als kräftige Ruderflieger waren sie wohl in der Lage, beim Landeanflug ähnlich zu bremsen wie unsere Vögel heute. Und die kräftigen Hinterbeine erlaubten zwar kein zweifüßiges Laufen, dafür aber einen Startsprung in den Schlagflug, so wie wir das bei unseren Krähen beobachten.

Auch wenn noch viele Fragen bleiben, eines ist sicher: Die Flugsaurier waren eine weltweit verbreitete Reptiliengruppe, die über Jahrmillionen den Luftraum beherrschte und die verschiedenartigsten Flugformen hervorbrachte. Sie alle werden besser, schneller und eleganter geflogen sein als ihre späten Zeitgenossen – die Urvögel. Ihr Ursprung liegt weitgehend im dunklen; vielleicht waren es flinke, zweifüßige Reptilien. Eine Zukunft hatten sie nicht, die Flugsaurier hinterließen keine Nachkommen. So bleiben uns heute nur noch die Phantasie – und das Modell. Der Schriftsteller Arthur Conan Doyle ließ den »Flugfinger« noch einmal lebendig werden, und der schon erwähnte Tausendsassa McCready baute ihn nach, wahrscheinlich den größten Flieger aller Zeiten: *Quetzalcoatlus northropi*. Und er war erfolgreich! Nach einer Pause von 65 Millionen Jahren flog das Monster, ausgestattet mit Autopilot, Servolenkung, mit Computer und batteriegetriebenen Motoren zwei Minuten lang über den Race-Track-Salzsee im kalifornischen Tal des Todes.

Im Dunkel der Nacht – die Handflügler

Wenn die Dämmerung anbricht und viele Vögel ihre Aktivitäten einstellen, kommt die Zeit der fliegenden Säugetiere. Mit nahezu 1000 Arten stehen die Fledertiere (Chiroptera) in bezug auf den Artenreichtum nach den Nagetieren an zweiter Stelle. Da sie aber ihre Nische im Dunkel der Nacht fanden, hat sie der Mensch von jeher mit den Mächten des Bösen in Verbindung gebracht; die Erkundung dieser einzigartigen aktiv fliegenden Säuger blieb auf der Strecke. Der aufgeklärte Naturfreund unserer Tage bemüht sich um Kenntnis und Schutz – viele Arten sind heute vom Aussterben bedroht.

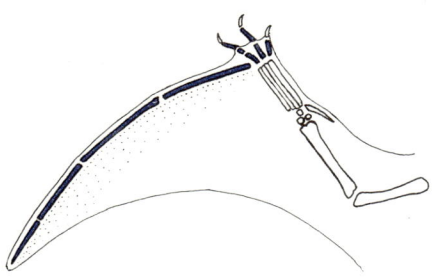  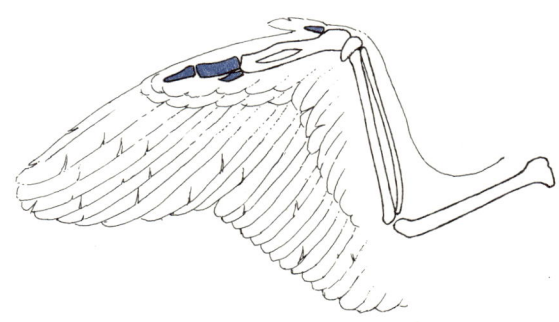

Wie unsere Abbildung zeigt, weist der Flugapparat der Fledertiere gegenüber dem der anderen Wirbeltiere Ähnlichkeiten, aber auch beträchtliche Unterschiede auf. Die Flughaut (Patagium) spannt sich zwischen den Gliedmaßen und dem Schwanz aus. Entscheidende Träger der Flughäute sind die Vordergliedmaßen, die auch für die Versteifung der Vorderkante sorgen. Im äußeren Teil bilden Mittelhand- und Fingerknochen die Verstrebungen. Der krallenbewehrte Daumen bleibt frei. Er dient als Kletterhaken bei der Bewegung im Gebälk. Fledermäuse können aber nicht nur klettern, sondern, gestützt auf die Handgelenke, auch »laufen« (über das Schwimmen s. S. 37). Ihre übliche Fortbewegungsart ist der Ruderflug. Ähnlich wie bei den Vögeln gewährleistet eine kräftige Flugmuskulatur, die an verstärktem Brustbein ansetzt, den Schlag der Flügel. Die tropfenförmige Körperform bietet der ausströmenden Luft wenig Widerstand. Und Leichtgewichte sind die Fledermäuse ohnedies.

Die größte europäische Art, der Riesenabendsegler (Nyctalus lasiopterus), hat eine Flügelspannweite um 43 cm und eine Masse von etwa 60 g (ein Star wiegt 75 g). Unsere kleinste Art, die Zwergfledermaus (Pipistrellus pipistrellus) spannt etwa 21 cm; ihre kleinsten Exemplare wiegen nur 3,5 g, also dreimal weniger als eine Blaumeise.

Die Bewegung der Flügel läßt sich durchaus mit den Verhältnissen bei Vögeln vergleichen. Entscheidend für Vor- und Auftrieb ist der kräftige Abschlag, wobei die Flughaut von hinten oben nach vorn unten geführt wird; die Flügelspitze beschreibt dabei eine Ellipsenbahn. Der darauf folgende Aufschlag muß möglichst wenig Widerstand leisten. Dieses Problem ist für Fledermäuse komplizierter, weil die Flughaut im Gegensatz zum Vogelflügel nicht luft-

Auf unterschiedliche Weise wurde im Laufe der Evolution die Vorderextremität der Wirbeltiere zum Flugorgan umgebildet: bei den ausgestorbenen Flugsauriern (links), bei den Fledermäusen (Mitte) und bei den Vögeln (rechts). Man beachte die unterschiedlichen Funktionen der Fingerknochen (farbig)!

durchlässig werden kann. Manche Fledermäuse nutzen dabei die speziellen Eigenschaften der Flughaut. Sie kann nach Art des Kräuselkrepps in der Fläche reduziert werden, ohne größere Falten zu werfen. Andere Arten falten die Flügel beim Aufschlag etwas zusammen.

Auch bei den Fledermäusen hat die Evolution nicht einen einzigen – den »idealen« – Flieger hervorgebracht. Entsprechend Lebensraum und Lebensweise unterscheiden sich die Flugtypen. Langsam, fast unbeholfen, aber wendig wirkt der Flug der Hufeisennasen (Rhinolophus). Die typischen Kulturfolger jagen in geringer Höhe zwischen Busch und Hecke. Auch das breitflügelige Große Mausohr (Myotis myotis) fliegt in gemächlichem Tempo, meist mit 15 km/h. Die geringe Geschwindigkeit erweist sich aber beim Aufsammeln von Laufkäfern und langsamen Fluginsekten eher als Vorteil. Anders die robusten Abendsegler (Nyctalus noctula): Sie gehören zu den schnellen Jägern größerer Höhen. Mit Spitzengeschwindigkeiten von 50 km/h kann ihnen kaum ein Insekt entkommen. Ihre Flügel sind schmal, erinnern etwas an die der Schwalben. Als schnellste Art gilt die amerikanische Guanofledermaus (Tadarida brasiliensis). Sie soll 100 km/h erreichen.

Als allgemeine Regel könnte man festhalten, daß hoch fliegende Arten schnell sind und über schmalere, hochflächenbelastete Flügel verfügen. Arten in Bodennähe fliegen langsamer, breitflüglig, mit geringerer Flächenbelastung. In

Wahrheit aber sind die Verhältnisse komplizierter, und auch der Spezialist ist heute noch nicht in der Lage, auf Grund von Flügelparametern exakt auf die Fluggeschwindigkeit zu schließen.

Wer schon einmal versucht hat, Fledermäuse im Flug zu erhaschen, wird um ihre Manövrierfähigkeit wissen. Sie gehören zu den ausgesprochen wendigen Fliegern. Wie genau sie selbst in dunkler Nacht zu steuern verstehen, das bewies Professor Lazzaro Spallanzani schon Ende des 18. Jahrhunderts. In einem verdunkelten Raum spannte er feine Fäden aus; die Fledermäuse wichen ihnen geschickt aus. Wie man heute weiß, vermag eine Fledermaus mit Hilfe ihres Radars aus einer Entfernung von 1 m noch Drähte von 0,2 mm Durchmesser wahrzunehmen und vorbeizufliegen.

Blitzartige Wendungen und schnelle Haken sind oft lebensnotwendig, um georteter Insekten, der Hauptnahrung der meisten Fledermäuse, auch habhaft zu werden. Die Abendsegler zeigen sogar senkrechte Sturzflüge und fangen sich nur wenige Zentimeter über dem Boden wieder ab.

Gesteuert wird fast ausschließlich mit den Flügeln. Die Schwanzflughaut spielt dabei kaum eine Rolle. Sie wird vor allem als Bremse beim Landeanflug eingesetzt. Das Landen stellt ja für Fledermäuse ein weitaus schwierigeres Problem dar als für Vögel. Da die in die Flughaut einbezogenen Hinterbeine nur als Haltevorrichtung dienen können, muß eine landende Fledermaus eine halbe Luftrolle ausführen. Der Kopf weist nach unten, und die Krallen der hochschwingenden Füße suchen einen Halt.

Wenn das komplizierte Manöver mißlingt, was bei glatten Flächen und zu viel Restschwung durchaus vorkommt, so fliegt die Fle-

dermaus eine Schleife und versucht es ein zweites Mal. Der Start aus hängender Position bereitet natürlich keine Mühe. Die beschriebenen Flugtechniken erklären aber bei weitem noch nicht alles. Von unserem »allbekannten« Mausohr sagt der international anerkannte Baseler Fledermausspezialist Jürgen Gebhard: »Wir wissen nicht, wie sie jagen.« Neuere Untersuchungen über das Nahrungsspektrum bestätigen länger gehegte Vermutungen: Diese Fledermaus fängt fast ausschließlich Laufkäfer (vor allem größere Arten der Gattungen *Abax* und *Pterostichus*). Das Mausohr muß also am Boden »suchen«. Obgleich viele Fledermäuse

Fledermaus im Ruderflug

auch auf der Ebene landen und starten können, muß man sich über dieses energetisch unrationelle Auf und Ab wundern.

Als die Spezialisten unter den Fledertieren gelten die Blumenfledermäuse. Sie sind die Kolibris unter den Fliegern der Nacht. Wie diese haben sich auch verschiedene Fledertiere

Eine Schlagfolge der »Blumenfledermaus« (hier die Art *Glossophaga soricina*) beim Schwirrflug am Ort; links von der Seite, rechts von vorn gesehen. Ein Schlagzyklus dauert nur 62 Millisekunden.

auf den Besuch von Blüten spezialisiert. Den Flug der perfektesten Schwirrflieger, der amerikanischen Langzungenfledermäuse, hat man näher untersucht. Mit schnell laufenden Trommelkameras (100 Bilder/s) wurden die Flügelbewegungen beim Stehen vor der Blüte beobachtet. Das Ergebnis war nicht sonderlich verblüffend, denn das Schwirren der Blumenfledermäuse läßt sich mit dem der Kolibris direkt vergleichen. Schnelle Flügelschläge (16/s) beschleunigen eine Luftsäule senkrecht nach unten. Die Fledermaus steht auf dem von ihr selbst erzeugten Abwind. Allerdings liegt die Schlagebene beim Flug am Ort nicht in der

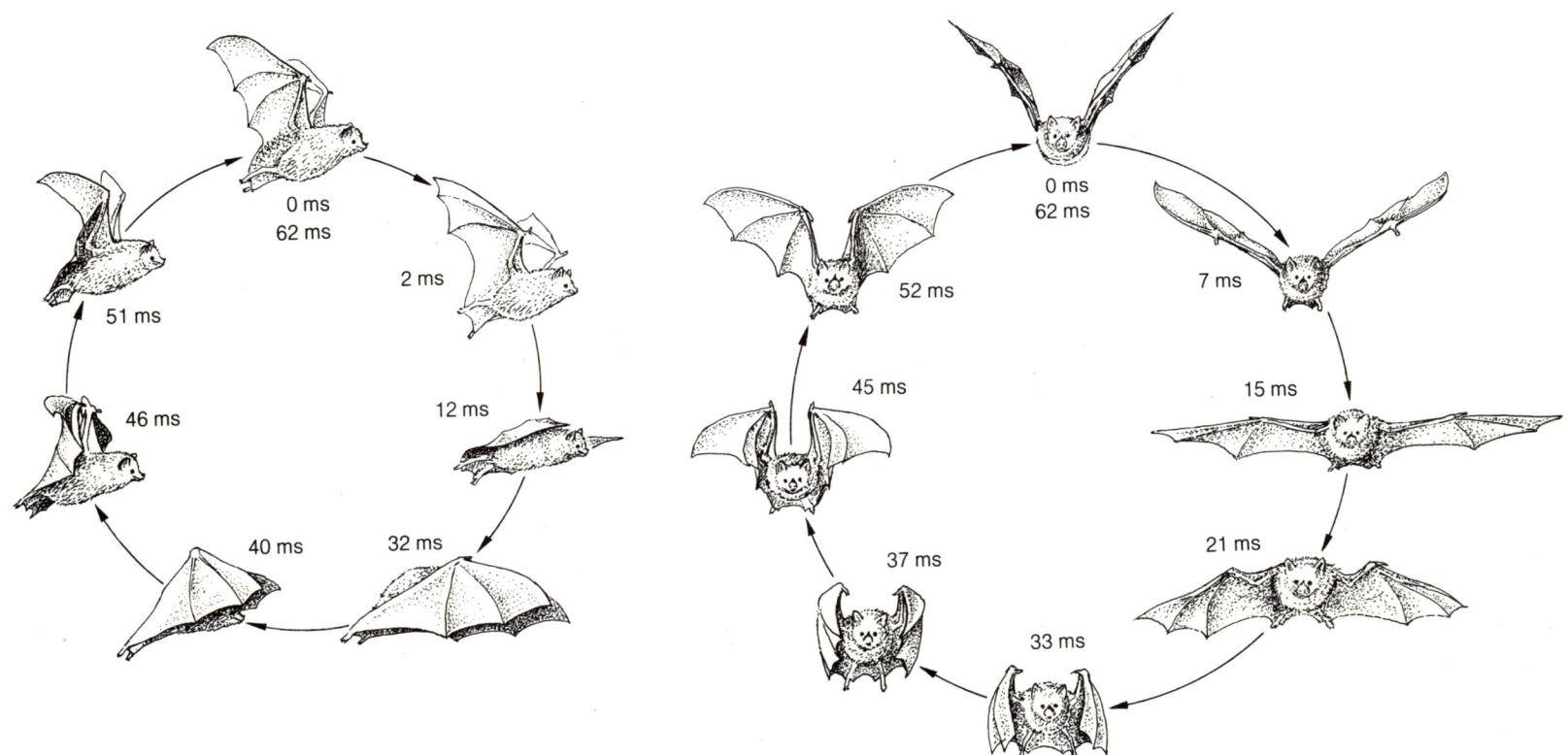

Horizontalen – wie bei den Kolibris –, sondern im spitzen Winkel. Der Energieverbrauch steigt beim Schwirrflug extrem an, und das ist sicher der Grund dafür, daß Blumenfledermäuse nur 1 bis 2 s vor einer Blüte stehen.

Den Fledermäusen (Microchiroptera), von denen bisher die Rede war, steht die andere Unterordnung der Fledertiere gegenüber; die Flughunde (Megachiroptera), die »fliegenden Hunde« oder »Flederhunde«, wie Alfred Brehm sie nannte. Die Flughunde orientieren sich bis auf wenige Ausnahmen nicht durch Ultraschall, sondern bauen auf große Augen und einen ausgeprägten Geruchssinn. Die Mehrzahl der altbewährten Flughunde ernährt sich von Früchten. Wenn die Sonne sinkt, dann verlassen sie ihre Schlafbäume und fliegen zu ihren Futterplätzen, Feigen, Bananen, Mangos . . .

Ihr Flug gleicht dem der Fledermäuse weitgehend; auffallend ist das Fehlen der Schwanzflughaut. Wie alle Fledertiere fliegen die Flughunde im Ruderflug. Typische Segler, wie wir sie in verschiedenen Vogelgruppen kennenlernten, beobachtet man nicht.

Auffällig ist das langsame Tempo, mit dem alle Flughunde sich bewegen. R. E. Carpenter von der San Diego State University fand jetzt die Ursache heraus. Flughunde haben Probleme mit der Hitze. Strengen sie sich zu sehr an, so können sie die anfallende Wärme nicht genug ableiten. Die Verdunstung von Wasser über die Atemwege hat Grenzen, da sie Atemfrequenz und -volumen nicht so stark zu erhöhen vermögen wie Vögel. Während bei den Gefiederten die Energiereserven zum entscheidenden Faktor werden, ist es bei den Flughunden die überschüssige Wärme. Da sie ausschließlich in den Tropen und Subtropen vorkommen, steht das Problem fast täglich. Selbst wenn sie ruhen, suchen sie den kühlenden Schatten; fehlt er, so müssen sie mit den Flügeln fächeln. Denn eines haben Flughunde und Fledermäuse mit allen aktiven Fliegern gemein: Sie sind »hochtourige« Organismen. Das Herz der fast behäbig und träge anmutenden Flughunde schlägt pro Minute immerhin fast 200mal; bei unserem Mausohr liegt die Frequenz je nach Aktivität gar um das 2- bis 4fache höher.

Zu den Langstreckenfliegern gehören die Fledertiere in aller Regel nicht. Bei den Flug-

hunden liegen zwischen Nahrungs- und Schlafplatz oft nur wenige Kilometer, und unsere europäischen Fledermäuse erweisen sich als recht ortstreu. Überquerungen des 50 km breiten Ärmelkanals gehören fast schon zu den Seltenheiten. Wenn zwischen Sommer- und Winterquartier eine Strecke von 500 km liegt, wie bei der nordamerikanischen Indiana-Fledermaus *(Myotis sodalis)*, so muß das fast als Ausnahme gelten. Fledermäuse sind keine Zug-»Vögel«. Wenn der Winter naht, ziehen sie nicht weg, sondern suchen sich ein sicheres Quartier für den Winterschlaf. Die einzigen flugfähigen Säugetiere stellen dann ihre Aktivität ein. Sie hängen sich auf und beginnen ein Leben auf Sparflamme. Das Herz des Mausohrs schlägt dann nur noch so langsam wie das einer Griechischen Landschildkröte: etwa 15mal in der Minute.

Flieger im Reich der Insekten

Die Insekten bilden nicht nur die bei weitem artenreichste Tiergruppe, sie brachten auch die ersten Flugtiere hervor. Sie eroberten den Luftraum fast 100 Millionen Jahre vor den ersten Flugechsen. Altmeister Carl von Linné zeigte sich von den Sechsfüßern derart beeindruckt, daß er glaubte, sie über die Vögel stellen zu müssen. Heute wissen wir, daß man derartige Wertungen nicht vornehmen kann. Linné bemerkte in seiner berühmten »Rede von den Merkwürdigkeiten an den Insekten« am 3. Oktober 1739: »Sehet des Schmetterlings (papilio) große, schöne, beblümte und bemalte Flügel, überall mit kleinen einzelnen Federn wie mit Schindeln belegt. Sie heben ihn lustig in die Luft am ganzen Tag über. Er trotzt dem wunderbaren Fluge der Vögel und den schönsten Federn des Pfaues. Er hat vier Flügel, welches kein Vogel von dem Meister der Natur erlanget hat.«

Gläserne Schwingen

Insekten haben die kleinsten und zartesten Flügel überhaupt. Die Flügellänge schwankt zwischen mehr als einem halben Meter bei den ausgestorbenen Libellen des Karbon und einem halben Millimeter bei den Insektenzwer-

gen unserer Tage. Oft beträgt die Flügelfläche nur wenige Quadratmillimeter. Anders als bei Vögeln, Flugsauriern und Fledertieren sind die Beine an der Flügelbildung völlig unbeteiligt. Die Insektenflügel entwickeln sich aber auch an der Brust, und zwar am 2. und 3. Brustsegment. Dort entstehen sie als eine Art Hautduplikaturen. Beim Schlupf des voll entwickelten Insekts (Imago) aus der Puppe werden die Flügel mit einer später erhärtenden Flüssigkeit vollgepumpt und nehmen so ihre endgültige Gestalt an. Treten dabei Fehler auf, beispielsweise beim Entrollen des Flügels, so bleiben diese zeitlebens erhalten.

In einem wesentlichen Punkt ähneln die Flügel der Insekten denen der flugfähigen Wirbeltiere. Auch bei ihnen ist der Vorderrand durch starke Leisten (Adern) versteift. Im hinteren Teil wird der Flügel weicher und biegsamer. Ansonsten aber sind die »gläsernen Schwingen« der Sechsfüßer außerordentlich vielgestaltig, und die Evolution hat in ihnen so markante Spuren hinterlassen, daß oft der Anblick eines Flügels dem Insektenkundler schon genügt, um festzustellen, um »wen« es sich handelt. Schnaken beispielsweise zeigen eine andere Flügeläderung als Stechmücken, und der Flügel einer Echten Fliege (Stubenfliege) unterscheidet sich von dem einer Schwebfliege auffällig. Ein Zusammenhang zwischen der spezifischen Flügeläderung und der Lebens- und Flugweise dieser Tiere scheint indes nicht zu bestehen. Vielleicht hat die Natur auch hier mehr gespielt als selektiert. Fest steht lediglich, daß die ersten, die alten Insektenflügel, sehr reich geädert waren (s. Libellen), höher entwickelte und sehr kleine Formen zeigen Reduktionen des Geäders (z. B. Fliegen, Zehrwespen).

Für den Flug der Insekten bedeutend scheinen hingegen die Haare, Borsten, Schuppen und ähnliche Bildungen auf den Flügeln. Noch kennt man ihre genaue Funktion kaum. Untersuchungen an Schmetterlingen haben aber ergeben, daß die dachziegelartig angeordneten Schuppen keineswegs nur Farben und Muster entstehen lassen. Sie verbessern die aerodynamischen Eigenschaften des Flügels, besonders den Auftrieb, nicht unerheblich. Freilich: auch ein »abgeflogener« Falter vermag noch zu fliegen, und bei einigen Arten (Glasflüglern) fehlen die Schuppen auf großen Flügelteilen.

Von eminenter Bedeutung sind die Flügelfransen der Kleinsten. Bei den Thripsen beispielsweise bilden sie den größten Teil der Flügelfläche. Die Reibung an den Fransen ist so groß, daß die Luft nicht hindurchstreichen kann; so wird mit minimalem Materialaufwand eine »große« Schlagfläche erzielt. Ähnliches beobachten wir bei anderen Winzlingen (z. B. Ptiliidae, Orthopteridae, Sphaeriidae, Mymaridae).

Nicht bei allen Insektengruppen wurden Flügel angelegt. Man stellt diese Gruppen, die primär Flügellosen (Apterygoten), gern den Geflügelten (Pterygoten) gegenüber. Obgleich man mit Insektenfossilien nicht eben reich gesegnet ist, spricht doch einiges dafür, daß »am Anfang« auch vielflüglige Formen im Spiel waren. Durchgesetzt haben sich schließlich nur die 4-Flügler; die mehr als 300 Millionen Jahre alten Libellenfunde aus dem Oberkarbon zeigen viel Ähnlichkeit mit unseren heutigen Libellen. Sie haben diese offenbar ursprüngliche Vierflügligkeit durch die Jahrmillionen bewahrt und können mit Fug und Recht zu den schnellsten und wendigsten Flugkünstlern im Reiche der Insekten gezählt werden. Und dennoch: Diese offenbar so erfolgreiche Konstruktion praktizieren die allerwenigsten der Arten. Die Evolution fand für die meisten ganz andere Varianten. Bei den allbekannten Käfern (mit weit mehr als 350 000 beschriebenen Arten) unterscheiden sich Vorder- und Hinterflügel erheblich. Die stark sklerotisierten Vorderflügel wirken mehr als Schutzdecken denn als Flugwerkzeuge.

Man unterscheidet folgende Flugtypen:

Maikäfer-Typ: die Deckflügel schwingen in gleicher Frequenz wie die Hinterflügel mit.

Landlaufkäfer-Typ: Vorder- und Mittelbeine fixieren die Deckflügel; sie bleiben starr wie Tragflächen.

Totengräber-Typ: Diese ausgezeichneten Flieger halten ihre Deckflügel wie ein Leitwerk starr nach oben.

Rosenkäfer-Typ: Die Deckflügel verbleiben in der Normallage, werden allenfalls leicht angehoben, um die Hinterflügel ausschwenken zu lassen.

Nach dem Fluge müssen die Hinterflügel wieder unter den Decken verstaut werden. Ohne

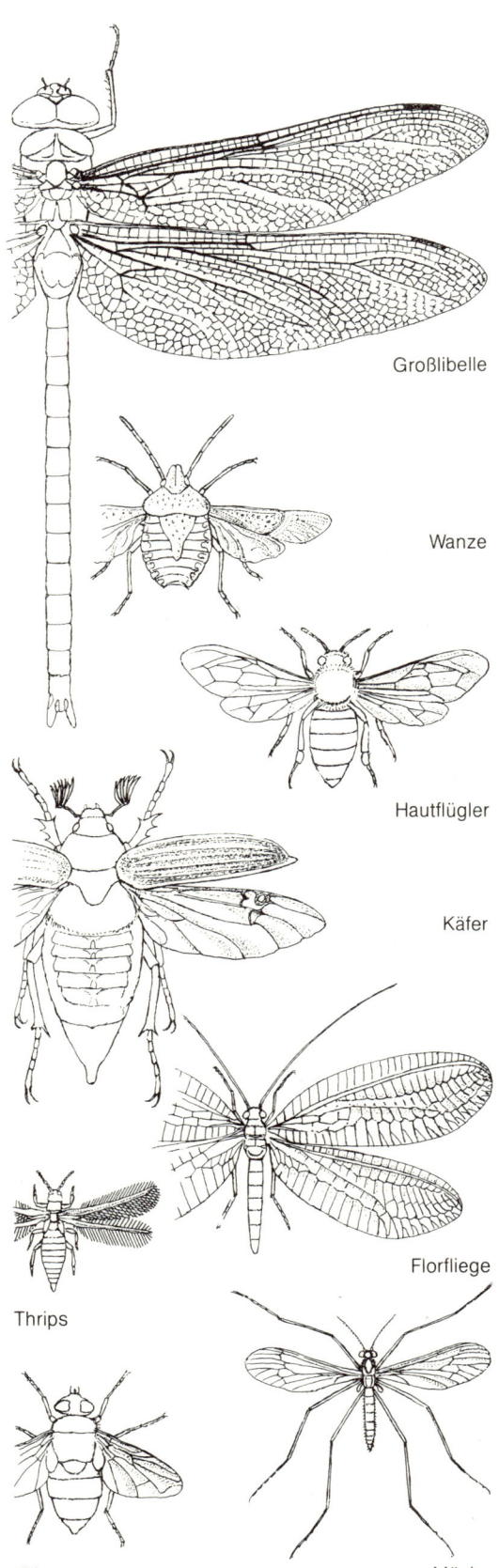

Großlibelle

Wanze

Hautflügler

Käfer

Thrips

Florfliege

Fliege

Mücke

Faltung an vorgeformter Stelle ist das unmöglich. Auch hierbei unterscheidet man verschiedene Typen; manche Käfer kommen mit einer Falte aus (*Oryctes*), andere brauchen zwei Falten (Puppenräuber, Sandlaufkäfer). Einen ausgesprochen komplizierten Faltmechanismus benötigen die Kurzflügler. Sie müssen ihre relativ großen Hinterflügel unter winzigen Decken verbergen. In exakt festgelegter und natürlich erblich genau fixierter Reihenfolge läuft das Einfalten ab, wobei die bewegliche Hinterleibsspitze unterstützend eingreift.

Die Käfer haben das offensichtlich ursprüngliche Prinzip vier unabhängig voneinander schlagender Flügel auf ihre Weise verlassen. Die Deckflügel wirken vor allem als Flughilfe; sie können den Auftrieb um maximal 18 % erhöhen. Auf ganz unterschiedliche Weise sind andere Gruppen der Insekten zu funktioneller Zweiflügligkeit übergegangen. Ihre Vorder- und Hinterflügel verbinden sich zu einer Einheit. Die Mechanismen sind verschieden. Bei den Wespen und Bienen (Hautflügler) greift eine Reihe von Häckchen unter den umgebogenen Rand des Vorderflügels. Es entsteht eine feste, aber seitlich verschiebliche Verbindung. Wenn die Wespe ihre Flügel nach hinten legt und längs zusammenfaltet (»Faltenwespen«), muß der Gardinenstangen-Verschluß nicht gelöst werden. Ähnliche Verhakungen beobachten wir bei Blattläusen und Zikaden. Im Fluge erreichen auch die Wanzen die funktionelle Zweiflügligkeit. Der Vorderrand des Hinterflügels gleitet in eine Schiene des Vorderflügels ein. Auch die meisten Schmetterlinge verfügen über derartige Flügelverbindungen. Entweder legt sich ein Fortsatz am basalen Hinterrand des Vorderflügels auf den Vordergrund des Hinterflügels (Gruppe Jugatae), oder es gibt eine Verbindung zwischen Borsten und Haarschlaufen (Frenatae).

Aber warum eigentlich diese verschlungenen Wege? Weshalb wurden nicht einfach zwei Flügel reduziert? Letzte Methode erscheint uns mit den üblichen Mitteln von Mutation und Selektion ohnehin leichter zum Erfolg zu führen als komplizierte und aufeinander abgestimmte Bildungen am Flügelpaar. Führte die Kopplung

Keine andere Tiergruppe hat so vielfältige Flügelformen hervorgebracht wie die Insekten.

aber tatsächlich zu einfacher Zweiflügligkeit? Man muß die Frage verneinen, seit jüngere Forschungen an Bienen ergaben, daß der Verbundflügel abgeknickt, also gewölbt werden kann und damit eine Höhensteuerung beim Landeanflug erlaubt.

Insekten mit nur zwei Flügeln wurden freilich auch entwickelt. Die große Verwandtschaft der Fliegen und Mücken (Ordnung Diptera oder Zweiflügler), zu der wir gegenwärtig etwa 90 000 Arten zählen, beweist, daß die Evolution die Zweiflügligkeit auch auf »direktem« Wege erreichte. Das hintere Flügelpaar wurde einfach eingespart, genauer gesagt, bis auf zwei winzige Reste, die sogenannten Schwingkölbchen, reduziert. Die Funktion der kleinen Gebilde ist noch nicht völlig geklärt. Wie Versuche bei verschiedenen Fliegenarten gezeigt haben, scheinen sie bei manchen Formen eine stabile Fluglage zu garantieren, bei anderen aber verzichtbar zu sein.

Die Entwicklung hat freilich auch den »anderen« echten Zweiflügler hervorgebracht: Die relativ unbekannten Fächerflügler (Ordnung Strepsiptera) verfügen nur über die Hinterflügel, die Vorderflügel wurden zu Schwingkölbchen.

Kann man vielleicht von einem großen Trend zur Zweiflügligkeit sprechen? Sogar in der relativ ursprünglichen Gruppe der Eintagsfliegen (Ephemeroptera) gäbe es dafür Indizien. Die Hinterflügel sind auffällig klein, und bei manchen Formen fehlen sie überhaupt (Gattung *Cloeon*).

Resümierend läßt sich wohl nur so viel feststellen: Im Probierspiel der Evolution entstanden die verschiedensten Formen – *die* Optimalvariante scheint es nicht zu geben. Die ursprünglich anmutenden Vierflügler, die Libellen, haben ebenso schnelle, wendige Formen (Großlibellen) hervorgebracht wie schlappe Flatterer (Prachtlibellen). Das gleiche gilt aber auch für die Koppelflügler, schnelle Wespen, Bienen und Weichwanzen, während viele andere Wanzen ausgesprochen schlecht fliegen. Und wie die Haarmücken zeigen, zählen durchaus nicht alle echten Zweiflügler zu den Flugkünstlern.

Wie fast nicht anders zu erwarten, kennt man auch die totale Flügelreduktion. Bei vielen Parasiten erinnern nur noch die Flugmuskeln in

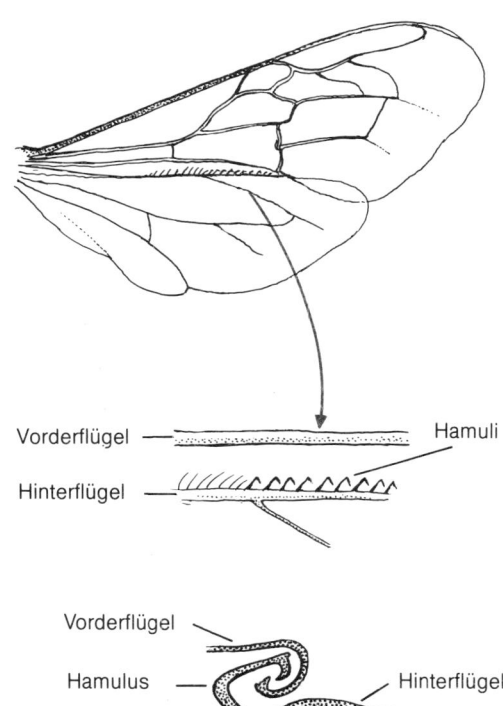

Vorderflügel —————— Hamuli
Hinterflügel —————

Vorderflügel
Hamulus ———— Hinterflügel

Viele Vierflügler koppeln Vorder- und Hinterflügel zu einer funktionellen Einheit zusammen. Im Bild die Kopplung der Wespenflügel

der Brust an ehemalige Flugfertigkeiten, so bei den Läusen, Flöhen oder bei den Weibchen der Fächerflügler. Im dichten Pelz des Wirbeltieres wären Flügel eher hinderlich. Aus gleichem Grunde sind wohl ungeflügelte Ameisen im dichten Erdreich bevorteilt. Nur die Geschlechtstiere tragen Flügel, um sich zum einmaligen kurzen Hochzeitsflug in die Luft zu erheben.

Fast gefährlich werden Flügel für Inseltiere; die Verwehung aufs offene Meer würde den sicheren Tod bedeuten. Der Insektenkundler wird beispielsweise auf der arktischen Insel Heard nicht ein flugfähiges Insekt finden.

Natürlich ist auch der umgekehrte Fall denkbar: überschwere Flügel, die das Gewicht so stark erhöhen, daß das Insekt nicht vom Wind weggetragen werden kann. Und in der Tat, auch diese Variante wurde verwirklicht. Auf Hawaii leben verschiedene Netzflügler, Verwandte unserer Florfliegen (z. B. *Nesomicomus*-Arten), deren Flügel lediglich als Ballast taugen. Zum Fliegen eignen sie sich nicht.

Rasende Flügel

Wie bewegen die Insekten ihre Flügel, wie beschleunigen sie die Luft, um voranzukommen? Der rasende Flügelschlag einer Fliege oder Mücke entzieht sich der einfachen Beobachtung gänzlich. Am ehesten noch wären die schnellen Fliegen selbst in der Lage, die Bahn der Flügel zu erfassen; ihr zeitliches Auflösungsvermögen von bewegten Bildern ist enorm. Der Mensch muß sich technischer Hilfsmittel, im konkreten Fall schnell laufender Kameras bedienen. Man läßt das zu beobachtende Insekt im Windkanal auf der Stelle, an der Brust fixiert, fliegen.

Zu den am besten untersuchten Insekten gehört der allseits bekannte »Blaue Brummer«, die Schmeißfliege *Calliphora erythrocephala*. Wir dürfen aber annehmen, daß sie in vielem für die anderen Insekten stehen kann. Ähnlich wie bei den Vögeln schlägt der Flügel von hinten oben nach vorn unten. In der Mitte seiner Bahn erreicht er die höchste Geschwindigkeit, er wird also in der Abwärtsbewegung beschleunigt. Im Umkehrpunkt wird der Flügel um die Längsachse gedreht, die Unterseite weist nun nach oben. Diese komplizierten Drehschwingungen gewährleisten, daß die versteifte Flügelvorderkante immer voran- und vorausläuft. Darüber hinaus wird verständlich, daß – im Unterschied zu den meisten Vögeln (s. aber Kolibris) – die gläsernen Schwingen symmetrisch gebaut sind.

Wie Untersuchungen mit Zeitlupen-Stereo-Meßkameras an der Wanderheuschrecke *(Locusta migratoria)* gezeigt haben, läßt sich zumindest das Schlagen des Vorderflügels auf drei Grundbewegungen zurückführen: das Auf und Ab, das Vor und Zurück sowie das Heben und Senken des Flügelhinterrandes gegenüber dem Vorderrand. Tierflügel sind also nicht starr wie technische Konstruktionen, sondern verformbar. Hinzu kommt die Drehung um die Flügellängsachse, die offenbar auch nicht so einfach abläuft wie zunächst angenommen.

Kein Bewegungsorgan im Tierreich wird so schnell und auf derart komplizierte Weise bewegt wie ein Insektenflügel. Die nur wenige Millimeter langen »Schwingen« einer Pilzmücke schlagen in der Sekunde 1000mal! Berücksichtigt man, daß ein Nerv nach Weiterleitung

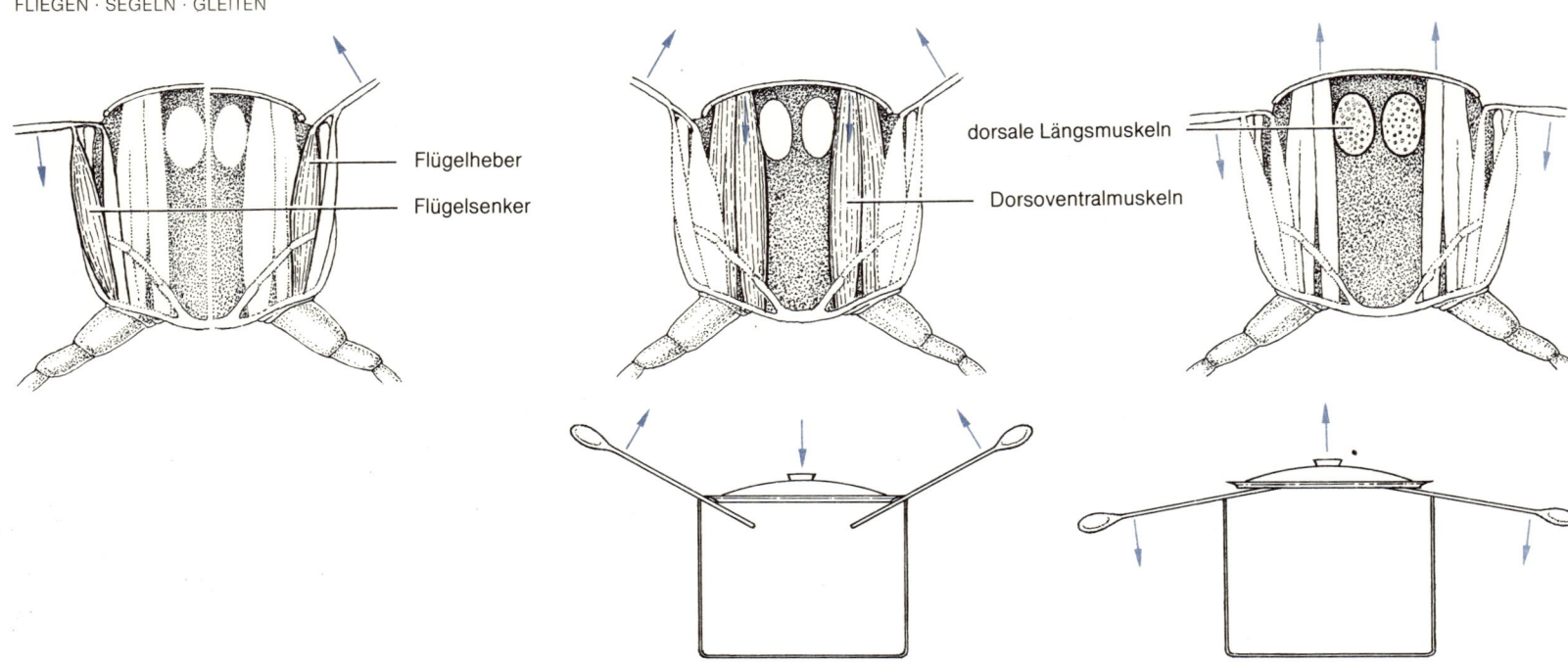

Flügelheber

Flügelsenker

dorsale Längsmuskeln

Dorsoventralmuskeln

Bewegung der Insektenflügel mit direkten (links) und indirekten Flugmuskeln

eines Impulses durchschnittlich eine Millisekunde zur Erholung benötigt (»Refraktärzeit«), so scheinen derartige Geschwindigkeiten außerhalb des theoretisch Möglichen zu liegen. Doch bei Insekten ist manches anders und vieles möglich! Der Nervenimpuls, der beim normalen (synchronen) Muskel eine Kontraktion auslöst, verursacht bei den asynchronen Muskeln der Sechsfüßer gleich eine Serie von Kontraktionen. Manche Biochemiker bezeichnen diese Muskeln als die »aktivsten Zellen« der gesamten Organismenwelt.

Fast ebenso einmalig ist aber die Kraftübertragung auf die Flügel. Die sogenannten indirekten Flugmuskeln der Fliegen, Mücken, Bienen greifen nicht an den Flügeln, sondern an der aus drei Segmenten verschmolzenen Brustkapsel an. Sie beulen sie nach oben und unten oder nach vorn und hinten aus. Die entstehenden Schwingungen werden dann über Hebel und Gelenke auf die Flügel übertragen. Das mehrteilige Flügelgelenk, eines der kompliziertesten Gelenke im Tierreich überhaupt, arbeitet wie eine Art Zündverteiler und steuert den »Klickmechanismus«.

Die Libellen, Eintagsfliegen, Netzflügler und andere zeigen aber, daß auch das Einfache überdauern kann. Sie arbeiten seit Jahrmillionen mit den direkten Flugmuskeln – und zwar erfolgreich.

Wie steuern die Kleinen?

In puncto Steuerkunst übertreffen die meisten Insekten alle anderen fliegenden Tiere. Die schwere Hummel setzt millimetergenau auf der Kleeblüte auf, die Schwebfliege steht über einer Blume, schießt plötzlich zurück oder taucht in Sekundenbruchteilen einen halben Meter rückwärts auf, um sich dann sanft auf einem Blütenblatt niederzulassen. Die schnelle Schmeißfliege zieht im Raum ihre scheinbar ungeordneten Schleifen. Nur an der durchsichtigen Glasscheibe stößt sie wiederholt an und demonstriert uns damit ihre geringe Lernfähigkeit. Auch die Libellen, die ihre Flügel ausschließlich mit direkten Flugmuskeln bewegen, zeigen ihre Flugkünste. Sie demonstrieren Loopings, vermögen kurze Strecken zu gleiten und zu segeln (Segellibellen), können auf dem Rücken fliegen oder ruhig am Ort »stehen«.

Das Hauptsteuer der Insekten sind die Flügel selbst. Je nachdem, wie ihre Schlagebene und damit der Hubstrahl geändert wird, fliegt das Tier mehr nach vorn, oben oder unten. Kurven nehmen die Insekten vor allem durch einseitiges Verändern des Flügelschlags, genauer: der Flügelamplitude. Erstaunlich ist der Einsatz

der Beine beim Steuern. Zumindest bei den kleinen Taufliegen *(Drosophila)* konnte man nachweisen, daß die ausgestreckten Füße als einseitige Bremsen wirken.

Voraussetzung für gutes Steuern ist natürlich auch bei Insekten die Orientierung im Raum. Die Kleinen müssen jeden Moment wissen, welche Lage sie einnehmen. Stubenfliegen beispielsweise registrieren und kontrollieren alle möglichen Drehungen um die drei Körperachsen.

Das Messen der umströmenden Luft ist bei der Flugkontrolle von entscheidender Bedeutung. Bienen ändern bei Seitenwind ihre Lage, stellen ihren Körper bis zu 30° gegen den Wind (ähnlich arbeiten Vögel und Flugzeuge). Viele Insekten stellen die Geschwindigkeit der vorbeiströmenden Luft durch Auslenkung von Sinneshaaren fest. Bei Wanderheuschrecken sprechen Haarpolster auf der Stirn an, bei anderen das Wendeglied (Pedicellus) der Antennen. Für die Fliegen übernimmt ein Borstenanhang (Arista) am dritten Fühlerglied diese Aufgabe. Libellen nehmen seitliche Winde über ihren praktisch nur an zwei Spangen angehefteten Pendelkopf wahr. Durch die Verschiebung des Körpers gegen den Kopf werden Sinnesborsten gereizt. Im Notfall kann der »Wackelkopf« aber auch durch Muskelzug festgezurrt werden.

Ihre Fluggeschwindigkeit, vor allem aber ihre Flughöhe, ermitteln die Insekten durch Verarbeitung der Bildmuster, die sich unter ihnen bewegen. In größerer Höhe fliegen die Bildpunkte der Wiese nicht so rasch vorbei. Tatsächlich gelang es nachzuweisen, daß Mistkäfer *(Geotrupes)* langsam werden, wenn sie flacher fliegen.

Anders als bei den Vögeln spielen bei den Lauf- und Flugbewegungen der Insekten Lernvorgänge kaum eine Rolle. Eine Biene fliegt nach ererbtem Programm von geringer Plastizität. Die Mehrzahl aller Bewegungen wird durch innere Schrittmacher (vor allem im »Vorderhirn«, dem sogenannten Protocerebrum) gesteuert. Und bei den schnellen Fliegern, den Fliegen, Bienen, Wespen, beobachtet man eine starke Ausprägung der Hirnteile, die die Bildmuster verarbeiten (die sog. Lobi optici).

So läßt sich auch von der nervalen Ausstattung eines Insekts auf dessen Steuerkünste schließen. Nur mittelgroße bis große Sechsfüßer verfügen mit bis zu 300 000 Nervenzellen über genügend Steuerzentren, die für einen schnellen, gewandten und zielgerichteten Flug erforderlich sind. Nur unter ihnen findet man die flinken, räuberischen Insekten (z. B. die Raubfliegen). Die Winzlinge, deren Masse kaum über 1 μg liegt, werden nur von wenigen Tausend Nervenzellen gesteuert. Sie kommen unserer Vorstellung von der starr programmierten und automatisch gesteuerten »Flugmaschine Insekt« fast gefährlich nahe.

Leistung und Kraft

Bei weitem nicht alle flugfähigen Insekten sind in der Lage, in hohem Tempo große Entfernungen zu überbrücken. Viele müssen gar als ausgesprochen schwache Flieger bezeichnet werden. Die Eintagsfliegen flattern und gleiten nur sehr kurze Strecken. 99 % ihres Lebens verbringen sie ohnehin als Larven im Wasser. Manche tanzen tatsächlich nur einen Tag, bei einigen währt das Leben im Flug gar nur Stunden. Wenig Gebrauch von ihrem bescheidenen Flugvermögen machen die verwandten Stein- oder Uferfliegen. Meist laufen sie langsam, fast träge auf Steinen oder am Ufer umher. Als mäßige Flieger gelten auch viele Wanzen, die Netzflüglerverwandtschaft und die Schaben. Letztere verlassen sich auf ihren raschen Lauf.

Äußerst unterschiedlich sind die Flugkünste im Riesenreich der Käfer. Wie zu erwarten, erweisen sich nur wenige Laufkäfer als flugtüchtig, beispielsweise unsere *Amara-* und *Bembidion*-Arten. Bei den meisten aber hapert es an einer leistungsfähigen Flugmuskulatur. Andere Käfer gehören zu den Kurzstreckenfliegern;

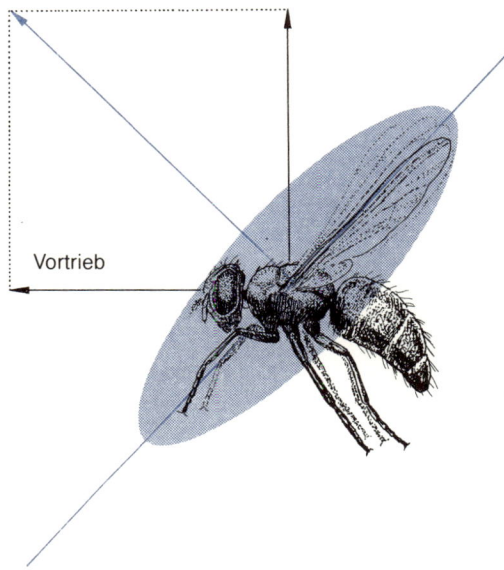

Das Bild läßt erkennen, wie das Insekt durch Veränderung der Flügelschlagebene die Richtung der Kräfte (Vor- und Auftrieb) verändern kann.

Die Schlagfrequenz nimmt in dem Maße zu, wie die Flügel kleiner werden (allerdings nur bis zu einem kritischen Grenzwert, der hier vernachlässigt wurde).

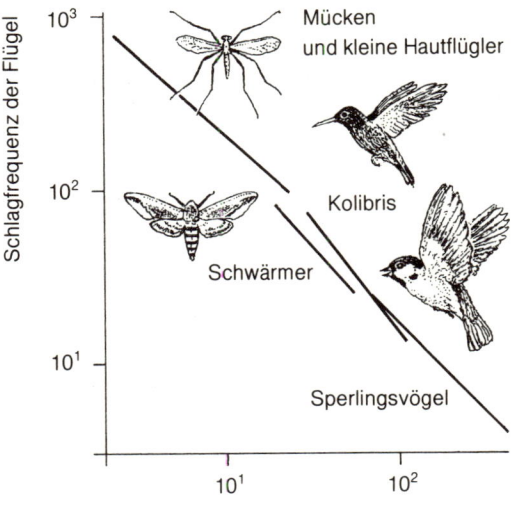

Borkenkäfer fliegen nur wenige hundert Meter weit. Andererseits erheben sich Käferriesen in die Lüfte. Die größte mitteleuropäische Art, der bis 7,5 cm lange Hirschkäfer *(Lucanus cervus)*, fliegt alljährlich in den Monaten Juni und Juli.

Sehr unterschiedlich ausgeprägt ist auch das Flugvermögen der Ohrwürmer. Man kennt unter ihnen manche gut fliegende Art, zum Beispiel den Kleinen Ohrwurm *(Labia minor)*. Andere, wie der Gemeine Ohrwurm *(Forficula auricularia)*, verfügt zwar über ausgebildete Flugorgane, nutzen sie aber nicht.

Zu den schwachen Fliegern zählen auch fast alle Heuschreckenarten. Mit dem Flug verlängern sie meist nur den Sprung, und für viele Arten gilt eine Strecke von hundert Metern schon als die äußerste Grenze.

Flugprobleme ganz anderer Art haben alle sehr kleinen Insekten. Zunächst beobachtet man das durchaus nicht überraschende Phänomen, daß die Flügel schneller schlagen, je kleiner das Insekt wird (ähnliches gilt ja für Vögel). Die schon erwähnten Pilzmücken (Fungivoridae) erreichen mit etwa 1000 Schlägen pro Sekunde die obere Grenze. Noch kleinere Formen – die Fransenflügler, winzige Käfer und Schlupfwespen – bewegen ihre Flügel wieder deutlich langsamer. Für sie ist die Luft durchaus nicht so dünn und leicht wie für einen schweren Körper. So geht man nicht ganz fehl, wenn man sagt: Die Winzlinge rudern durch die zähe Luft. Und die Fransen der Flügel legen sich beim Rückschlag automatisch um. Der Flug der Zwerge läßt sich also mit dem einer Fliege keineswegs vergleichen. Genauere Untersuchungen stehen indes noch aus.

Fluggeschwindigkeiten von Insekten (Angaben in der Literatur schwanken z. T. erheblich)

Schwärmer	50 km/h
Hirschbremse	40 km/h
Plattbauch	35 km/h
Anax	30 km/h
Rinderbremse	22 km/h
Hummel	16 km/h
Honigbiene	15 km/h
Weißling	10–15 km/h
Maikäfer	8 km/h
Stubenfliege	8 km/h
Goldauge	3 km/h

Die schnellen Flieger müssen wir unter den großen und mittelgroßen Arten suchen. Nur sie sind zu blitzartigem Jagdflug in der Lage, wie ihn die Raubfliegen (Asilidae) demonstrieren. Und nur unter den Großen gibt es die fliegenden Wanderer, die, den Zugvögeln gleich, riesige Entfernungen überbrücken.

Unter den Libellen kennt man nur wenige ausgesprochene Wanderer; sie kommen ausnahmslos aus der Gruppe der sogenannten Großlibellen, besonders den *Aeshna*-und *Sympetrum*-Arten. Der bekannte Vierfleck *(Libellula quadrimaculata)* gilt auch als Wanderlibelle. Ansonsten tun sich besonders die Wüstenformen hervor. Die Art *Hemianax ephippiger* beispielsweise flog von Afrika nach Irland.

Für manche Großschmetterlinge sind Langstreckenflüge nichts Außergewöhnliches. Jährlich legen die nordamerikanischen Monarchfalter *(Danaus plexippus)* auf ihren Saisonwanderungen Tausende von Kilometern zurück. Im Frühjahr brechen sie nach Norden auf, erreichen schließlich das Gebiet der Großen Seen. Vor Wintereinbruch fliegen sie dann zurück nach Süden, vor allem nach Kalifornien.

Vergleichbare Herbstwanderungen, wenngleich in bescheidenerem Ausmaße, kennt man auch von mitteleuropäischen Arten, vom Admiral *(Vanessa atalanta)* und vom Distelfalter *(Cynthia cardui)*. Auch ihre Herbstgeneration legt auf dem Weg ins Mittelmeergebiet Hunderte von Kilometern zurück. Die meisten unserer Tagfalter freilich sind recht ortstreu oder streifen, wie die Weißlinge, nur auf der Suche nach Nahrung weiter umher. Massenflüge, wie sie bei manchen tropischen Formen vorkommen, beobachten wir nicht.

Aber auch in anderen Schmetterlingsgruppen konnte man Langstreckenflieger feststellen. Unter den Eulenfaltern ist es besonders die zum Teil sehr häufige Gammaeule *(Plusia gamma)*, die durch große Wanderungen auffällt. Erstaunliche Flugleistungen werden von der asiatischen Graseule *Leucania separata* gemeldet, die in einer Nacht 200 km zurücklegen kann.

Weniger erstaunt ist man über die Leistungen der schnellen Schwärmer. Viele von ihnen – Winden- und Oleanderschwärmer, Totenkopf und Taubenschwänzchen – fliegen aus ihren Winterquartieren Nordafrikas nonstop über das

Die wichtigsten Wanderwege des Monarchen in Nordamerika

Mittelmeer und die Alpen. Der Totenkopf benötigt für die Strecke von Äthiopien nach Irland nur wenige Tage.

Das Durchschnittstempo ziehender Schwärmer liegt bei 50 km/h; beim ostasiatischen Windenschwärmer hat man gar 126 km/h (!) gemessen. Vielleicht hält er damit den Geschwindigkeitsrekord aller Insekten.

Wie sind solch immense Energieleistungen der kleinen Insekten möglich? Der Hauptschlüssel zum Verständnis liegt in der mechanischen Konstruktion, im Bauprinzip des Antriebsapparats. Das schwingende Verbundsystem Brustkapsel – Flügelgelenk – Flügel, entfernt vergleichbar mit der Vibration einer angeschlagenen Trommel, erreicht einen sehr hohen Wirkungsgrad. Die große Federkraft der schwingenden Teile wird ermöglicht durch den Einbau von Resilin, eines der elastischsten Eiweiße, die wir kennen. (Von ähnlicher Elastizität ist lediglich das Elastin der Wirbeltiere, das man z.B. in der Achillessehne der Känguruhs findet.)

Der so feinsinnig gebaute Schwingapparat funktioniert freilich nur im Einklang mit geringen Körpergewichten. Die extrem leichte Bauweise der meisten Insekten zeigt unsere Tabelle.

Wie außerordentlich genau die Abstimmung der kleinen »Flugmaschinen« ist, lassen Vergleiche von Masse und Flügelfläche erkennen. Die Weibchen der Zuckmücken sind nur um wenige Tausendstelgramm schwerer als ihre Männchen, und auch ihre Flügelfläche ist um einige Quadratmillimeter größer.

Unter solchem Aspekt versteht es sich, daß fliegende Insekten jeden zusätzlichen Ballast meiden. Haben sich an einer Hummel zu viele Milben als Anhalter festgehakt, so fliegt sie erst ab, wenn sie einige Lästlinge abgestreift hat. Die Bienen freilich sind auf die Ladung Nektar angewiesen. Wie amerikanische Biologen aber jüngst herausfanden, sammeln Bienen nicht so lange, bis der stecknadelkopfgroße Magen gefüllt ist. Sie »berücksichtigen« den noch zu bewältigenden Heimweg, das heißt den notwendigen Kräfteverbrauch, und füllen deshalb die Speicher nie bis zum Rand. Um so erstaunter ist man über die Kräfte anderer. Lehmwespen tragen für ihren Nachwuchs Käferlarven vom Eigengewicht ein.

Massen von Insekten

Wasserkäfer *(Hydrophilus)*	4,80 g
Ligusterschwärmer	1,7 g
Vierfleck-Libelle	0,5 g
Trauermantel	0,3 g
Kohlweißling	0,1 g
Gemeine Wespe	0,08 g
Blaue Schmeißfliege	0,07 g
(Briefmarke 10 Pf.	0,054 g)
Schlanklibelle *(Agrion)*	0,05 g
Marienkäfer (Siebenpunkt)	0,03 g
Stubenfliege	0,012 g
Florfliege	0,008 g
Scheinbockkäfer *(Oedomera)*	0,0025 g
Blattlaus	0,0008 g
Erzwespe	0,000 025 g

Anders als die gleichwarmen (besser endothermen) Vögel, sind die Insekten auf die Energiezufuhr von außen angewiesen. Wer wüßte es nicht: Im warmen Sonnenschein summt und brummt es über den Blüten am stärksten. Oft wird die Sonne direkt genutzt, um die Betriebstemperatur der Muskeln – ca. 30 °C – zu erreichen. Tagfalter breiten ihre Flügel aus, Heuschrecken stellen sich quer zur Sonne, aber auch viele Käfer lassen sich aufheizen. Bevorteilt scheinen die, die sich von der Außentemperatur unabhängig machen können. Hummeln zum Beispiel schwärmen schon bei 5 bis 10 °C aus und können dank ihres schützenden Pelzes noch bei 0 °C fliegen.

Einige Arten erreichen die Betriebstemperatur durch Muskelzittern; sind sie erst einmal gestartet, so entsteht durch die Muskelarbeit ohnehin genug Wärme. Den Rekord halten in dieser Hinsicht die winteraktiven Schmetterlinge. 50 Eulenarten (Noctuidae) auf der nördlichen Halbkugel sind in der Lage, während der kalten Jahreszeit zu fliegen. Schon bei Temperaturen um den Gefrierpunkt wärmen sie sich durch Muskelzittern auf; Flügelheber und -senker arbeiten so lange, bis 30 °C erreicht sind. Aber auch die Männchen unseres Frostspanners *(Operophtera brumata)* fliegen noch bei 3 Grad unter Null nach ihren Weibchen. Den Spannern kommt dabei ihr günstiges Masse-Flügel-Verhältnis zustatten. Sie halten sich noch mit einer Schlagfrequenz von 2 bis 4 in der Luft; die Spanner können deshalb sparsam und mit kalten Muskeln fliegen.

Auch der rationellste Flugapparat benötigt natürlich Treibstoff. Die meisten Insekten, und nicht nur die Langstreckenflieger, deponieren ihn in Form von Fetten. Andere, wie die bekannten Schmeißfliegen, speichern ausschließlich Kohlenhydrate. In jedem Falle aber zeigt der Sauerstoffverbrauch, der während des Fluges bis auf den 150fachen Wert ansteigt, an, daß auch der Flug der Kleinen sehr kraftraubend ist. Da nimmt es nicht wunder, wenn auch die Insekten im Alter langsamer werden. Untersuchungen an der Schmeißfliege *Phormia* zeigten, daß die Flugleistung schon nach 11 Tagen rapide abfällt und die gesamte Aktivität am 22. Tag auf ein Minimum sinkt. Freilich altern nicht alle Insekten so schnell wie eine Fliege; die Arbeiterin eines Ameisenstaates kann noch nach Jahren die volle Lauf-Leistung bringen.

Kurzstreckengleiter

Der aufmerksame Leser wird es schon mehrfach konstatiert haben: Die Natur hat keineswegs nur das hervorgebracht, was wir als optimale oder perfekte Lösung anzusehen geneigt sind. Man kennt ausgesprochen »unbeholfene« Läufer, Kletterer und Flieger. Aber man kennt auch Tiere, die den Luftraum zur kraftsparenden Überwindung größerer Entfernungen nutzen – ohne einen Flügelschlag. Sie gleiten vom höheren zum niederen Punkt.

Die Rede ist zunächst von seltsamen Tieren des südostasiatischen Regenwaldes, den sogenannten Pelzflatterern (Familie Cynocephali-

Fliegende Säugetiere sind mehrfach entstanden, aber nur in den Fledertieren wurde der aktive Ruderflug verwirklicht; die anderen gleiten lediglich.

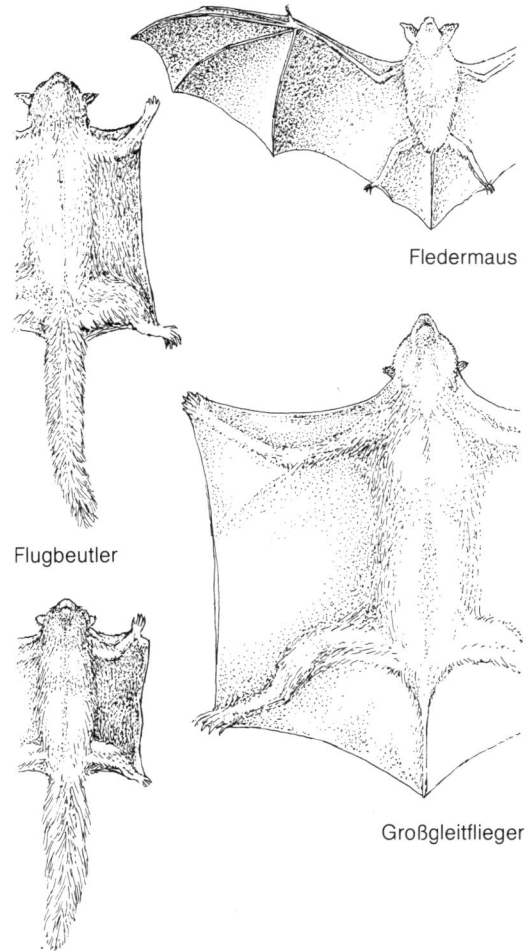

Fledermaus

Flugbeutler

Flughörnchen

Großgleitflieger

dae). Eigentümliche Baumbewohner, die lange Zeit im zoologischen System hin- und hergeschoben wurden. Zu vielen Gruppen schienen sie ein wenig, zu keiner aber so richtig zu gehören. Schließlich richtete man für die zwei heute noch lebenden Arten eine eigene Ordnung ein: die Großgleitflieger.

Die merkwürdigen Pelzflatterer leben in den Regenwäldern Südostasiens. Sie ernähren sich von pflanzlicher Kost, wobei sie kopfunter und ausgesprochen bedächtig an den Ästen entlangklettern. Will der etwa kaninchengroße Pelzflatterer aber den Baum wechseln, dann kommt Leben in ihn: Kräftig stößt er sich vom Stamm ab, und seine Gestalt ändert sich. Die zwischen den Gliedmaßen und dem Schwanz befindliche Flughaut wird ausgespannt. Es entsteht eine große Gleitfläche, die das Tier sehr weit tragen kann. Man hat schon Gleitflüge von 136 m Weite gemessen, wobei der Pelzflatterer kaum mehr als 10 m an Höhe verlor. Zu tief darf das Tier auch nicht sinken, denn eine Landung am Boden wäre nicht nur schwierig, sondern auch mit Gefahren verbunden. Schutzlos gäbe sich das plumpe Tier dort seinen Feinden preis.

Vergleichbare Gleiter haben auch die australischen Beuteltiere hervorgebracht. In den Eukalyptuswäldern leben die Zwerg-, Mittel-, Groß- und Mausflugbeutler. Auch sie vermögen durch Strecken der Extremitäten eine Flugmembran auszuspannen, die sie in die Lage versetzt, zu anderen Bäumen zu wechseln, ohne den gefahrvollen Boden aufsuchen zu müssen. Die Flugstrecken sind sehr unterschiedlich und hängen wesentlich von der Größe der Art und natürlich von der Starthöhe ab. Die 14 cm kleinen Zwergbeutler *(Acrobates pygmaeus)* gleiten lediglich von Ast zu Ast. Die größten Arten legen Strecken von mehr als 100 m zurück.

Am besten erforscht ist das Flugverhalten des Kurzkopfgleitbeutlers *(Petaurus breviceps)*. Er wurde nach Europa gebracht und im Labor nach allen möglichen Parametern getestet. Was ergab sich?

Die etwa 20 cm langen Tiere mit einer Körpermasse von durchschnittlich 110 g zeigen eine hohe Flächenbelastung der ausgespannten Flughaut (50 g/dm²). Bei der insgesamt nicht eben günstigen aerodynamischen Form

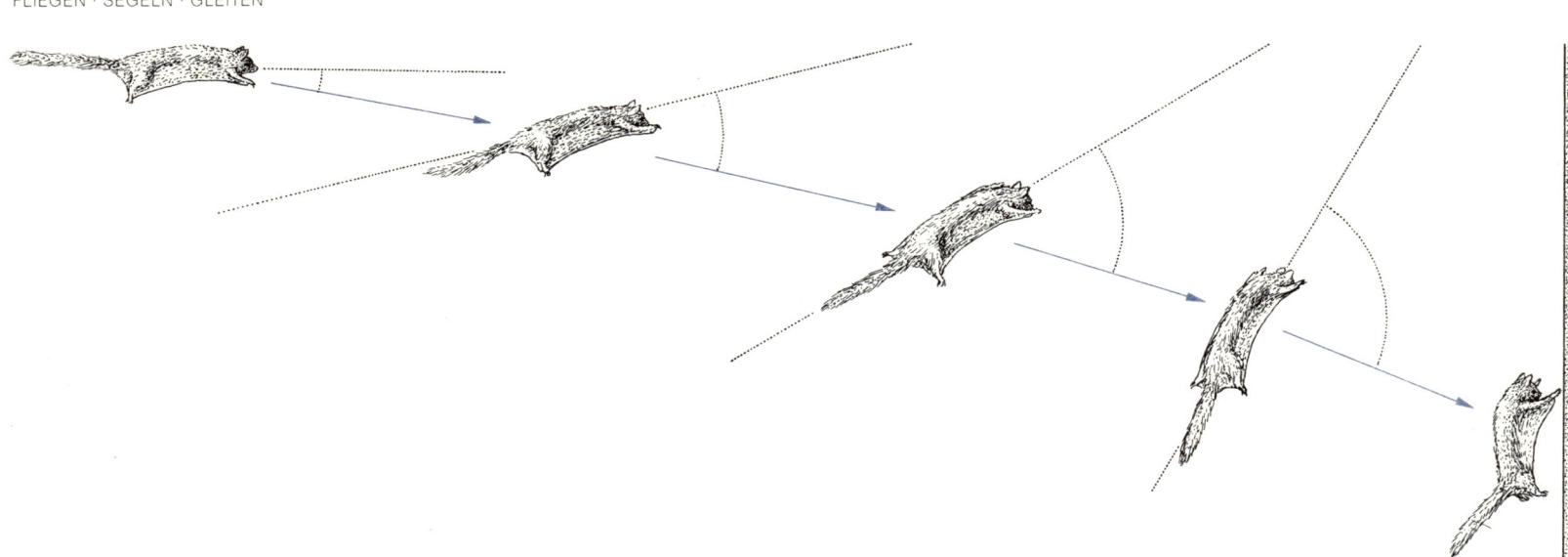

der Flughaut ergeben sich relativ steile Flugbahnen und ziemlich hohe Gleitgeschwindig-
keiten (30 bis 60 km/h). Der Gleitwinkel variiert
aber stark und kann vom Flugbeutler selbst aktiv verändert werden. Entscheidenden Einfluß
übt dabei durchaus nicht nur der buschige
Schwanz aus, der in der Horizontalen wie in
der Vertikalen verlagert werden kann. Auch die
winzigen Handflächen erzeugen Kippmomente,
wenn der Flugbeutler sie verstellt. Dabei kann
die Wölbung der Flughaut, also der Auftrieb,
variiert werden.

Interessanterweise wirkt sich auch der feine
Fellbesatz auf die Flugeigenschaften aus. Wir
erinnern uns an ähnliche Eigenschaften der
Schmetterlingsschuppen und des Federkleides
der Vögel. Besonders in den Bereichen der
üblicherweise bevorzugten Anstellwinkel zeigt
das Fell der Flugbeutler seine aerodynamische
Überlegenheit gegenüber den Vergleichsmate-
rialien Samt, Mäusepelz oder Plexiglas. Die
Kurzstreckengleiter, die zum aktiven Schlagflug
nicht fähig sind, machen, genauer betrachtet,
also doch nicht den Eindruck von »Halbhei-
ten«. Die Erfindung des Gleitens war gleich-
bedeutend mit der Eröffnung neuer Lebens-
nischen.

Die dritte Gruppe von Gleitfliegern unter den
Säugern kommt aus der Verwandtschaft unse-
rer Eichhörnchen. Es sind die Flughörnchen
(Pteromyinae). Ihre »Vorteile« scheinen auf der
Hand zu liegen. Auf der Flucht vor einem Mar-
der können sie sich durch einen kurzen Gleit-

Der Gleitflug eines Flughörnchens – hier die ostindi-
sche *Petaurista p.* Aktiv wird der Anstellwinkel zur
Landung verändert: die Gleitgeschwindigkeit liegt bei
50 km/h.

flug in Sicherheit bringen. Das gewandte Eichhörnchen erreicht zwar einen 5 m entfernten
Baum auch noch und kann sich gefahrlos 20 m
in die Tiefe fallen lassen, entkommt seinem
Feind aber durchaus nicht in jedem Falle. Das
nicht wesentlich kleinere, aber erheblich leich-
tere nordosteuropäische Flughörnchen *(Ptero-
mys volans)* vermag hingegen bis zu 40 m weit
zu gleiten. Ein spezieller Knorpel an der Hand-
wurzel sorgt für die richtige Spannung der
Flughaut. Am häufigsten sind die Flughörnchen
noch in der Taiga und in den Wäldern Nordamerikas anzutreffen.

Auch in anderen Tiergruppen stoßen wir auf
Kurzstreckengleiter, die äußere (hier: potentiel-
le) Energie in Vortrieb umsetzen. Unter den
Kriechtieren fällt der indoaustralische Flugdra-
che *(Draco volans)* aus dem Rahmen. Wenn
die 20 cm lange Echse sich mit ihren Krallen
am Stamm hält, entdeckt man an ihr kaum etwas Besonderes. Urplötzlich aber schnellt sie
sich los und breitet ihre bunten »Flügel« aus,
Hautsäume entlang des Rumpfes, die durch
fünf bis sechs herausragende Rippen gestützt
werden. Der Biologe Dietrich Schaller spricht
deshalb treffend von der Gruppe der Rippen-
gleitflieger. Sie gab es übrigens schon, lange
bevor die große Zeit der Flugsaurier anbrach

(im Perm *Daedalosaurus* und *Weigeltisaurus*, in
der Trias *Kuehneosaurus* und *Ikarosaurus*).

In einem Atemzug mit den Flugdrachen werden oft die Faltengeckos *(Ptychozoon homalo-
cephalum)* genannt, die sich auch aus luftiger
Höhe herabstürzen. Bei ihnen aber kann man
kaum von einem Gleitflug sprechen. Vielmehr
handelt es sich um einen gebremsten Sturz.
Die Hautsäume bieten der Luft genug Widerstand, um den Fall zu verlangsamen. Ein Gleitwinkel von 45° stellt wohl das Extrem dar.

Den gleichen Effekt erzielt die sogenannte
fliegende Schlange, die Schmuckbaumnatter
(Chrysopelea), die im Fall ihre Unterseite verbreitert. Ob die »fliegenden Schlangen« auf
diese Weise tatsächlich Strecken von 60 m
Weite zurücklegen, wird oft bezweifelt. Mancher Forschungsreisende begab sich auf die
große Reise in den südostasiatischen Dschun-
gel und kehrte zurück, ohne auch nur einen
Flugmeter der berühmten Schlange tatsächlich
gesehen zu haben.

Im gleichen Gebiet lebt auch der Flugfrosch
(Rhacophorus nigropalmatus). Er faszinierte
schon den Zeitgenossen und »Gegenspieler«
Darwins, Sir Alfred Russel Wallace, der das
seltsame Tier auf seiner Reise beobachtete
und »Flugfrosch von Borneo« nannte. Aber
auch der seitdem berühmte Flugfrosch kann
weder fliegen noch gleiten. Er benutzt seine
großen Spannhäute lediglich als Fallbremse,
wenn er vom hohen Baume oder von Ast zu
Ast springt.

Von »fliegenden Fischen« berichtet schon Aristoteles, und Heyerdahl schreibt amüsant über seine Begegnung mit ihnen, als er mit dem Floß »Kontiki« den Stillen Ozean überquerte: »Es konnte geschehen, daß wir plötzlich die saftigen Flüche eines Mannes an Deck hörten, wenn er unerwartet einen Fliegenden Fisch mit guter Fahrt ins Gesicht geklatscht bekam.« Thor Heyerdahl lobt dieses »Schlaraffenland des Meeres, wo prächtige Fischgerichte statt gebratener Tauben durch die Luft sausten«. Es ist die Rede von den sogenannten echten Fliegenden Fischen (Familie Exocoetidae). Der Name aber trügt; die vielbewunderten Meeresfische sind lediglich zu einem guten Gleitflug fähig. Unter Wasser nehmen sie Tempo an und durchbrechen in jagender Fahrt (ca. 50 km/h) die Oberfläche. Dann breiten sie ihre kräftigen Brustflossen (die »vierflügligen« Arten zusätzlich die Bauchflossen) aus und verlängern damit den großen Sprung aus dem Wasser. Wenn sie gegen einen günstigen Wind angleiten, tauchen die Schwimmgleiter erst nach 30 bis 40 m wieder ein. Auf dem Deck heutiger Ozeanriesen freilich landet kein Fisch mehr; dafür reicht die Flughöhe nicht.

Sicher ist der Gleitflug der Fische mehrmals entstanden, und auf dem Weg zu den obengenannten Weitfliegern kann man sich manche Vorstufe vorstellen. Ansätze zum Gleitflug erkennt man in mehreren Gruppen; da ist die Meeräsche (Mugil) mit ihren meterweiten Luftsprüngen, das Schwimmrößchen (Pegasus), Halbschnäbler aus der Gattung Euleptorhamphus. Alt scheint diese schnelle Fluchtmethode ohnedies zu sein, denn man kennt perfekte Gleitfische schon aus der Trias (Pholidophoridae) und Kreide (Exocoetidae).

Aber auch die Fische haben »echte« Flieger hervorgebracht. Seit langem kennt man die rasche Luftfahrt der südamerikanischen Beilbauchfische (Gasteropelecidae), die von einem

unüberhörbaren Schwirren begleitet wird. Es blieb aber lange Zeit unklar, ob dieses Schlittern über dem Wasserspiegel etwa mit dem Gleiten der »Fliegenden Fische« vergleichbar war. Heute wissen wir: Die kleinen Beilbauchfische (Carnegiella, Gasteropelecus, Thoracocharas) setzen ihre mit außergewöhnlich kräftigen Muskeln ausgestatteten Brustflossen tatsächlich wie Schlagflügel ein. Im Wasser zeigen sie nichts von ihrem Temperament; sie stehen ruhig an der Oberfläche und warten auf Anflugnahrung. Zwingt ein Feind sie aber zu rascher Flucht, dann durchstoßen sie blitzschnell den Wasserspiegel im Pfeilstart – ihr Flug trägt sie mehrere Meter weit und damit aus der Gefahrenzone.

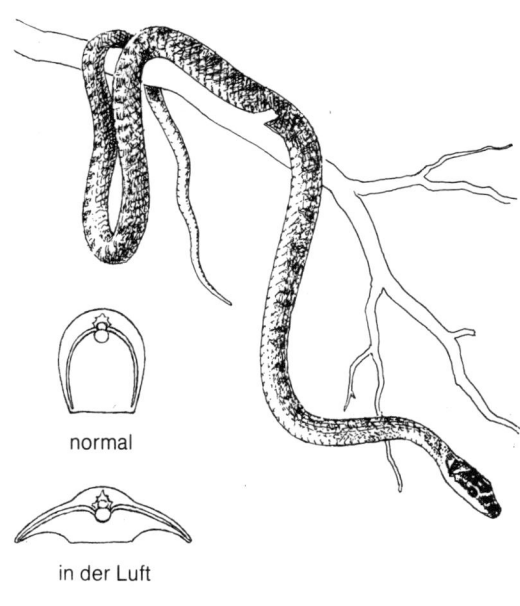

normal

in der Luft

Die »fliegende« Schlange

Der »Fliegende Fisch« holt im Wasser Schwung und gleitet dann mit ausgebreiteten Flossen durch die Luft.

Die beiden Varianten »fliegender« Fische machen auch den Unterschied zwischen aktiven Fliegern und echten Gleitern deutlich. Erstere setzen innere Energie mit Flügeln in Hub und Schub um. Letztere wandeln äußere Energie mit Gleitstrukturen vor allem in Hub. Das notwendige Energieniveau kann erklettert (Pelzflatterer) oder erschwommen (Exocoetidae) werden. Fehlen ausreichende Gleitmechanismen, so entsteht eine sehr steile Flugbahn bei Sprung von oben (Flugfrosch) oder eine ballistische Kurve beim kraftvollen Sprung aus dem Wasser (Kalmare).

Die Gleitfähigkeit hängt wesentlich ab von der Größe und Geschwindigkeit der angeströmten Fläche. Kleine Insekten sind deshalb zum Gleitflug gar nicht in der Lage. Für sie ist aber das Medium Luft ohnehin nicht so gefährlich dünn wie für ein Wirbeltier. Jeder, der einmal versucht hat, eine tote Mücke auch nur wenige Meter weit zu werfen, wird das bestätigen.

Schweben am Wind

Im milden Licht eines warmen Spätsommertages glitzern feine Silberfäden, leicht wehen sie durch die laue Luft. Für den naturwissenschaftlich unbelasteten Menschen vor Jahrhunderten waren sie Anlaß zu manch mystischer Vermutung. Schicksalsgöttinnen oder Elfen sollten die zarten Gebilde gesponnen haben. Die Namen deuten denn auch in mancherlei Richtung: »Altweibersommer« und »Marienfäden« im Deutschen, »Witwensömmerli« im Schweizerischen, »fils de la vierge« (Sohn der Jungfrau) im Französischen, »estate di San Martino« (Sommer von San Martino) im Italienischen. Die sachliche Erklärung indes ist recht profan: Kleine Spinnen nutzen die Gunst der Stunde und ihre zarten Spinnfäden als Windsegel. Vor allem an warmen Spätsommertagen klettern sie an Gräsern und Sträuchern so weit wie möglich nach oben. An günstiger Startposition angekommen, streckt die Spinne den Hinterleib in Windrichtung, und die Spinnwarzen lassen einen Faden austreten. Steht der gut im Wind, was die Spinne offenbar durch Prüfen der Spannung feststellt, dann läßt sie sich los – die Luftreise mit unbestimmtem Ziel beginnt. Sie

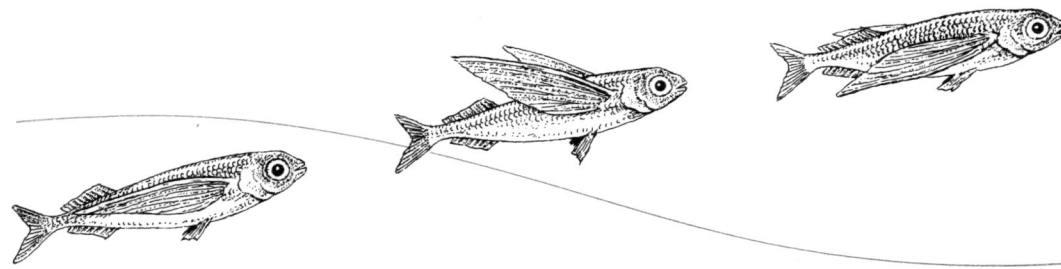

kann schon nach wenigen Metern am nächsten Baum enden, aber der Wind vermag die kleine Spinne auch kilometerweit zu tragen. Charles Darwin fand am Wind schwebende Jungspinnen auf offenem Meer, 60 Seemeilen (111 km) vom Festland entfernt.

Durch das Schweben im Wind kompensieren die Achtbeiner fehlendes Flugvermögen und sind so zur Besiedlung neuer Lebensräume in der Lage. Das Überbrücken größerer Entfernungen hängt aber nicht nur von günstigem Flugwetter, sondern auch von den Spinnen selbst ab. Man kennt einige ausgesprochen gute Luftsegler: zum Beispiel die Zwergspinne *Erigone atra* sowie die Streckerspinnen *Pachygnatha degeeri* und *clercki*.

Manche Spinnen haben sich gar zu Spezialisten im Ballonflug entwickelt. Es sind besonders einige Arten der Familie Baldachinspinnen; sie bauen fallschirmartige Netze, die sich als Windsegel hervorragend eignen. Wie die Amerikaner R. Crawfort und J. Edwards nachweisen konnten, unternehmen diese Spinnen 30 bis 50 km weite Flüge, getragen vom selbstgebauten Ballon.

Für Insekten spielt die Kraft des Windes eine zwiespältige Rolle. Einerseits bergen starke Luftbewegungen immer die Gefahr, vom geeigneten Lebensraum abgetrieben zu werden. Viele Arten richten ihre Flugaktivitäten deshalb genau nach der Windstärke. Besonders die Kleinen können stärkeren Winden nicht widerstehen. Die winzigen Blattläuse werden schon bei Windgeschwindigkeiten von 0,5 bis 0,7 m/s (also Windstärke 1) verweht, Eintagsfliegen erst bei 6 m/s.

Der zarte Kiefernspanner *(Bupalus piniarius)* beispielsweise startet nur bei absoluter Windstille. Unsere Honigbiene *(Apis mellifera)* ist noch bei Windgeschwindigkeiten von 9 m/s

Eiräupchen

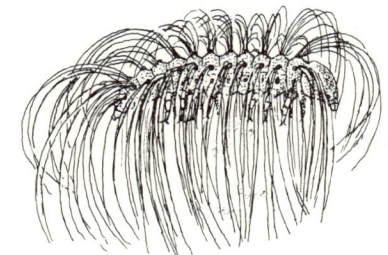

Die langen Haare der Eiräupchen des Schwammspinners ermöglichen langes Schweben und damit auch die Verfrachtung durch den Wind. Blaue Linie: prozentuale Windverteilung, schwarze Linie: Ausbreitung des Falters

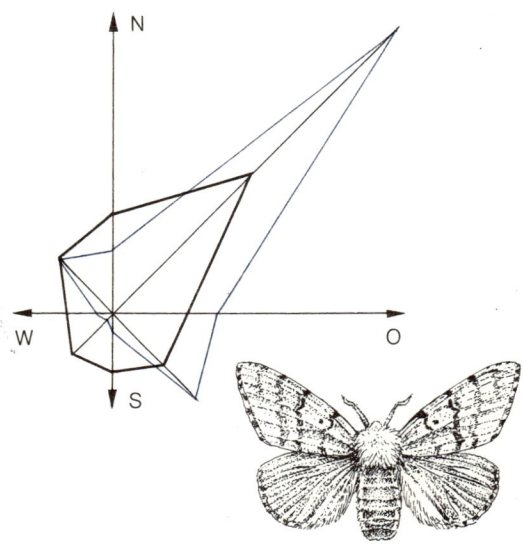

(Windstärke 5) unterwegs. Andere, beispielsweise die Eulenfalter, scheuen weder Regen noch Sturm.

Manche Insektenart nutzt sogar den Wind für die Verbreitung der Art. Es gilt heute als sicher, daß die Ausbreitung des Kartoffelkäfers *(Leptinotarsa decemlineata)* von West- nach Osteuropa mit der Westwindlage zu tun hatte. Und die weiten Flüge der gefürchteten Wanderheuschrecke *(Locusta migratoria)* sind nur mit Unterstützung des Windes möglich.

Auch regionale Verfrachtungen finden öfter in Richtung häufiger Luftbewegungen statt – oft beobachtet bei Borkenkäfern und Schildläusen.

Von Stürmen verweht und von Aufwinden emporgetragen, finden sich in luftiger Höhe viele Kleintiere zusammen. Sie bilden das sogenannte Luftplankton – die Nahrungsgrundlage für die pfeilschnellen Mauersegler.

Einige Tierarten zeigen sogar deutliche Anpassungen an das Schweben. Man beobachtet auffällige lange Fortsätze zur Vergrößerung der Oberfläche – vergleichbar mit den Schwebern im Meer. Als Paradebeispiel gelten die Eiräupchen des Schwammspinners *(Lymantria dispar)*, die erwiesenermaßen schon mehr als 20 km weit verfrachtet wurden.

Noch in Höhen von 4 km fand man kleine Fliegen, Blattläuse, Käfer, aber auch flügellose Insekten und sogar Milben. Die Kleinsten der Kleinen werden noch höher getragen. In Höhen zwischen 2 bis 10 km leben in einem Kubikmeter noch 4000 bis 6000 solcher Winzlinge. Jüngst konnten Bakterien und Schimmelpilze noch 30 km hoch über dem Boden nachgewiesen werden. Freilich sind sie dort droben äußerst dünn gesät: eine Mikrobe pro 50 m³. Selbst von passiver Bewegung kann man da kaum noch sprechen – es ist ein Schweben am Ort.

FLIEGEN · SEGELN · GLEITEN

96 Die Silbermöwe zeigt den gewölbten Vogelflügel.

97/98 Der bis 20 kg schwere Schwan bei der Landung (links) und beim kraftaufwendigen Start von der
Wasserfläche

99 Die 8 cm langen Flügel tragen unseren fast 30 g schweren Haussperling meist nur kleine Strecken.

100/101 Zwischen Auf- und Abschlag der Flügel – der Kanarienvogel

102 Die Rauchschwalbe gehört zu den schnellen, wendigen Fliegern. Sie wiegt nur 20 g, ihre Flügellänge: 12,5 cm.

103 Der Buntspecht wiegt viermal so viel wie eine Rauchschwalbe, seine Flügel sind aber kaum länger. Charakteristisch sind seine kurzen Bogenflüge.

104/105 Flügel im Aufschlag. Wie alle nachtaktiven Eulen haben auch die hübschen Schleiereulen seidenweiches Gefieder, das einen geräuschlosen Flug ermöglicht.

106 Lautlos gleitet der Uhu, die größte Eule Europas, an.

FLIEGEN · SEGELN · GLEITEN

107 Die großen breiten Flügel kennzeichnen den guten Landsegler (hier ein Milan).

108 Besondere Spezialisten im Seesegeln sind die Albatrosse; sie nutzen die unterschiedlichen Windgeschwindigkeiten über dem Meeresspiegel.

109 Gänse auf dem Zug

110 Kohlmeise im Landeanflug; die Flügellänge des 14 cm kleinen Vogels beträgt knapp 8 cm.

111/112 Die Flugkünste der Kolibris sind einzigartig in der Klasse der Vögel. Auf Grund ihrer besonderen Flugmechanik und ihres kleinen Trägheitsmomentes beherrschen sie jede Fluglage (links *Attis eliotti*, rechts *Eulampis jugolaris*).

113   Landender Sperber. Deutlich erkennbar ist die
Landehilfe, der abgespreizte »Daumenfittich«.

114   Der Lannerfalke – ein schneller Greif der
Wüstengürtel Afrikas

115 Flughunde (links oben) sind langsame Flieger.

116 Bechsteinfledermaus vor der Landung (rechts oben)

117 Die Breitflügelfledermaus gehört zu den langsam fliegenden Arten (links unten).

118 Das Mausohr demonstriert uns die Flugorgane der Fledermäuse (rechts unten).

119 Unsere kleinste Art – die Zwergfledermaus,
Körper 4,5 cm lang, Flügelspannweite etwa 20 cm.
Sie jagt gern im Windschatten von Gebäuden und
Bäumen.

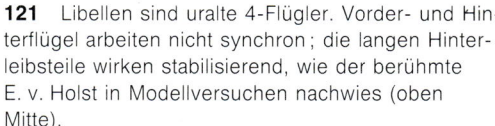

120 Die Wollschweber bilden eine Familie der Zweiflügler; Nektar saugend »stehen« sie vor den Blüten (oben links).

121 Libellen sind uralte 4-Flügler. Vorder- und Hinterflügel arbeiten nicht synchron; die langen Hinterleibsteile wirken stabilisierend, wie der berühmte E. v. Holst in Modellversuchen nachwies (oben Mitte).

122 Käfer beim Start; im Flug wird der Sauerstoffverbrauch auf mehr als das 100fache ansteigen. Die festen Vorderflügel erhöhen den Auftrieb (oben rechts).

123 Viele Eulenfalter fliegen besonders gern bei Wind und Regen (unten).

124 Zumindest die Männchen der Schnarrschrek-ken zeigen bescheidene Flugkünste – und können dabei laut schnarren (oben links).

125 Das Taubenschwänzchen im Schwirrflug. Es gehört zu den schnellen und ausdauernden Fliegern (oben Mitte).

126 Eine Schwebfliege »steht« in der Luft. Die Ver-treter dieser Zweiflüglerfamilie gelten als die viel-seitigsten Flugkünstler unter den Insekten (oben rechts).

127 Florfliegen sind nur zu einem schlappen Flatter-Flug in der Lage (unten).

128 Dem »Fliegenden Fisch« dienen die ausgebreiteten Flossen als Auftriebshilfen, Schwung muß er im Wasser holen.

129 Kräftige Muskeln der Brustflossen, verbunden mit einem riesigen Schultergürtel, gestatten den Beilbäuchen (hier *Carnegiella*) einen echten Flug.

130/131 Der Riesengleitbeutler, ein Kletterbeutler Australiens, der in der Lage ist, größere Strecken im Gleitflug zu überbrücken. Immer ist es ein Flug von Baum zu Baum.

132 Vor dem Start in den Flug: die Kubaamazone

LITERATUR

Anhel, F. (1963): Bau und Funktion der 5. Hand südamerikanischer Affen – Umschau **63** (277–280)

Bach, R. (1974): Die Möwe Jonathan. Berlin

Baker, R. (1980): Tierwanderungen. München

Baumeister, W. (1972): Planktonkunde für Jedermann. Stuttgart

Berger-Dell-mour, H. (1983): Der Übergang von Echse zu Schleiche in der Gattung Tetradactylus – Zool. Jb. Anat. **110** (1–152)

Bergmann, H.-H. (1987): Die Biologie des Vogels. Wiesbaden

Bilo, D. (1971): Flugbiophysik von Kleinvögeln – Vergl. Physiol. **71** (382–454)

BIONA-Report 1–5 (1982–85). Zoologisches Institut Saarbrücken

Boetticher, H. von (1955): Albatrosse und andere Sturmvögel. Wittenberg Lutherstadt

Bonik, K., Grasshoff, M., u. Gutmann, W. F. (1977): Funktion bestimmt die Evolution – Umschau **77** (657–668)

Bopp, P. (1954a): Schwanzfunktion bei Wirbeltieren – Revue Suisse de Zool. 61. 1.

Bouchner, M. (1982): Der Kosmos – Spurenführer. Stuttgart

Christian, E. (1979): Der Sprung der Collembolen – Zool. Jb. Phys. **83** (457–490)

Chun, C. (1900): Aus den Tiefen des Weltmeeres. Jena

Conrads, D. (1977): Verblüffende Rekorde der Katzen. München/Wien

Cousteau, J.-J. (1974): Korallen. Stuttgart/Hamburg/München

Curry-Lindahl, K. (1982): Das große Buch vom Vogelzug. Berlin/Hamburg

Dagg, A. I. (1973): Gaits in mammals – Mammal Rev. **3** (4), (135–154). London

Dagg, A. I. (1977): Running walking and jumping – Wykeham Publ. London

Daten und Fakten zum Nachschlagen. Biologie. Gütersloh 1979

Dathe, H., u. Oehme, H. (1978): Typen des Rüttelfluges der Vögel – Biol. Zbl. **97** (299 bis 306)

Desmond, A. (1981): Das Rätsel der Dinosaurier. München

Dieterlen, F. (1978): Eierlegende Säugetiere und Beuteltiere – Staatl. Museum für Naturk. Stuttgart

Dircksen, R. (1951): Vogelvolk auf weiter Reise. Gütersloh

Ditfurth, H. von (Hrsg.) (1975): Evolution – Ein Querschnitt der Forschung. Hamburg

Dobat, K. (1985): Chiropterophilie – Einführung von H. Felten. Senckenbergbuch Nr. 60. Frankfurt/M.

Dunger, W. (1983): Tiere im Boden. Wittenberg Lutherstadt

Dunkel, U. (1956): Kletternde und fliegende Fische. Bad Pyrmont

Ehlers, M. (1939): Untersuchungen über Formen aktiver Lokomotion bei Spinnen – Zool. Jb. Syst. **72** (373–499)

Eisentraut, M. (1936): Beitrag zur Mechanik des Fledermausfluges – Z. wiss. Zool. **148** (159–188)

Eisentraut, M. (1960): Stemmklettern bei Schuppentieren – Zool. Beitr./Neue Folge **5**, 2, 3

Elefanten und andere Landriesen (1980). München

Engelmann, W.-E., u. Obst, F. J. (1981): Mit gespaltener Zunge. Leipzig

Erben, K. (1976): Die Entwicklung der Lebewesen. München/Zürich

Fabre, J.-H. (1950): Aus der Wunderwelt der Insekten. Meisenheim

Fabre, J.-H. (1979): Insekten. Dortmund

Farb, P. (1966): Die Insekten. TIME – LIFE International

Feduccia, A. (1984): Es begann am Jura-Meer. Hildesheim

Fick, R. (1904–11): Handbuch der Anatomie und Mechanik der Gelenke unter besonderer Berücksichtigung der Muskeln. Jena

Fleissner, H., u. Rödiger, A. (1984): Das ewige Meer. Stuttgart

Foelix, R. F. (1979): Biologie der Spinnen. Stuttgart

Frädrich, H. u. J. (1973): Zooführer Säugetiere. Stuttgart

Franzen, J. L. (1984): Die Stammesgeschichte der Pferde in ihrer wissenschaftshistorischen Entwicklung – Nat. u. Mus. **114**, 6 (149 bis 161)

Fraser, J. (1965): Treibende Welt. Berlin

Friedrich, H. (1948): Lebensformtypen bei pelagischen Polychaeten – Verh. Dtsch. Zool. Ges. (188–204)

Gerber, B. (1984): Das große Buch der Katzen. Berlin/Darmstadt/Wien

Gerlach, R. (1951): Die Vierfüßer. Hamburg

Gerlach, R. (1960): Salamandrische Welt. Hamburg

Germann-Meyer, V. (1974): Verhaltensstudien am Grauen Riesenkänguruh. (Diss.)

Giersberg, H., u. Rietschel, P. (1979): Vergleichende Anatomie der Wirbeltiere. Jena

Gladkow, N. A. (1953): Flüge in der Natur. Jena

Glaser, R. (1974): Biologie einmal anders. Leipzig/Jena/Berlin

Gould, S. J. (1987): Der Daumen des Panda. Betrachtungen zur Naturgeschichte. Stuttgart

Graber, V. (1886): Die mechanischen Werkzeuge der Tiere. Leipzig/Prag

Großer Atlas des Tierlebens (1973). Berlin

LITERATUR

Gutmann, W. F. (1986): Morphologie als Grundlage biologischer Organisation – Nat. u. Mus. **116**, 8 (236 – 244)

Gutmann, W. F., u. Bonik, K. (1980): Kritische Evolutionstheorie. Hildesheim

Haeckel, E. (1923): Aus Insulinde. Leipzig

Haeckel, E. (1862 – 68): Die Radiolarien. Berlin

Haeckel, E. (1914): Kunstformen der Natur. Leipzig/Wien

Hagen, H. (1982): Antilopen Afrikas. Hannover

Hagen, H. (1984): Raubtiere Afrikas. Hannover

Haltenorth, Th. (1975): Gebirgssäugetiere. Säugetierkdl. Mitt. **23** (112 – 137)

Haltenorth, Th., u. Diller, H. (1977): Säugetiere Afrikas und Madagaskars. München/Bern/Wien

Hanske, G. (Hrsg.) (1978): Kybernetik 77. München/Wien

Haubold, H., u. Kuhn, O. (1977): Lebensbilder und Evolution fossiler Saurier. Wittenberg Lutherstadt

Hediger, H. (1984): Tiere verstehen. München

Hediger, H., u. Zurbuchen, K. (1964): Einige ungewöhnliche Lokomotionsweisen bei Säugetieren – Revue Suisse de Zool. **71** (299 bis 310)

Heimer, S. (1988): Wunderbare Welt der Spinnen. Leipzig/Jena/Berlin

Heinroth, O. (1967): Die Vögel Mitteleuropas. Leipzig/Jena/Berlin

Hennig, W. (1969): Die Stammesgeschichte der Insekten. Frankfurt/M.

Hennig, W. (1983): Stammesgeschichte der Chordaten – Fortschritte d. System. u. Evol. forschg. (**2**) Hamburg/Berlin

Hermes, M. (1977): Vergleichende Untersuchungen zu Flug und Flugsteuerung der Käfer. (Diss.)

Hertel, H. (1963): Struktur – Form – Bewegung. Mainz

Hiebl, I. (1987): Hannibals Alpenübergang aus molekularbiologischer Sicht – Nat. Rdsch. **40**,1 (10)

Holst, E. von (1975): Der Saurierflug – Paläontol. Z. **31**, 2 (15 – 22)

Holst, E. von (1934): Über das Laufen der Hundertfüßer – Zool. Jb. Phys. **54** (157 bis 179)

Hopson, J. A. (1978/79): Waren die Dinosaurier Warmblüter? – Mannheimer Forum (123 – 184)

Horn, B. (Hrsg.) (1977): Das große farbige Hundelexikon. Zürich/Wien/Stuttgart

Howell, A. B. (1944): Speed in animals – Univ. Chicago Press. Chicago

Insect locomotion: proceedings of symposium 4,5 from the XVII. Intern. Congress of Entomology. Aug. 1984 Hamburg

Irmer, S. (1977): Darstellung des Skelettsystems von Meriones unguiculatus. (Diss.)

Jakobs, W. (1935): Das Schweben der Wasserorganismen – Ergebn. Biol. **11**

Kaestner, A. (1965): Lehrbuch der Speziellen Zoologie. Band I: Wirbellose. Jena

Klärner, D. (1985): Nachtfalter-Flug im Winter – Nat. Rdsch. **38**, 12 (525)

Klausnitzer, B. (1984): Käfer im und am Wasser. Wittenberg Lutherstadt

Klausnitzer, B. (1981): Wunderbare Welt der Käfer. Leipzig

Klausewitz, W. (1964): Der Lokomotionsmodus der Flügelrochen – Zool. Anz. **173** (111 bis 120)

König, C. (1983): Auf Darwins Spuren. Hamburg

Koenigswald, G. H. R. von, u. Steinbacher, J. (1986): Fremde Vögel an fernem Ort – Nat. u. Mus. **116**, 4 (97 – 103)

Kramer, E. (1958): Zu Form und Funktion des Lokomotionsapparates der Fische. (Diss.)

Krischke, N. (1986): Nur Fliegen ist schöner – Die Voliere **9**, 3 (69 – 75)

Kühnelt, W. (1950): Bodenbiologie mit besonderer Berücksichtigung der Tierwelt. Wien

Kükenthal, W. (1956): Handbuch der Zoologie. Berlin

Kuhn, O. (1973): Das säugetierähnliche Reptil. Wittenberg Lutherstadt

Kuhn, T. S. (1978): Die Entstehung des Neuen. Frankfurt/M.

Kummer, B. (1959): Bauprinzipien des Säugerskelettes. Stuttgart

Lampel, G. (1973): Biologie der Insekten. München

Lehmann, U., u. Hillmer, G. (1980): Wirbellose Tiere der Vorzeit. Stuttgart

Liebe, W. (1973): Der Schwanzschlag der Fische – VDI-Zeitschrift **105**, 28

Lilienthal, O. (1889): Der Vogelflug als Grundlage der Fliegekunst – Praxis der Nawi. 7/1986, **35**

Lorenz, K. (1965): Die »Erfindung« von Flugmaschinen in der Evolution der Wirbeltiere. Pfullingen

Maier, W., Richter, G., u. Storch, G. (1986): Leptictidium nasutum – ein archaisches Säugetier aus Messel . . . – Nat. u. Mus. **116**, 1 (1 – 19)

Mayr, E. (1984): Biologische Gedankenwelt. Berlin

Mayr, E. (1979): Evolution und Vielfalt des Lebens. Heidelberg

McCourt, R. (1988): Warum haben Tiere keine Räder? – Das Tier **11** (18 – 19)

McMahon, Th., u. Bonner, J. T. (1985): Form und Leben. Spektrum-Buch Nr. 5

Meerwarth, H., u. Soffel, K. (1921 – 22): Lebensbilder aus der Tierwelt Europas. Leipzig

Meineke, H. (1978): Mathematische Theorie der relativen Koordination der Gangarten von Wirbeltieren. Berlin

Meyer, J. D. (1748 – 56): Angenehmer und nützlicher Zeit-Vertreib mit Betrachtung curioser Vorstellungen allerhand kriechender, fliegender und schwimmender, auf dem Land und im Wasser sich befindender und nährender Thiere . . . Nürnberg 1748 – 56

Mohr, E. (1954): Fliegende Fische. Wittenberg Lutherstadt

Mosauer, W. (1932): Ortsbewegung der Schlangen – Zool. Jb. Allg. Zool. Phys. **50 – 52** (191 – 215)

Murray, N. (1977): Elefanten. München

Myriapoda. 3. Internat. Kongreß für Myriapodologie – 3. – 9. April 1975. Hamburg/Berlin

Nachtigall, W. (1974): Biophysik des Tierfluges. Opladen

Nachtigall, W. (1982): Biotechnik und Bionik. Wiesbaden

Nachtigall, W. (1984): Erfinderin Natur. Hamburg

Nachtigall, W. (1980): Faszination des Lebendigen. Freiburg/Basel/Wien

Nachtigall, W. (1983): Flugmaschine Fliege – Mannheimer Forum

Nachtigall, W. (1987): Flugmaschine Taube – Nat. Rdsch. **40**, 5 (178 – 184)

Nachtigall, W. (1977): Funktionen des Lebens. Hamburg

Nachtigall, W. (1968): Gläserne Schwingen. München

Nachtigall, W. (1980): Instationäre Effekte an schwingenden Tierflügeln. Wiesbaden

Nachtigall, W. (1983): Phantasie der Schöpfung. München

Nachtigall, W. (1985): Unbekannte Umwelt. München

Nachtigall, W. (1985): Warum die Vögel fliegen. Hamburg/Zürich

Nielsen, E. T. (1967): Insekten auf Reisen – »Verst. Wissenschaft«. Berlin/Heidelberg/New York

Niethammer, J. (1979): Säugetiere. Stuttgart

Oehme, H. (1968): Muskelleistung fliegender Tiere – Biol. Rdsch. **6**

Oehme, H. (1971): Über die geometrische Verwindung des Vogelflügels – Biol. Zbl. **90** (145–156)

Ognew, S. J. (1959): Säugetiere und ihre Welt. Berlin

Ohlmer, W. (1963): Untersuchungen über die Beziehungen zwischen Körperform und Bewegungsmechanismus. (Diss.)

Peters, D. S. (1984): Konstruktionsmorphologische Gesichtspunkte zur Entstehung der Vögel – Nat. u. Mus. **114**, 7 (199–210)

Peters, D. S., u. Gutmann, W. F. (1978): Ausgangsformen und Entwicklungszwänge der Gliedmaßen – Nat. u. Mus. **108**, 1 (16–21)

Petersen, H. (1914): Mechanik des Tierkörpers – Roux. Arch. **39** (51–111)

Portmann, A. (1984): Vom Wunder des Vogellebens. München

Pouwells, F. (1965): Gesammelte Abhandlungen zur Biomechanik des Bewegungsapparates. Berlin/Heidelberg/New York

Pryor, K. (1977): Delphine als Artisten. Zürich/Stuttgart/Wien

Richner, H. (1981): Funktionsmorphologische Untersuchungen am Flugapparat verschiedener Gänse und Entenvögel. (Diss.)

Riefenstahl, L. (1978): Korallengärten. München

Rieppel, O. (1983): Kladismus oder die Legende vom Stammbaum. Basel/Boston

Rieppel, O. (1984): Können Fossilien die Evolution beweisen? – Nat. u. Mus. **114**, 3 (69 bis 74)

Romer, A. S. (1971): Vergleichende Anatomie der Wirbeltiere. Berlin/Hamburg

Rüppell, G. (1971): Flugmanöver des Gartenrotschwanzes – Z. Vgl. Phys. **71** (190–200)

Rüppell, G. (1973): Flugmanöver von Kleinvögeln – Umschau **73**, 10 (308–309)

Rüppell, G. (1980): Vogelflug. München

Scherf, H. (1985): Schwimmen bei Fledermäusen – Nat. Rdsch. **38**, 3 (116)

Schmidt, H. (1960): Der Flug der Tiere. Senckenberg-Buch 39. Frankfurt

Schneider, P. (1980): Beiträge zur Flugbiologie der Käfer – Zool. Anz. **205** (1–19, 188 bis 198)

Schober, W. (1983): Mit Echolot und Ultraschall. Leipzig

Schöne, H. (1983): Orientierung im Raum. Stuttgart

Schürer, U. (1975): Bewegungsw. des Bennettskänguruhs – Säugetierkd. Mitt. **23** (241–250)

Schwoerbel, W. (1976): Zwischen Wolken und Tiefsee. Ravensburg

Sedlag, U. (1988): Wie leben Säugetiere? Leipzig/Jena/Berlin

Senglaub, K. (1986): Sie sind veränderlich. Leipzig/Jena/Berlin

Senglaub, K. (1978): Wildhunde Haushunde. Leipzig/Jena/Berlin

Sergeev, B. F. (1984): Rätsel um Meerestiere. Frankfurt

Siewing, R. (Hrsg.) (1977): Biomechanik – Erlanger Symposium – Zool. Jb. Anat. **99**

Simpson, G. G. (1977): Pferde. Berlin/Hamburg

Slijper, E. J. (1962): Riesen des Meeres. Berlin/Heidelberg/Göttingen

Smith, R. N. (1978): Anatomie des Pferdes. Berlin/Hamburg

Soffel, K. (1922): Bilderatlas zur Zoologie der Säugetiere Europas. Leipzig

Spaemann, R., u. Löw, R. (1980): Die Frage Wozu? München/Zürich

Stanley, S. M. (1983): Der neue Fahrplan der Evolution. München

Starck, D. (1978): Vergleichende Anatomie der Wirbeltiere. Berlin/Heidelberg/New York

Starck, D., Fiedler, K., Harth, P., u. Richter, J. (Hrsg.) (1981): Biologie. Weinheim/Deer Field Beach/Basel

Steel, R., u. Haubold, H. (1979): Die Dinosaurier. Wittenberg Lutherstadt

Steinbach, G. (1985): Das große Buch der Pferde. Stuttgart/München

Stephan, B. (1987): Urvögel. Wittenberg Lutherstadt

Stokes, A. W. (1971): Praktikum der Verhaltensforschung. Jena

Stolpe, M., u. Zimmer, K. (1939): Der Vogelflug. Leipzig

Stuivenberg, W. van (1976): Wunder der Raubtiere. Neu-Isenburg

Tait, R. von (1971): Meeresökologie. Stuttgart

Tembrock, G. (1982): Spezielle Verhaltensbiologie der Tiere. Jena

Thenius, E. (1979): Die Evolution der Säugetiere. Stuttgart/New York

Thompson, G., Caldrey, J., u. Bernard, G. (1986): Der Teich. Stuttgart

Tomilin, A. G. (1978): Wundertier Wal. Leipzig/Jena/Berlin

Tuck, G. S., u. Heinzel, H. (1980): Die Meeresvögel der Welt. Berlin/Hamburg

Vöge, M. (1975): Mit Tauchmaske und Reagenzglas. Stuttgart/Wien

Wahlert, G. von (1968): Latimeria und die Geschichte der Wirbeltiere. Stuttgart

Walther, F. (1966): Mit Horn und Huf. Hamburg/Berlin

Walther, F. (1968): Verhalten der Gazellen. Wittenberg Lutherstadt

Weber, H., u. Weidner, H. (1974): Grundriß der Insektenkunde. Stuttgart

Wellnhofer, P. (1980): Flugsaurier Pterosauria. Wittenberg Lutherstadt

Wellnhofer, P. (1987): Neues vom Nautilus – Nat. Rdsch. **40**, 7 (275)

Wernerowa, J. (1982): Die Geheimnisse der Delphine. Warschau

Wesenberg-Lund, C. (1939): Biologie der Süßwassertiere. Wien

Wiedemann, E. (1932): Zur Ortsbewegung der Schlangen und Schleichen – Zool. Jb. Allg. Zool. **50** (557–596)

Wiesner, W. (1986): Bioenergetik. Stuttgart

Wigglesworth, V. B. (1959): Physiologie der Insekten. Basel/Stuttgart

Wilinow, I. (1949): Studien zum Insektenflügel. (Diss.)

Williams, C. B. (1961): Die Wanderflüge der Insekten. Bonn

Wurmbach, H. (1980): Lehrbuch der Zoologie – Allgemeine Zoologie. Stuttgart/New York

Zissler, D. (1980): Baupläne der Tiere. Freiburg/Basel/Wien

Ziswiler, V. (1976): Wirbeltiere **1**, **2**. Stuttgart

Zschokke, F. (1919): Der Flug der Tiere. Berlin

REGISTER

GESCHWINDIGKEITEN

FLIEGEN

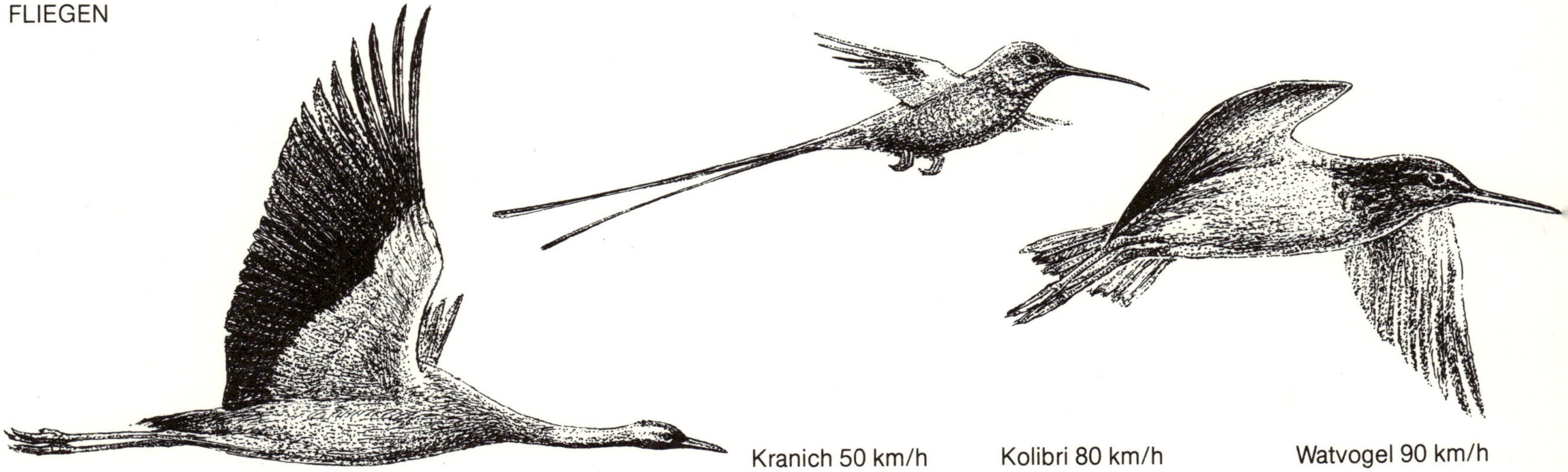

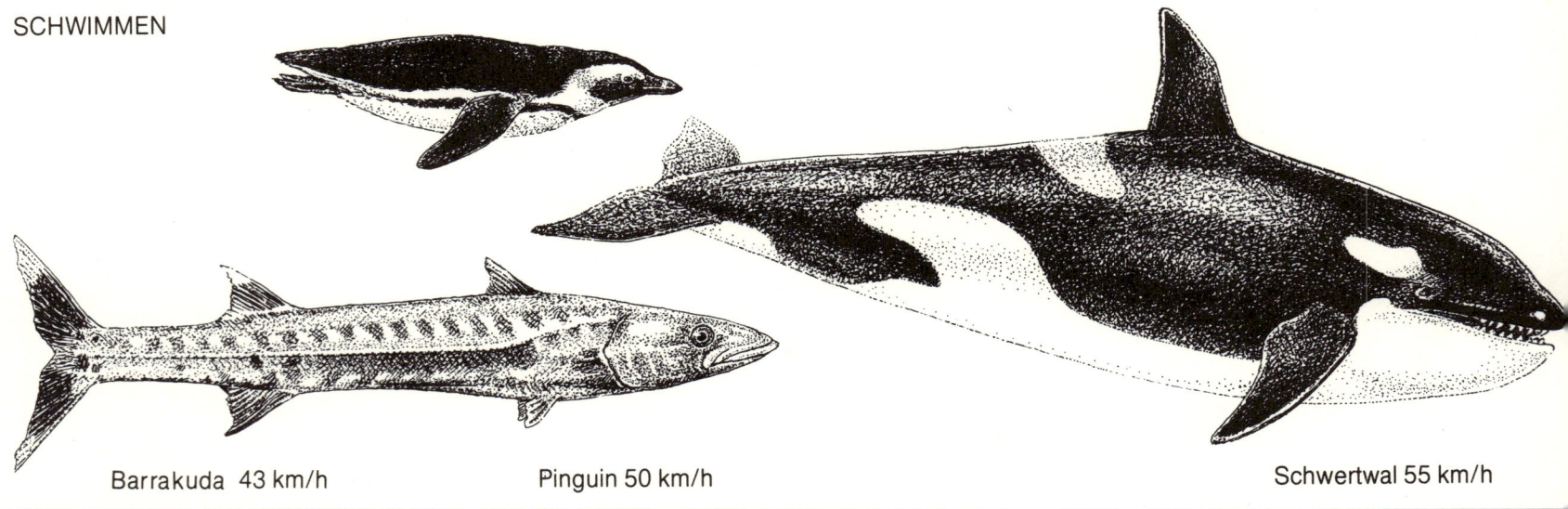

Kranich 50 km/h   Kolibri 80 km/h   Watvogel 90 km/h

LAUFEN

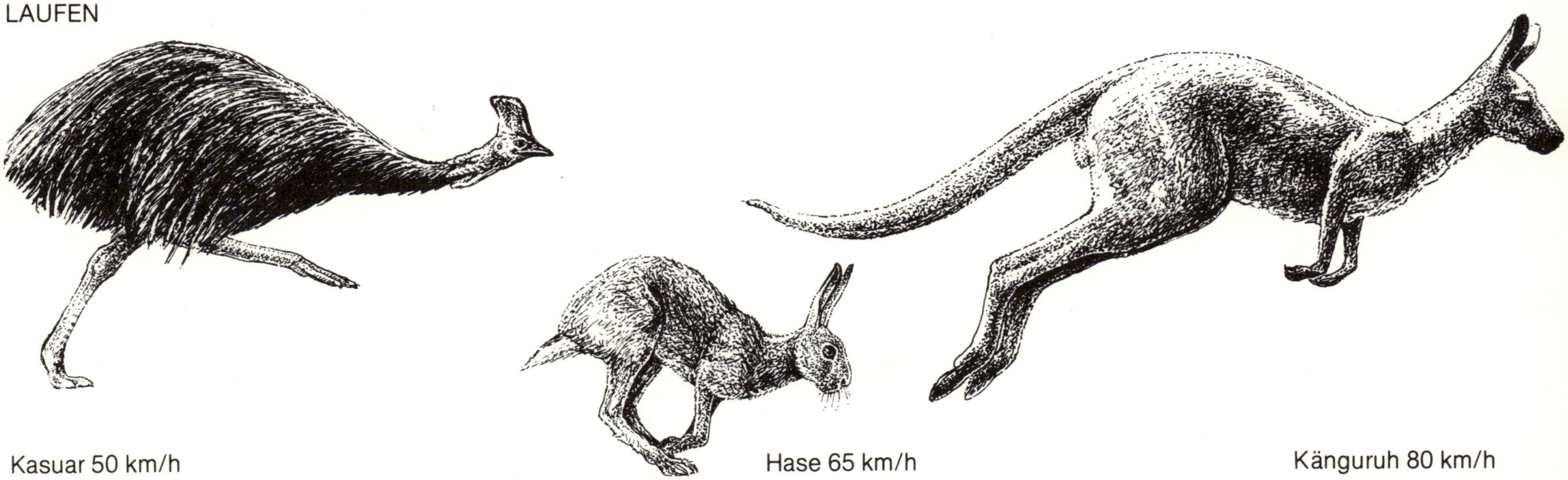

Kasuar 50 km/h   Hase 65 km/h   Känguruh 80 km/h

SCHWIMMEN

Barrakuda 43 km/h   Pinguin 50 km/h   Schwertwal 55 km/h